七情上面

上編

苦難時代的情緒自覺

馬傑偉 著

給自己一個（片刻）

喜

怒

慾

哀

懼

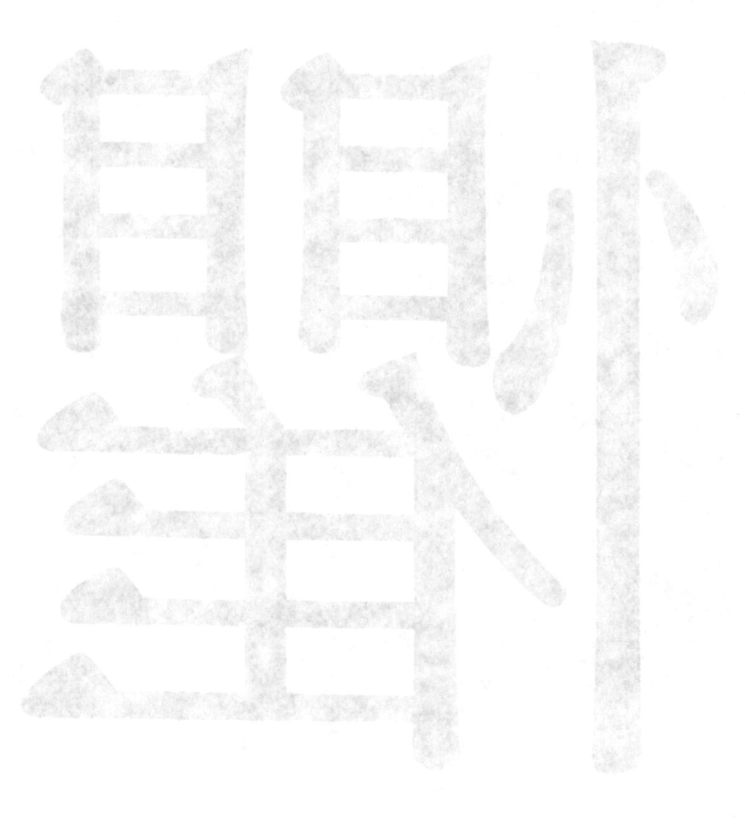

惡

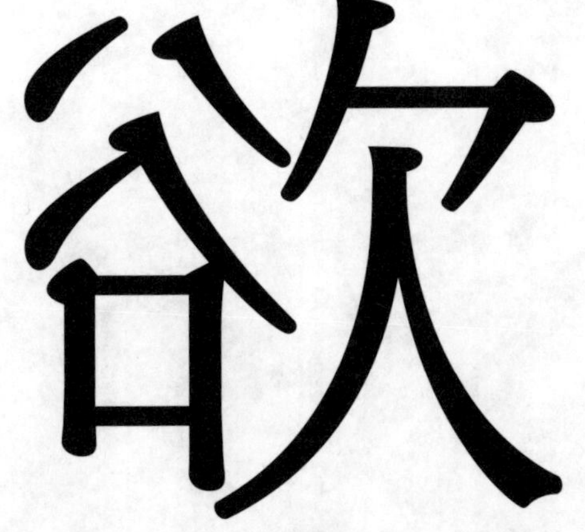

裕

情緒背後

意感浮現

目次

代序

馬朗澄

七情半生

我跟爸爸性格相近，個性溫和易於親近，卻又給人一種神秘莫測之感，難以捉摸。出名「好老脾」；明明覺得自己處理情緒尚算成熟看得開，五年前走到崩潰臨界點，才發現，唉，自己不是「好打得」。作繭自困，走投無路，唯有向老爸求救。把話說出口，原來七情已交錯亂纏，短路故障方知負荷過重。想剪剪不斷，要理理還亂。這幾年多虧家人陪伴，「情史」愈挖愈深，總算認識自己多一點。

我喜

現在回想起，爺爺太浪漫了。這位風度翩翩的豬肉佬，平日對大家都沒兩句，對着我卻千般溫柔。小時候與爺爺嫲嫲同住，他每天背着我上學去。下課了，又手執一朵小菊花等着我，帶我吃砵仔糕玩碰碰車。那時的我，天真爛漫，話多又活潑，好pure好true好開心。老實說，印象中爺爺對着我話不多。但他不止於一個避風港，給我強大的安全感，我亦知道無論我在想什麼，他都能明瞭、包容。

我惡

中學轉到一家私立學校，朋輩都是上流貴族，對於來自中產家庭的小孩衝擊很大，迎來反叛期。名牌和高價餐廳名字我都看不懂，拉着朋輩衫尾吃喝玩樂要同學包底。我對父母也愈來愈看不順眼，心中滋生了不少怨氣——點解我咁可愛，我老竇唔係李嘉誠？家裏唯一相伴同行的，是大佬貓「差哥」。父母待我不薄，一家人整整齊齊，嫌棄家人追不上自己膚淺的準則，其實是一種扭曲的情緒狀態。從小得來左膠的價值觀，因自卑產生的厭惡感，我內疚亦不想面對。只有差哥，早晚黏着我，每天等我門，我哭了，也會走上來舔舔我的淚水。他在我身邊就發出呼嚕呼嚕的音頻，彷彿我們有彼此已很滿足。

我哀

上大學急不及待要長大，馬上就跟同學合租搬離家了。聽說，差哥還是每晚在門邊等我回家。自信滿滿的我，做好未來大計，胸懷大志想要成功，獨立自主。可是，事情當然不會按我們的預期發生，一心想考上專業，拿到牌照，順理成章做「社會專才」，但我讀得吃力非我專長。小小的失望，為我帶來強大的挫敗感。比較心無止境，學業追不上，我愈走愈迷失。當大家都問我，畢業後放棄專業，「咁有乜plan呀？」爺爺只笑瞇瞇的回一句：「阿澄開心就好了。」頓然覺得世界就得爺爺懂我，可惜不減我的沮喪與無力。即使回家感覺如昔，差哥仍陪着我入睡，從前安寧的家，那時像被寂靜吞噬了，世界的色彩變得黯淡無光。

我懼

畢業後，決定找專業以外的工作，我遇到許多高人與伯樂，很值得慶幸吧？作為新入行、零背景的小薯，我在自己身上加諸無比壓力，生怕為同事和前輩添麻煩。為了力挽狂瀾，彌補個人不足，我強迫自己加十八倍努力，卻又搾乾僅餘的自我價值，迷失中找不到註解。有一夜讓我格外深刻。凌晨四時半，同事都走光了，我望着空曠的辦公室，默默流下淚來。我無力賺取成功感，無力抵抗對失望的懼怕，兜兜轉轉幾年，最終找爸爸求助。

我愛

這場抗爭是壯麗的持久戰，反反復復的。我們一起打開情緒大門，深潛大海，掀起了千重浪。盧凱彤的離去，對我影響頗深，當時正經歷情緒再度轉差的掙扎期。爸爸畫的降落傘把我拉返岸上，黑壓壓的陰影，變得輕飄飄，舒一口氣。差哥在我出社會數年後已離我們而去，重新審視過去，原來我一直未放下傷痛。家裏就剩下家貓「妹頭」。從小差哥是大佬，要霸地盤，我倆就以捉弄妹頭為樂。他病逝後，我繼續挖苦妹頭，說穿了只是刻意保持距離，怕再次受傷。我也刻意遠離身邊待我好的人，現在有了覺察，感到愧疚，也未必有能力修補褪色的關係，但也想努力愛惜身邊人，親近妹頭。

我怒

愛恨這對雙生兒，發現了愛，自然生了恨。家母是事業型女性，家裏大小事務都打理得井井有條。她規規矩矩，底線畫得分明，我一直心存敬畏，未敢越界半步。這些年她卻急急剎停，放慢步調陪我走康復的路。她給我殘破的心理注入一點理性，撕開我多年溫馴的面具，讓我接觸自己的怒火。原來我非沒有火，不是「無條件」幫人，也會感到被人踐踏，也抑壓了不少對她的憤怒。

我欲

釋放讓人釋懷。慢慢學習向人表達我所想，提出請求，同時希望得到關注，其實不是給人添麻煩，而是理解對方、學會相處之道的過程。對七情的感知是學懂自處的基石，《七情上面》是我們家在情緒迷霧中的遊記，是我下半生的賢者之石。

自序

馬傑偉

二〇一九至二〇二〇年是香港的關鍵一年；對很多像我一樣熱愛香港的人來說，正是一次重大的考驗和磨練。香港經歷一浪接一浪的情緒風暴，港殤沉重，港人在精神折騰之中難以自拔。

我在二〇一六年開始修習生命自覺，起初參與張家興老師的四組課程，及後自修研習不同的靜觀、靈修、心理治療方法，慢慢有所領悟，自覺能力提高了，內心持續有一份平靜與寬容。

修習四年，亦陪伴很多朋友渡過難關。日子有功，慢慢摸索一條安定自處的門路。一步一步的累積，累積到某一個階段，就好像拋下了船錨，有個安定的立足點，內心經營了一個平靜的港灣，有足夠的resilience，可以靜觀風浪起跌，感受風雨的力量而不被吹倒。

這本書記錄了我自己以及香港人的心路歷程。感謝秋玲與朗澄伴我走過人生邊岸，你倆是我一生之中最珍重的同路人。感謝張家興老師及陳志常老師的啟迪，你們改變了我人生志趣的方向。感謝《明報・星期日生活》編輯黎佩芬的信任，給我珍貴的版面，每週分享此時此地的領悟。感謝突破出版社編輯史曉晴的細緻編修，沒有她的獨立思考，這本書不會以如此獨立的形式面世。

感謝 CoDesign 余志光及林偉雄拔刀相助，主理設計。特別感謝設計師王銳忠（Eddie），年輕的他，完全明白全書的神韻所在，並以設計語言表達深邃的生命自覺。他本身就是其中一個作者，簡潔地訴說全書精髓。

香港曾經是一個傑出的城市，這些年經歷深刻的苦難，足以令香港轉化而成一個偉大的城市。她的偉大意義，必須經過承受苦難的你和我，在各自的生命裏去成全。

馬傑偉，中大教授，專研香港身分認同。
二〇一六年退休，轉而關注 young old、情緒健康、集體創傷。修心修身，靜觀自覺，重新認識自己，在香港的苦難時代，重建個人與社會之間的身分認同。

(一)
邊
人生
岸

「我是你的負累」

二〇一九　二月四日

「這幾年，我病得太重，令你疲累不堪。醫生問我，你有什麼新年願望？我最希望的是，不再成為你的負累。」表弟內地出生，八十年代來港，一直把我當成他的胞兄。五十歲出頭的他，三年前發病，剛好我退休，可以有充裕的時間照顧他。老實說，這幾年肩負重任、勞心勞力。我相信，不少照顧病苦親友的人，都會明白箇中滋味。

二〇一八年，超級颱風山竹襲港，大埔狗場男主人被雜物擊傷腦部，幾個月來，臥病在牀，連妻子名字也記不起來。他的妻子每天探病，給予無限的愛與不間斷的支持，與此同時也要照顧二十多頭被遺棄的老狗，為他們尋找新的狗房，又要為租務憂心，而丈夫康復的路途看不見盡頭。這故事，單是聽，也覺得妻子肩頭，背負了多個沉重的擔子。

照顧者，如此這般，故事多着呢！我想起這幾年，心頭就滿滿是洶湧的波濤，很快雙眼通紅，喉嚨枯乾。但我有很重要的話，要對表弟說，而這話不容易說出口。我怕難以平復的心緒，會令我詞不達意。流淚，對今天的我來說，並不失禮。我只是希望把心中的話，好好地說出來。沉默了好一會，讓平和的呼吸聲，紓緩起伏的情緒。在城門河邊，我很坦白很誠實的告訴他：「在最艱苦的時刻，壓力真的把我壓垮了，我幾乎沒有思考的空間，只能集中解決眼前的困難：找醫生、找食材，疏導你抑壓頗深的情緒。但過了三年，我開始明白到，而且真誠的這樣相信，你不是我的負累，你是我的祝福。如果不是你我一起經歷死蔭的幽谷，我不會變成今天的我：樂天、包容、喜怒形於色。你與我一起長大，一定知道我以前是怎樣古縮、呆板、七情不上面。在半生悠長的歲月裏，我是怎樣的不快樂，一直鞭策自己，衝鋒陷陣，沒有閒情照顧自己的感受。正正是因為這幾年，因為疾病，我學會了，一天的憂慮，一天擔當就夠了，不為過去而追悔，不為明天而焦灼不安。今天開心嗎，就好好的開懷大笑。你希望不再成為我的負累，其實你的願望早已達到。在你看來，你的病是我的重擔；在我看來，卻是一份上佳的禮物。」

珍惜當下，活在此刻

這份禮物簡單來說，就是活在此時此刻。《聖經》說，不要為明天憂慮；忘記背後，努力面前；舊事已過，都變成新的了。一行禪師所說的「正念」，也有呼應之處：the past is no more, the future is yet to come。我們能活着、能感應人生的，只有當下。就像這個晚上，我們在城門河畔，河水泛起柔和的銀光；抬頭望天，雲霧飄過，揭露淡黃色的新月。而月色下，我們第一次回想這幾年來的旅程，並分享一個對過去新的詮釋、新的敘述自身的方法：咒詛抑或祝福，並不是一念之間那麼神奇，而是從真實的、當下的感受，慢慢浮現出來。

你的病是一份禮物，簡單來說，就是珍惜當下，就是活在此時此刻，但打開來還有很多花瓣一樣的功課：這個療癒的過程，我學會了「七情上面」，讓每天的感受，無論是正面的喜悅，抑或是嫉妒與悲傷，都可以充分的流露出來，如此反而更了解自己，也能體諒身邊的人。這些功課先幫助了我，也希望能夠幫助同路的人。

※ 這幾年接觸不少生活上出問題的朋友，書中分享的故事，人物與細節都改動了；具體的時、地、人，大家不必深究，但所分享的感受與經驗，卻是真實而坦白的。

教授每多偽君子

二〇一九　三月三日

「你偽善！自以為義！自我中心！」表弟一直把我當作榜樣，直到他生病後，有次突然罵起我來。我錯愕之餘連忙否認，自覺謙厚和善。身邊的親友、學生，都可作證：我是好老師、好丈夫、廿四孝父親。表弟情緒壞的時候，常會坦誠批評我虛偽又深不可測。我想深一層，亦漸漸覺得他所言非虛。做研究鍥而不捨，難免要有點自我中心，才會做得出色。努力負起好老師的角色，也許遏抑了很多自己也不認同的七情六慾。這幾年來，我用心聆聽自己內心的躁動與微聲，漸漸認識一個熟悉又陌生的自己。

讓我說一個具體的例子。水彩畫班裏有廿多個同學，每星期在畫室相聚三四小時，還一起搞過畫展。我一直很低調，大家只知道我是個退休老師，到後來有師弟發現我是個大學教授，也寫專欄；自此之後，我在小群體的角色產生了微妙的變化，同學叫我Eric愈來愈少，叫我教授愈來愈多，有什麼社會議題要討論，同學會說，「問問教授有什麼意見……」我深知所謂教授的意見，若不是自己的專業，評論社會大事，教授之言，不過爾爾。但我當然樂於被同學們尊重、認同。

容讓「小我」現身

春節期間，有一個久未露面的老同學

Henry重返畫室，他是投資銀行的退休總裁，習畫多年，是大師兄。我們年紀相若，偶爾交流一下，互相尊重，暢談甚歡。新年Henry邀請大家到他在港島南區的家吃晚飯，師弟師妹都十分雀躍，以前曾去過他家的，興奮地談到那背山面海的獨立屋如何令人大開眼界，尤其是Henry書房的珍貴名畫……我也想去看一看珍藏，但愈是接近晚宴的日子，無故覺得心煩，隱隱然有個念頭，就是初四還是缺席好了。這種三心兩意的行為，我很熟悉，說這是任性也無不可。過去的我，經常甩底，事情很快就連自己都忘記了。如今我很留意這些莫名的煩躁。不遏抑，不裝作聽不到。柴娃娃、喝喝酒、看看畫，吹水一個晚上，不是很寫意嗎？我在抗拒和逃避什麼？

其實只需要停一停、想一想，那些內心的焦慮，很快就一清二楚。Henry的豪宅、名車、名畫，都產生鮮明的階級差異。奇怪的是，「自卑」、「羨慕」這些情緒還未出現，我已經把它們掃進地氈。我一直都以為自己「淡薄名利」。我認為，一個人的見識與品德最重要。財富，人之所慾，但不必過分追求。對我來說，「階級自卑感」低俗又膚淺。自己作為「左膠」，就算手空空無一物，也要揸緊宗旨，以愛為先。但今天我稍為放下「君子」的角色，讓情緒浮現出來，而那個「小我」，起初猶豫一下，很快就爽快現身；而奇妙的是，那個小人真的很小，很可愛，不礙事。「小人」與「君子」是可以並存的。對自己寬容一點，其實也讓我更能寬待他人。

接受俗情緒人之常情

那天大家嘻嘻哈哈的齊集南區，有同學乘巴士，我開一部凌志GS，比不上Henry的百萬名車，也是很符合我的生活水平。有同學興奮的在豪宅門前打卡，以前的我會反白眼，今天我加入打卡的行列。

A pack of wolves會有一隻alpha male，盡得榮耀與優勢；所謂一山不能藏二虎，我幾天前的內心躁動，說穿就是不高興alpha male的位置，會在這豪門夜宴中，退位讓與Mr. Henry。這種我不認可的俗情緒，長年壓下去，會愈壓愈深，最後連自己都不知道，並發酵而成偽君子的養分。反過來，若讓爭權的慾望盡情發揮，有朝一日我或可成為梟雄。梟雄非我所欲，也不想再做偽君子。原來我可以容納一個真小人，小小的競爭心理，人之常情。而事實上，我並不熱中做大佬。當晚我安心做一個退休教授，Henry是一個成功的總裁。我的才學不俗，完全不失禮。我也看見Henry是個重情的老好人，不炫富、不作無謂的故作謙虛，談起香港的變局七情上面，關心與憂心溢於言表。我們畫友二十多人，酒過三巡，大家真情流露。對我來說，那是一個難忘的宴會。做一個君子原來可以是這樣的。

退休幾年，回望以前的那個江湖，陳義甚高的語詞，俯拾即是；真誠坦率的交流，寥寥可數。教授、神父、牧師、高官、議員，角色尊貴、楷模高尚。我們活在凡塵俗世，演繹角色與楷模，不恥做「真小人」，做了也不認。但滑進「偽君子」的洞穴，比想像中容易，可以呃人，甚至呃埋自己。讀書人尤其要多加警惕。

不是靈丹，不是毒藥

二〇一九

六月二日

表弟苦病三年，其中一個莫大的掙扎是：吃不吃精神科藥物？我的學術背景比較左傾，對主流建制不易照單全收。今天診斷精神病、情緒病，很大程度依靠第五版的 *Diagnostic and Statistical Manual of Mental Disorders*（DSM-5），病種愈來愈繁雜，背後有醫者仁心，也牽涉藥廠以及醫療系統的利益。當中有區分Serious Mental Illness，及一般的精神及情緒病。前者有較清晰及嚴重的病徵，吃不吃藥的爭議較小。我和表弟都屬於一般情緒病，病徵混雜，對日常生活影響輕重不一，吃不吃藥七上八落，猶疑更大。

吃不吃藥，坊間爭論頗為兩極，我不想展開正反辯論，只想深入描寫表弟的經驗——他怕依賴、呆滯等副作用，堅持不吃藥兩年，最後一年開始接受藥物治療。吃藥之後，究竟有何變化？

尋找積壓多年的壞情緒

表弟八十年代來港，幸運地能在名校插班讀中學。多年來他以我為榜樣，努力讀書，一心要考進中文大學。他叫我「偉哥」（當年威而鋼仍未「成名」），幾乎留意我學業與事業的每個轉變。在名校精英群同學中，他老是排在榜末，是未能升讀大學的少數。中學畢業後，他輾轉走進保險行業，我們亦疏遠了。直到一九九六年，ＴＶＢ

請我主持懷舊節目《香港傳奇》，表弟在電視看到偉哥穿了套「老西」，一本正經地談香港歷史，就無端白事找上門。剛打開門，他馬上說：「我搭的士來，你家不錯，我住喺太子，比呢度大啲啲，大三分一左右，都算可以……」當年我很迷Harvey Sacks的conversation analysis，那天的對話，一直留在我的筆記本上。「馬家有偉哥你，再加埋我，都真係幾威水……」

當晚最令人驚喜的是我的母親，老練、圓滑、恃老賣老。表弟曬命、比併成就，老媽子則巧妙地轉變話題，大談家族辛酸史，「初初落嚟香港，冇人冇物，好彩班弟兄照應，先至話有瓦遮頭。」說到肉緊處，還流下威力驚人的一滴眼淚，令表弟馬上改變口風。

自那次後，我們有十年沒見面，直到幾年前表弟情緒出問題，我們又走在一起。那時他見了心理醫生差不多兩年，我也經常陪他行山、散步。進展是有，但十分緩慢。在漫長的對話過程中，表弟的問題漸漸浮現，他大半生自覺受盡白眼，覺得所有人都看不起他。十多年前到我家「踩場」，自居金牌經紀，實際上不過爾爾，最後被迫提早退休，整天困在外父「資助」的二千呎豪宅，就很宿命的覺得自己一世都係個廢人。

心理醫生建議他看精神科醫生：「食藥進展快啲，又冇咁辛苦……」但他很怕吃藥後瘟瘟沌沌，我也覺得，最終要處理他積壓多年的壞情緒，才是康復的重心。他聽取我的意見，沒有約見精神科醫生。直到一年前，他嚴重失眠，精神恍惚，輕生念頭揮之不去。有個深夜，表弟婦打電話給我，情緒激動地說找到他的遺書。就在那個tipping point，他開始服用安眠藥和抗抑鬱藥。就算到今天，我想起那個轉捩點，仍然心有餘悸。若有什麼差池，我很難面對表弟婦。

解開毛冷球的死結

他接受治療，對我來說，好像揭開了精神藥物的神秘面紗。最初充滿疑問，特別留意藥物的負面反應。其實時至今天，藥物多元化，若副作用較多，亦可改藥試試看。表弟說，吃藥後，太子道兩旁的樹木，顏色變得淡淡的，下雨時的味道格外清新……半年下來，藥物引起很多微妙的變化。最初他說很累很累很累，由頭到腳的累。他長時間處於焦慮，情緒永遠在「勞動」，哀愁、自責、想死（literally想出各種死的方法），無法停下來。吃藥紓緩了焦慮，每晚有覺可瞓，可以減輕失眠而疊加的焦慮與愁思。「瞓夠㖡夠」，才知道，「啊！原來這樣叫做『攰』，那樣叫做relax……」他又告訴我，重新感受到快樂，例如他妻子早上外賣艇仔粥回家：「吃一口暖粥，好開心；嗰種開心，感覺好遙遠，幾乎唔記得……」

情緒病好像一團毛冷球，「打晒結」，藥物有助解開部分繃緊的死結。當然，藥物治理病徵，並非治「病」。這幾年我自學了各種療法，Cognitive Behavioral Therapy、Mindfulness、Focusing等等。表弟吃藥前，心結死死實實，用各種方法拆解，費九牛二虎之力，也進展不大。我自己不藥而癒，但不是每一個人也可自行拆解多年的壓抑。表弟吃藥後，死結鬆動了，較容易將他的情緒記憶拆散，再重新敘述、詮釋，心理治療的效果頗為明顯。

他找來我寫的文章，讀了一遍我的人生故事，似乎若有所得：「一直以為你做教授好威水，原來你成日睇唔開，苦瓜乾咁樣。咁我想做另一個『偉哥』，咪即係捉蟲！」情緒藥不是靈丹，若單單靠吃藥，而不去處理錯綜複雜的病因，病人不會藥到病除。但藥物用得其所，病人舒服了，也打開了一個空間，讓當事人較容易捉摸到心結所在。

難為了家嫂

二〇一九 三月三十一日

身邊的四位女性：母親、外母、妻子、女兒，都是獨立的個體，原來彼此一環扣一環，經多年的感情拉扯，到今天才看見交疊的軌跡。

母親堅強，孭起頭家，姓危名鳳，單係個「朵」，已盡顯威勢。家母年輕時，曾經獨自留在鄉下，面對頗為苛刻的祖母，咬緊牙根做個好媳婦，憶述從前，會突然怒道：「佢唔畀飯我食，好淒涼呀嗰陣時……」家母自言被奶奶刻薄，會如何看待她的媳婦？我的妻子又如何面對這個傳統的奶奶？

我不理家事，原來三十多年的婚姻裏，婆媳角力，我卻懵然不知。我和妻子都是自由派，男女平等，我唔介意做湊仔公；老婆在職場「好打得」，在家是財政大臣。但多年來，我就是耿耿於懷，老婆你可唔可以對家母溫柔啲啲？做吓樣，斟吓茶，「係咁意」做吓媳婦角色，不就是息事寧人了麼？我阿媽叫你煲湯畀佢個仔（即係我）飲，你咪做吓樣囉，唔使一句車埋去，「你可以叫你個仔自己煲！我都唔識煲嗰！」飲茶嗰陣，我阿媽話：「你夾隻雞髀阿偉食……」老婆回一句：「佢要食，佢自己識夾！」這些小冷戰不時發生，其實沒有什麼大不了，大家不要預期，在這裏會看到一場大龍鳳——家婆惡鬥家嫂！母親與妻子都是老好人，從未有過正面衝突；小風波小問題，芝麻綠豆，冇事嘅。

沒有衝突的小風波

仍然帶刺

直至四年前，我留意到尋常生活裏，壞情緒與小念頭，經常出現，背後深藏糾結。幾年前我們的關係，走到一個地步，要決定做夫妻還是做朋友。我習慣遏抑、忍讓，到了臨界點，就把多年不滿說出來。老婆也把她的故事和盤托出。結婚前，家母單獨相約面談，帶她到老家我的睡房，周到地說：「嗱，結咗婚就住呢間房，要畀心機同阿偉一齊捱……」我老婆憶述，「雖然家母一番好意，但有誰說過，會與你老人家同住呢？兩公婆獨立自主，冇話邊個要服侍邊個……」家母受過我祖母的氣，自己不想做一個惡家婆，但她思想傳統，覺得新抱主要職責，就是服侍佢個仔。而我老婆，現代女性一名，完全唔會做別人心目中的乖家嫂。

我是在結婚三十年後，才聽到老婆憶述「雞髀事件」。家母吩咐媳婦，將一味白切雞之中，最好的一部分，送到愛兒的碗上來，其實充滿了象徵意義。王子就係小弟，皇后就是家母，我老婆做個賢淑媳婦，有責任將最好的送到丈夫面前。但我太太最痛恨這一套，即時拒絕角色扮演，就算遭家人白眼，也勇於表達自己。而她嫁給那個自命開放的文青教授，竟然站在母后那一邊，不滿她頂撞家婆。被誤解、被孤立的情緒壓下去，微妙地塑造了家庭的感情對立。

妻子說，家母不把她當作親人，也不把她當作外人，理所當然的，把她當成服侍丈夫的小婦人。有一次，幾對朋友一家大細、扶老攜幼，到南生圍遊玩。各朋友的媳婦，都扶着家婆散步，獨是我妻子與家母「離行離迾」，各有各行。朋友問我妻：「喂，你做乜唔扶住奶奶？」多年之後，我妻都覺得自己好笑，「係，我唔想同佢咁親，保持距離好啲，愈親，佢會得寸進尺！」我一直不知情，但兩個當事人心裏就有根刺。

放開懷抱
才能一環解一環

故事發展下去，還有很多twists & turns。我妻的親母（亦即我外母），一生怕事，不懂燒飯做菜，不懂家務；她丈夫（亦即係我外父），超級強勢，在家是皇帝，完全主導整頭家，外母常被責罵。在這個環境長大，妻子自小就發誓，將來不受丈夫的氣、不做小女人、不做小婦人、不靠男人、獨立自主，做個現代新女性。我外父外母一家在外吃飯飲茶，不時見到外父罵外母「蠢過隻豬」！外母是個善良的女人，而外父也是一個超級顧家的男人，兩個老好人，扮演男強女弱的傳統夫婦，入形入格。外母當眾受罵，也是心悅誠服的在傻笑。想不到看在女兒眼裏，日復一日，會令女兒立下決心，不再重蹈母親覆轍。更想不到，我妻子到近幾年才發現，她原來也無意之間，模仿了她父親的剛強作風，直接指出別人的不是，傷害了身邊的人也不自知，而其中一個，竟是我們的女兒，她也受過媽咪這一句：「啲功課做成咁，條數咁都唔識計，你真係蠢過隻豬！」

我妻子與女兒感情很要好，兒時每晚睡前一起讀故事繪本，好sweet。直到我們近年坦誠分享成長往事，女兒才幽幽的對我說，她與媽咪隔了一道牆，覺得她太強了，說話不留情，更不喜歡母親對嫲嫲的強硬態度，正如她父親（我）一樣，多年來為此耿耿於懷。她努力不直接罵人，不想自己像母親一樣，正直敢言，但過了頭。然而，女兒「就得人」，願意「食死貓」，也令自己委屈受罪。家庭這些小風波拿出來檢示一下，一環扣一環，影響輕微但又深遠，延綿幾十年而成惡性循環。

這個死死實實的心結，幾年前我們努力打開來，死結原來並不是死結，打開之後，引起連鎖反應：我不再遏抑不滿，直接與妻子溝通，明白了她多年獨自面對頑固的家婆。現在當家母要求媳婦「夾雞髀」的時候，我會主動說，「我自己識得夾喇！」妻子自覺她父親太過大男人、她母親太過小女人，自己不必跌進壓迫與自衛的循環，她開始體諒奶奶也曾經做過「難為的家嫂」。她對我說，「其實阿媽（我母親）已經好好人，佢唔想做惡家婆，要求我服侍你，從來沒要求我服侍佢……」

及後，她對我阿媽多了溫情與體諒，攙扶她出出入入的人，不是我而是她。也許我和太太都到了初老之年，放開了懷抱，多了自省，不要求別人改變，自己先改變自己，家庭關係較以前順心得多。女兒對我說：「媽咪近來好鬼可愛，識得認錯，對嫲嫲好溫柔，佢性格咁強，可以變成咁，真係好難得！」如果女兒將來結婚做別人的小媳婦，希望她不會好像外母那樣submissive，也不要像她母親年輕時那樣assertive。不亢不卑，做返自己，就啱啱好。

十個靚女九個奸？

二〇一九　五月二十六日

Jocelyn小學讀傳統名校，功課無間做，考試爭崩頭。中學時，母親把她轉到國際學校，為的是讓她避免競爭之苦。十年過後，Jocelyn大學畢業，變得神經兮兮，談起成長往事，母親才發現，女兒就讀的那間國際學校，女生們的競爭，其實更殘酷。Jocelyn有如走進鬥獸場。我女兒Nat同樣讀國際學校，問她係真唔係？Nat肯定又誇張的說：「梗係！勾心鬥角，鬥屋大、鬥名牌、鬥靚、鬥收兵，十個靚女十個奸！呢句我話嘅！」我不以為然：「喂，十個靚女，都有個楊采妮啩，即係走清純路線嗰種……」「老竇，你咩年代呀，楊采妮？文青女神Angela Yuen就貼市啲。你都識講啦，賣點係清新。女人自覺有姿色，唔多唔少都會利用自己嘅優勢，收兵又好，搵着數又好，虛榮又好，一定識得攻心計……」

如殺戮戰場的女生競爭

按照Nat的觀察，那年代，國際學校女生走三條路線。穿Stan Smith波鞋，文青類；穿Adidas Superstar，Sporty類，靚女嘅話，都比較bitchy；還有穿Dr. Martens，Gothic性格型。文青自覺有氣質，靚得嚟好斯文，甚得男生歡心，亦係teachers’ pet。Bitchy queen收兵甚眾，男兵女兵都有，一定要做風頭躉，但就係冇楊采妮咁「清純」，所以視她們為眼中釘。Jocelyn

應該係學校中的楊采妮，經常被富貴校花Ruby在背後嘲笑。

Nat和Jocelyn不嫌我老餅，不時在火炭的小小咖啡室分享中學爭寵故事。她們都說，女同學之間，住哪區、哪類樓房，都萬二分敏感。父母職業也是比鬥的重點。多層屋苑最低莊，大埔的獨立屋尚可，最高階當然是九龍塘一帶的獨立屋。Nat（即係我個女）住沙田最cheap，Jocelyn住「禽獸花園」係「低低哋」。Jocelyn的死對頭Ruby住加路連山道。Nat老竇（即係我）做教授，是富豪食物鏈最低層。Jocelyn父母做蔬菜批發。而Ruby老竇，一句「做地產生意」就冇下文，不過從她家的pool side lounge以及home theater可知，她家族當然食大茶飯。

她倆異口同聲說，house party係國際學校嘅殺戮戰場，queen bee身邊的蝦兵蟹將出力「做嘢」，being invited係一件事，not being invited係另一件冇面嘅事。Jocelyn文青女神，矜持係主打：「好少去party㗎我……」但她說，其實都好想有人強烈邀請她出席，最後她的泳隊男友被邀請，她順理成章可以「攞正牌」出席，在同學間保持人氣。Jocelyn積極經營她的文青形象，邀請身邊十多個「second-tier」靚女，在派對之前，帶幾套衫到她家試穿，並一起焗生日蛋糕賀Ruby大壽。眾靚女聽到「禽獸花園」，馬上面有難色，入元朗喎，咁遠！為不掃Jocelyn「雅興」，最後有三個「讀得書」的同學代表出席。

Ruby那個clan穿得入時暴露，低胸露背是等閒；Jocelyn那個clan走精緻風格，不賣性感，但斯文oxford襯名牌素色長裙，也可以與妖艷女孩比拚。幾個文青由元朗帶自家製蛋糕到加路連山。Party主題祝賀女主角，但重點係幫派比拚，尤其是，泳隊與籃球隊男生齊集，眾靚女的言談舉止必須得體大方，打擊對手在人家主場不得太囂張。「嘩，識焗蛋糕呢啲咪好賢淑囉，多謝晒Jocelyn咁有心！」而廁所backdoor竊竊私語，完全不留情面。Jocelyn蔬果批發的背景，被說成是「賣菜婆」，用心拿來展示才藝的carrot cake，被說成cabbage cake，講歪啲，咪就係garbage cake囉！「我唔可以太夜返，要早啲走呢唔好意思……」

「你住元朗咁遠，我叫司機車你返去啦！」

整個中學，Jocelyn都被Ruby以及她的富豪閨蜜單單打打。最後，她認輸了，因為鬥有錢、鬥身家，她永遠不會勝得過Ruby。Jocelyn中學之後，變成另外一個人，同情弱小，不計較背景，對出身寒微的同事關愛有加，卻愈來愈多panic attack，無端端會湧起一陣慌亂與恐懼。

不壓抑、不抗拒
接受強烈的情緒浮現

Nat是過來人，比較明白情緒背後的logic，懂得多點照顧自己的感受，善待自己的情緒。Jocelyn給我和Nat一個難題：她做網站設計，有個在行業極有名氣的靚女老闆，請她設計品牌網站，但識少少扮代表，提出種種無知無理的要求。這兩個星期，對住呢個周身名牌嘅靚老闆，Jocelyn真心鄙視佢，不時表現厭惡之情，但同時又覺得自己太condescending，因而自責不已。

強烈的情緒其實不難駕馭，甚至可以從中認識自己。首先是充分留意情緒的存在，「用眼尾瞄住佢」，不壓抑、不抗拒，接受情緒的浮現，這樣就不會掉進其中，而且很快會有一個內在的我，站於各種情緒之外，較為輕鬆地進一步了解情緒背後的面目。

Jocelyn知道自己對着靚女老闆同時有鄙視和自責的感覺，在咖啡室她閉上眼，任由情緒浮現，然後慢慢給我和Nat描述她的感受。我們三個人，一問一答，竟看出情緒背後，還有很多種不同的情緒。她覺得自己不應看不起對方，但追問中學時的她，自以為靚女，若可以把別的女生比下去（尤其是Ruby），就會有很強烈的滿足感。靚女與靚女之間，很容易有對立與競爭、妒忌與慕羨。而她用盡氣力，以清純作為賣點，也敵不過Ruby的階級優勢。戰敗沒面子，她把不快轉為動力，慢慢變成一個友善大愛的「左膠」，當中是真誠的成長，矯正中學時過分的競爭心理，但也是一種不想再在競爭中失敗的策略。愛人如

己，不要把人睇死，靚女有愛心，一定有分加。這些年，突如其來的鄙夷與自責，都是Jocelyn在不同階段留下的情緒記憶，都是她自我的一部分。Jocelyn退一步，看出情緒背後的七情六慾，自責當是提醒，坦白接受自己的愛心，也坦白接受自己的鬥心，反而能夠更溫柔地做一個清心靚女。

開學喇，父母、老師、同學，做返個人

二〇一八 九月二日

這兩年，參加了情緒病的support group，照顧家人的一大群朋友，走在一起分享經驗，滿滿是不足為外人道的痛苦與喜悅。開學喇，又是警鐘響起的日子，對患病的子女來說，開學往往是病發的季節。面對同學老師，壓力就湧出來。如何達到父母與自己所期望的表現？成績是比上去還是給比下去？暑假後胖了會不會被暗笑肥妹？患上情緒失調的學生，也許可視為香港普遍社會壓抑的縮影。社交障礙、躁鬱症、厭食症，成因與病情複雜多變，不好簡化。病者苦，家人也苦；愛得深，痛得愈深。關顧組內，奇難雜症，淚水多、笑聲少；令人安慰的是，大家一起走出幽谷，打開死結的寬懷，能互相感染、互相打氣鼓勵；而過來人又可以給後來者感同身受的支援。

必須再說，情緒病成因複雜，但弔詭的是，子女的壓力其中一個來源就是父母；子女的好轉，有時來自父母的自省與改變。今時今日，父母難逃的魔咒，就是望子成龍。老土呀！原來就是這麼老土！而「成龍」的模式十分狹窄，真有如鐵甲威龍。要成龍，就是穿上鐵甲：不外乎是讀名校，升上港大中大科大、醫學院、法律學院，GPA高，將來搵份體面工作。這都是老生常談，自言開放的父母，暗地裏也給子女投射類似的期望。情緒病爆發之時，正好戲劇性地強迫父母面對一個問題：你想個仔「成龍」，定做返個人？厭食症走到皮包骨那一步，生命懸於一線，開學與否，已無關重要。抑鬱走到要輕生那一步，站在天台的邊緣，學業成績、事業成就，算得上什麼？

放下俗世枷鎖 調整優次輕重

小組裏不少過來人，大都放下了香港這個高壓社會的俗世枷鎖，鬆綁了，子女也紓緩了。老實講，香港父母唔係咁容易放得低，還未病入膏肓之時，梗係唔想子女停學，在親友面前好樣衰，解釋一大輪，姨媽姑爹都係唔明。有些家長很快看通，又有一些家長，直到快見棺材，先會醒悟。生死關頭，學業與成就真係真係好次要，最重要是讓子女拾回人生的滋味，而人生最美好的滋味，正是愛與被愛以及人性中的真善美。

幾天前的一個聚會，幾個麻甩佬一起吃叉雞飯，一個已經「覺悟前非」的爸爸說，個仔下星期開學好緊張，話唔想返學。身為工程師的大隻佬爸爸對個仔說，你情緒不穩可以休學，返唔返學，爸爸都愛你、支持你！新加入的肥爸爸聳聳肩：「乜你咁肉麻喋！我講唔出口喎！」另一個瘦爸爸馬上笑說：「我現在什麼老土的說話都講得出口，我個女幾年前，在大馬路前，計算交通燈的秒數，選擇迎面衝來的大貨車，最後沒有踏出死亡的一步，今天老土講句，我們一家最珍惜的，就是愛與關懷。」開學了，請父母調整優次輕重，首要是讓子女學習做一個人，其次才是成績與成就，而成就其實有好多種。多一對家長醒悟，就多一個香港家庭感受到生活的好滋味。

在評核表以外的 仍有意義

開學本應是開始一個既焦慮但又充滿機遇的成長旅程，但普遍的香港學生似乎焦慮多了，成長的愉悅少了。不單學生如此，老師也有開學焦慮症。我只做過中學的代課老師，不清楚今天中學老師是何等況味。大學老師我做了二十多年。那些年，我很期待開學，上課是個奇異旅程，想出很多方法，與學生尋幽探勝。有次上晚課，請研究生獨自找個黑暗角落，想像自己睡在棺材，想一想一生何求，之後大家在電郵熱烈討論了一星期。這個經驗，當年在場的譚蕙芸很記得，廿年後仍可回味。時光飛逝，我離開大學兩年，才清楚感受到今天大學老師的焦慮與壓力。

大學管理入微，老師的研究、教學、服務三方面，評核標準清晰，這都是資源與效益的盤算。問責本是好的，是必要的，但似乎這套大學管理程式，太死板太單一化，所謂優秀的大學教授只有某幾類款式。

這些批評，坊間流傳甚廣，我就不多說了。只想指出，我在大學之外「過冷河」兩年，更覺這個高級牢籠的殘酷。暑假期間，有個教授來我家吃飯，本來已經很遙遠的教授生涯，遺忘了的，又活現眼前。陳大文教授就是那種不能被評核制度歸類為優秀的一個。他不愛「抗爭」，幾年來努力追逐愈來愈難捉摸的遊戲規則。前幾年大學竟在老師年度評核表上，用到了懶惰、工作態度出問題、未能達到期望等字眼，而管理層只是單看指數，就用上以上template，並要求老師簽名承認自己懶惰又不達標準。陳教授不肯簽，抬起頭做返個人。這兩年，他熱心教學，著書立說，不玩學術小圈子的「因子遊戲」，努力在不同層面以知識介入學生的生活以及社會事務。作為一個人，他也努力活好一點，追求生活之中的美好與良善。這個朋友坐在我家，由幾年前的失魂落魄，到今天精神飽滿，充分肯定自己的所作所為是有意義的，雖然這些意義在大學的評核表之外。

他說，裏面有兩個他，一個感受到做個「似返個人」的教授很滿足，另一個他在大學管理的大機器下，恆常地被羞辱、被懲罰。快開學了，被懲罰的那個他焦慮莫名，但他咬緊牙根追隨他所認同的自己。如果大學、中學，多一個老師尊重自己的職志，回到人性基本的愛與關懷，就多一群學生可以與老師一起，在新學年共同發現知識、發現生活。

對學生來說，父母、老師都是權威的代表，他們對年輕人的期望，他們定下成敗的標準，他們的言教和身教，都會直接影響年輕一代。是動力，亦可以變成壓力。無論成年人把持什麼標準，最重要的是，尊重子女、學生作為一個人的基本感受和需要，不要把獨特的孩子，強行困在狹隘的框框之內。

不如打開降落傘

二〇一九　三月十七日

at17盧凱彤自殺那一天，支援小組很快進入戒備狀態。隔天李太就打電話來，慌亂的說，女兒明慧又復發了。黃昏我已到中大宿舍找她。李太單親，在一田當售貨員，工作困身。她稱呼女兒明慧，我習慣叫她Sophie。Sophie這半年病情大有好轉。透過支援小組轉介，我隔週會跟她吃個下午茶；見面才知道Sophie在中大修過我的通識課。半年下來，我們喝咖啡的次數，比她見心理醫生的次數還要多。

漸漸開朗的她，今晚明顯轉差。情緒病人通常都有種無形的苦澀，過來人很容易感應出來。沉默了好一會，她幽幽的問：「你有沒有看過盧凱彤那張新聞相？」我搖搖頭，她續說，「那斷了的腿露了出來……」那晚她話不多，我的角色主要是陪伴者，並確認她會在幾天內約見心理醫生。

與生死擦身而過

翌日早上，電話響起，屏幕閃出Sophie的名字，我心冷了一截，「This odd hour!」對方沒話，清楚聽到那邊清勁的風聲。過了幾秒Sophie才用微弱顫抖的聲音說，「馬Sir，可唔可以傾一陣，唔好收線……我喺天台，我好驚……」我在電話的這一邊像掉進冰水裏，腦背發寒，全身僵硬。我告訴自己，有一部分的我，此刻背負沉重的壓力，但仍然有另一個理智的我，可以冷靜地發揮作用。我刻意改變話題，問她九月開學要修什麼課。資料性的交談，慢慢把緊張的情緒紓緩下來。原來她不在宿舍，而是在她家住的那幢唐樓。我叫她離開欄杆，退回樓梯，慢慢的說。

這個星期，每晚睡前她都無法控制自己的思想，從天台一躍而下的畫面，不由自主的在腦海播放，一次又一次，vivid and graphic，有如真實發生。仿真的自殺循環，令她勞累不堪，直至累得撐不下去，墮進淺睡狀態，那個routine才會停止。

我警覺馬上要召喚救傷車，但又不想言語間觸動了她。她睡前那瘋狂的畫面說出來之後，焦慮與躁動似乎稍為宣洩。她願意離開天台，但不想回家。李太下午才上班。她不想解釋。我建議她到茶餐廳休息一會，並約好半小時後見面。

在的士上還是緊張莫名。我從沒有自殺的念頭。幾年前情緒最壞的時候，只有過無端病死的wishful thinking。我算是接觸過一些自殺個案，但如此近距離感受生命被拖下去的強烈引力，還是第一次。一瞬間，生死擦身而過，足令我透不過氣來。近年常有自殺新聞，大家似乎見怪不怪，但背後那神秘的氛圍，依然令人不寒而慄，而悲劇引起的傷痛，又令人萬分惋惜。Sophie成績好、顧家、每項工作都盡力做得妥妥貼貼，生活若有什麼亂子，都只會怪責自己。支援小組裏很多病友，都有類似的性格。

踏入茶餐廳之前我整理一下心情，四目交投，出奇的平靜。我說服她請母親從家下來，由我說明情況。我花了點時間和氣力，建議我們等一會乘的士到急症室。這時李太已坐到我身邊，目不轉睛的望着明慧，聽我解釋幾句，她就激動起來，卻又刻意壓低聲線，望着女兒說：「你走咗，你叫我點樣再行落去……」Sophie抿着嘴，淚就默默的流下來。

留院觀察幾天後，Sophie情緒漸趨穩定。出院後，她轉看一個我認識的精神科醫生。Dr. Wong不單prescribe藥物，也花時間與我們分享對自殺的看法。Sophie尋死那個痛苦階段，其實外人勸止往往不能奏效。因為那種無情的拉力，在病人主觀感覺上來說，基本上是一種fatality，別無選擇，是宿命。藥物是有效的，情緒紓緩了，病者對生命往往有很不一樣的看法。Dr. Wong說，情緒病自殺的，如果死過翻生，病好了，再回想，大都後悔輕生的決定。有個病人從二十幾樓跳下來，死唔去（我心諗，係真唔係呀）。經過兩年的心理治療，康復了，告訴醫生，跳下的一刹，被黑雲般的情緒包圍，完全諗唔到嘢；當年殘害自己，傷及家人，回想前事悔不當初。

人生很累 不如唞唞

Sophie那些自虐的routine，很快消失了。到十二月要考試那個星期，焦慮增加，她說夢見自己從高處掉下，直撞硬地，粉身碎骨，但畫面有如王家衛電影，超慢鏡，充滿曼妙美感。她似個旁觀者，只覺悅目，沒有痛苦。她的夢，她不怕。恐慌的反而是我，馬上向Dr. Wong報告：Sophie是否又relapse呀？醫生笑說，馬Sir你放心，此夢性質上很不同。從潛意識湧出來的美化影像，有隔離效果，是Sophie自我保護的方法。

兩星期後聖誕假期，Sophie告訴我另一個奇怪的夢，她從天台掉下來，在半空的時候，覺得人很累很累，她對自己說，不如打開個降落傘唞唞。想到，就有了。降落傘打開來，蔚藍色，飽飽滿滿。微風輕吹，她可以觸摸白雲，像棉花。

這次經歷，對我來說，好像解開了一個神秘的enigma。自殺念頭很可怕，直接坦白說出來，不逃避，病向淺中醫，那無法抗拒的拉力，並非無法抗拒。及後一星期，我腦海不時看到浮在半空的藍傘。一想到，傘就打開來。

規劃你條命

二〇一九　三月二十四日

這兩年接觸不少患強迫症的朋友，每天刻守既定routine，「洗手、洗手，再洗手」，只是最為人熟知的表徵，他們的「手鐐」、「腳鐐」多着呢，例如每天執拾家居、狂做運動、暴食然後扣喉，奇難雜症，乜都有。典型的強迫症留給專家分析，我想說的是，「正常人」也可能有此傾向，會沉迷於強烈的欲望而無法抽身。

我有一個新鮮例子。上週四交稿之後，《明報》編輯黎佩芬星期五黃昏問我，可否把文章裏那個夢畫出來。咁趕急，點畫？但不到五分鐘，就回覆說，好的，我明天中午前給你。那個夢，主人翁跳樓，中途打開降落傘，我就想到畫一隻透光的水母，在風雲幻變的天空，徐徐下降；也可看成是在深海，緩緩上升。水母半小時畫好，而且通透有光，美麗輕盈，看着就喜歡。

及格夠了
沒有完美這回事

開筆畫雲天，先打濕畫紙，塗上不同深淺的灰藍色。但出事了，太深色，死死實實。趕住明天交畫，我就犯了水彩大忌，翻筆，甩色，起漬，再翻筆，愈畫愈差。美艷水母，墮進花臉天空。我難受得很，醜圖見報，獻世咩！失望夾雜「唔衰得」的心情，焦急地說，I really need to fix this！用盡九牛二虎之力，效果僅僅及格。拍照，交稿。那時已是深夜兩點。上牀睡喇，老友！但愈想愈不順眼，竟又起牀，提筆再改。如此反反復復好幾次。最後關燈，躺下，閉眼，那「污跡」又出現了。我馬上知道，這變成強迫行為：愈想控制，就反過來被控制。也許，這兩年深入接觸強迫病態，令我更敏感其中的心理拉扯。我靜下來，任由那「唔衰得」、「畫好佢」的情緒浮現，好像照鏡一樣，看見自己的躁動，而又不掉進欲望的漩渦。才意識到，我畫功尚淺，無謂強作才子，及格就好了，表達了文章重點就好了，沒有「完美」這回事。這樣就安心墮進夢鄉。

早上起來，回想昨晚的經驗，就想起了Emma。她身形標準，但老是覺得自己又肥又醜，幾年來每天做三小時運動，上班前、下班後，強迫自己達標。問她理想身形是怎樣的？她按一按手機，把屏幕送到我面前，是運動員楊文蔚，鋼條身材，fit到不得了。我心諗，跟Emma你的柔弱性格，完全唔夾喎！

我們有個「爸爸小組」，幾個中坑，久不久出嚟飲返杯。Emma病得最嚴重的時候，她父親對我說，每天回家都膽戰心驚，打開門都唔知個女做緊乜！家裏冇人，她會狂跳呼拉圈，大汗疊細汗，面青口唇白。若被家人撞破，眼神充滿羞愧、自責。後來她索性躲在睡房做運動，家人熟睡，才奴役自己直到深夜。父母隔着房門，聽到Emma的喘氣聲，心如刀割。今天事過境遷，他們複述那段苦不堪言的日子，已經可以放下包袱，做一個搞笑的鬼臉。Emma有次還給我解釋，她的病，除了OCD（Obsessive Compulsive Disorder）之外，還有個「嚇得吓人」的學名：Body Dysmorphia，主觀覺得自己身體醜怪、有defects，但在別人眼中，卻是微不足道，甚至完全看不出來。正常人不會有此病態，但我們有時也會把自己身體的缺點、生活的不如意，以至人生的憾事，放大到不成比例，這也是普遍的經驗。

身邊那十多個案例，不少病者的生命裏，都出現一個關鍵字：就是「控制」。他們大都成長於中產家庭，父母給兒女有形無形、或大或小的期望。其中有些孩子特別敏感，特別想討人喜歡，往往放大了壓力。Emma成長期間，希望成為一個不負期望的才女和靚女，生活愈不如意，她就愈想控制自己的表現，漸漸把控制的欲望聚焦在自己的身體上。

生活無常
才是常態

與精神科醫生Dr. Yip談起，他說的一番話我印象很深。人生很難、生活很難，對OCD的朋友來說，更難。艱難在於，病者希望按照既定的routine過日子，但生活經常有意料之外的事情發生。若能放開懷抱，接受人生的不完美，明白無常才是常態，那生活會輕鬆得多。

近年常聽到「生涯規劃」的說法，我google一下，給嚇了一跳，尤其是我看過這麼多痛苦的故事之後。在此抄錄幾句給讀者看看：「大學生沒有規劃就沒有競爭力，沒有競爭力就會被淘汰……」「生涯規劃是一個深思熟慮的過程，讓人能整全地規劃一生，包括生命中重要的範疇，如工作、學習、人際關係和閒暇。」

把上述金句讀給太太聽，她睩大對眼，「規劃一生？Mission impossible喎！」孩子由幼稚園到大學，真係畀佢規劃到癲咗！以前幾代人，努力讀書向上爬，草根變中產，嘗過甜頭之後，變本加厲，期望兒女成材，重複自己的成功之道。其實不單止是怪獸家長在操控子女的人生，整個社會都強調規劃、計算效益，家長、老師、校長、官員、親友、朋輩、學生自己，重重規劃，互相控制，人性之美、生命的豐盛，很容易就在病態的操控之中枯萎。須知道，生涯之奇妙，在其喜，亦在其悲，順逆有時，禍福有誰能全面規劃呢？

發火有玄機

二〇一九　五月十九日

退休前做演講，題目來來去去都係香港文化呀、影視生態之類，想不到，教授轉行做講故佬，近年經常講《愛回家》之類的倫理故事。我會現身說法，分享自己失敗經驗，例如講：一世人好斯文，冇乜發脾氣，年前竟然發火，狠狠地摔斷一雙筷子。令我意想不到的是，不少聽我演講的朋友，都有類似的經驗。

即係咁，夫妻關係裏，我是忍讓那一位，太太是「執正嚟做」那一位。結婚三十年，我很少提出異議，就算心裏頂住條氣，都會吞咗佢，避免衝突，多一事不如少一事。「就得人」，聽落係美德。但針有兩頭利，一世遷就人，可能鬱出病，冇咗自己。我從滿心鬱結，變成開朗快樂，經歷一個自我蘇醒的過程。其中有個奇怪的岔點——識得嬲！

一直被人踐踏　唔識得嬲

Eve是在講座認識的，她聽我講以前「就得人」那一段，點晒頭，好有共鳴。後來主辦單位安排幾個朋友仔，不時相聚，兩年來，我目睹Eve那個爆粗的轉捩點。她三十多歲，在潮州家庭長大，母親係闊太、父親係廠佬，咁多年，Eve都係配角，得到萬千寵愛的，是她弟弟。愈認識

Eve的故事，愈感到被踐踏的可怕。她母親可以說出這樣的話：「化妝化到好似隻雞咁！」「醜到你吖，冇一忽似我！」「你點解搵個咁cheap嘅男朋友，食餐晚飯，都要你老竇找數！」這些話，Eve很吃力才說得出口。對母親千依百順，處處為她辯解：「我阿媽好冇安全感，老竇一個月先返香港幾日……」「其實佢都好孤單，不時聽到二奶傳聞……」Eve情緒最差的時候，對身邊所有事物失去興趣，不愛吃，不買新衣，沒有將來。問她有什麼快樂的小事可以分享，她平淡但肯定的說，沒有，一件都沒有。我們開始定期聚會時，她那個「唔找數」的男友已經離開她了，她完全沒有拍拖的欲望，儘管母親不厭其煩的說，女人唔嫁就乜都冇。

母親形象漸漸改變
一個好兆頭

其實，Eve的故事在很多苦情殘片都可以看得到。但令我領會頗深的是她內心萌生憤怒的那個magic moment。發老脾，唔好脾氣，是負面的。但沮喪的人開始識發嬲，是正面的好兆頭。在Eve的康復過程中，經歷一個微妙的變化，我們未見過她母親，單從她口中的描述，略知一二：早前伯母是個雍容華貴的闊太，但過了一年，她漸漸被Eve說成是個尖酸刻薄的潮洲師奶，前後好像是另一個人，而兩個「伯母」，都是Eve在不同階段的真實感受。

Eve把家庭照帶來與我們分享：九肚山的獨立屋、大家庭的晚宴、拖住金毛尋回犬的放狗時刻、弟弟畢業及結婚的大日子……我們都看得出，弟弟、母親永遠在正中心，父親不常在，就算人在，心也不在，而Eve好像家族生意裏的一個小僱員站在一旁。當我們輕輕的指出這個「企埋一邊」的小發現，Eve沉默了一下，就改變話題，說弟弟的太太，也曾經被母親暗罵：「好似隻雞咁，你叫細佬小心啲佢！」隔了一個月的聚會，Eve主動提出，她回家把所有舊照片拿來看一遍，覺得好唔開心，突然一陣揪心痛，有啲「頂住個肺」。

往後的日子，伯母的形象起了變化，Eve久不久就會投訴母親說話太過分，例如單單打打：「你份工搵雞碎咁多，不如唔好做。」她開始識嬲，但又嬲自己點解發脾氣。我們幾個「過來人」馬上曉以大義。告訴她，其實有兩個Eve，「小E」多年來沉睡了，「大E」則是個老好人、孝順女。現在「小E」睡醒，對於不合理的踐踏有反應了，而「大E」馬上作出回應，指摘「小E」唔識體諒母親，並馬上啟動「內疚」以制衡「不忿」。

不再無限忍讓
學習企硬

我們給Eve兩個小測試：

第一，搭長途機，你坐窗口位，鄰座兩位乘客在看電影。你會忍尿，還是請他們讓你去廁所？

第二，你在餐廳要了份沙律，dressing on the side，來了份「沙律撈汁」，你會要求更換，還是「哽咗佢」？

Eve的答案很明顯，忍尿忍到忍無可忍先出聲。吃得很清的她，會吃了那份多汁沙律，之後覺得食錯嘢唔高興大半天。

我們苦口婆心說，「小E」必須成長，要「發育健全」，知道人有三急叫人「借借」是自己的權利。就算侍應因為沙律打回頭而「黑面」，也要知道落錯單係佢嘅責任。

Eve識得嬲，係好事。我們預先警告她，當「小E」醒晒，佢會經歷一個不成比例的嬲怒階段，過去的壓抑會發晒出嚟。果然，幾個月之後，「小E」大爆發：那天伯母安排了飯局，「暗盤」係介紹一個世侄給Eve「相睇」。Eve半推半就應承了，早一天她母親送了一條低胸裙，要她試穿。Eve怒火中燒，鼓起勇氣，大大聲喝了一句：「你識唔識尊重下我！」然後把裙子用力掉在梳化上。Eve複述案發過程時，還是十分火滾的，但很快又反問我們，「我係咪過分咗啲？」未等我們回應，又馬上說：「不過我阿媽真係好過分！條裙真係低胸得好過分！」很明顯「小E」長大了，與「大E」同時在說話。

以前Eve的生存之道就是忍讓，這也助長了她母親的專橫。在Eve開始企硬的時候，起初不習慣說「阿媽你講嘢要顧下人哋嘅感受。」Eve自言，說這些話，起初說得很吃力，到夠膽說出口之後，就往往好兇，over咗，但慢慢習慣了。反而「被嚇窒」的是她母親，到現在仍未習慣一個會反駁她的女兒。聽到這裏，伯母O嘴的畫面好風趣，Eve駁嘴的畫面好可愛！故事結局並不是大和解，Eve搬出自住，與母親隔了一個距離，反而話多了、衝突少了。

錯過了愛情

二〇一九　四月十四日

二十七歲的Karen，拍拖七次，每次都在半年內「飛咗條仔」，我好想知點解。兩年前，她重遇中學的初戀男友Ron，再拍拖，破紀錄，到現在已經年半，仲未散。中五那年，Karen是很多男生暗戀的對象，Ron是其中一個。有次，幾個同學到中文大學參觀，相遇周保松在聯合草地講課，Ron與Karen坐下來聽了半小時，冬日暖陽，頗堪回味。畢業的紀念冊上，Karen看到Ron的留言：「還記得那天青草的氣息、陽光的溫度，真希望時間停留在那美好的一刻。」她念這句給我聽，我忍不住說，「呢個文青好毒！」

中六再同窗，他倆有過半年愉快的日子。然後Karen退學，消失得無影無蹤。

厭食是暴風一樣的病症，我要花兩年時間，才稍為明白箇中複雜的情緒，很難在這篇短文描述。也許可以說說Karen的愛情故事，從中解說一二。Karen中六念到一半病發，背脊生出短短的毛髮，小腿水腫如孕婦，體重跌破八十磅，送院時BMI只有14，心跳跌至三十八。父母震驚，不知所措，不知道女兒為什麼拚命減肥，都已經是校花、風頭躉，還減什麼！入院那天，女兒眼珠泛藍，看上去，幾乎已是一個活死人，父母是揪心的痛。

無法超過半年的戀情

今天在康復中的Karen打趣道：「我阿媽成日對人講，阿女開心就得㗎喇，佢大學讀乜、出嚟做乜，佢自己選擇……」本來在說笑的Karen，說到這裏，明顯動氣，情緒湧上心頭，很火的說：「佢哋把口就係咁講，我做紋身師，完全知道佢哋個心諗緊乜……」在家長小組裏，經常聽到新來的家長說：「我冇畀壓力阿女㗎……」我們「資深」家長心裏暗笑：「真係冇？」

出院之後，Karen與同學斷絕來往，沒升學，醉心紋身，而且慢慢做出了成績，尤其擅長畫「起鈎」的鐵絲、鋒利的尖刀、抽煙的卡通人物。多年來，病魔纏身，外表卻看不出來。Karen厭食，恪守嚴苛的無油餐單，只吃蒸雞胸、蒸魚、焯蔬菜，在自己的studio自煮自食，毒女愛美麗，不會在餐廳用膳，鎖閉在自己的藝文空間。

厭食症患者大都絕頂聰明、「就得人」、與人為善、對己苛刻。Karen神奇之處，在於徘徊於厭食與暴食的循環（literally係地獄輪迴）。她十分有技巧地不讓自己的BMI跌穿14的死亡線，又不讓自己暴肥到一個被人識別的磅數。她這七年來，每天腦海裏焦灼盤算飲食熱量，幾乎佔去她四分之一清醒的時間。

Karen第二個男朋友是她一個紋身client，對她近乎迷戀，照顧有加。Karen也是千依百順，女友的指定動作做到十足：生日給他設計特別的紋身小圖案，了解他衣着喜好，為他選購新裝。但到茶餐廳吃飯時，Karen總要說一個又一個謊言：「我吃過了，陪你吃就可以了。」又或者吃幾片乾炒牛河的牛肉，然後回studio扣喉。蜜月期過後，男友的小毛病小缺點，就開始討她的厭，例如吃薯片吃得大聲一點，那咀嚼的細碎聲音，漸漸佔領了Karen的聽覺，聲浪大至她無法忍受，但她同時又要扮作若無其事。依人的小鳥，終有一天情緒爆發，但她完全不會在男朋友面前發脾氣，她會很得體而絕情的提出分手，然後從此斷絕關係。她對我們說，「這個模式反復了幾次，直到我不敢再發展新的關係」。其中有一兩次，是在她厭食轉到暴食，「唔想佢見到我個肥X樣，所以先下手為強提早分手……」

掩飾還是坦白？

直到有一天，中學戀人Ron走到她的studio，其實沒有再追求她的動機，只不過真的喜歡Karen在網站post的一個紋身，才提起勇氣來找她幫忙。八年前Ron考進中文大學政治與行政學系，畢業後在廣告公司做copywriter，並成立了一支頗有名氣的獨立樂隊。Ron與Karen商討後，樂隊的四個成員在小腿一起紋了四款小貓抽煙的圖案。當Karen在Ron小腿落筆那一刻，紋身多年的Ron仍感到格外的刺痛，而Karen告訴我說：當針嘴刺在他皮膚的時候，中學那青草的氣息、暖陽的溫度，本來已經十分模糊，突然又變得栩栩如生，「我完全記得草地有少少『拮肉』嘅感覺」。

隔天Karen到Ron在觀塘的band房看看，幾條友即場夾了幾首歌，嘻嘻哈哈玩了一小時有多，Ron就送Karen到巴士站，等十二點開出的尾班車。等車的時候Karen低頭在看手機，而Ron也在望着地面他倆的波鞋，又調皮地踏了Karen的白波鞋幾下。「你搞咩呀！新鞋嚟㗎！」Ron認真地說：「白波鞋要污糟啲啲先至好睇。」那天深夜，Ron為Karen作了首歌，把歌詞及一段音樂傳給Karen。她在早上起來才看見訊息：「你一邊看歌詞，一邊聽音樂……」清脆的Ukulele彈着小調，歌詞是這樣的：One step, two step, black shoes, white shoes, my little cat is smoking, strolling her steps, one step, two step, wondering whether the shoes will be leaving their marks, on our paths, yesterday & the day after。

他們很快又走在一起，在中大聯合草地，在觀塘的海旁，Ron不時彈他的小結他，有時哼一哼他的作品，有時唱一唱My Little Airport。Karen喜歡Serrini，Ron會用女聲唱《油尖旺金毛玲》和《Don't Text Him》。但Karen心裏愈來愈大的恐懼是，到什麼時候，她會像以往的戀愛一樣，漸漸對男友感到莫名的厭惡。她對食物的焦慮，她那些別人難以理喻的飲食習慣，很難在日常生活中完全掩飾。她能否把厭食的skeleton藏在衣櫃？還是坦白告訴Ron她長達七年的掙扎？Ron在街邊吃牛雜時喜歡加甜醬、芥辣，在band房放空時，喜歡喝青島、吃熱浪薯片。牛雜的味道、薯片在口腔咬碎的聲音，在腦海揮之不去的醬汁與酒精，Karen如何容忍？如何say no？

我聽完Karen的故事，主觀上很希望Karen不要錯過這段青葱愛情。但在接觸過不少情緒病者之後，也很清楚知道心魔頑強，生活很多錯過，很多難以避免的遺憾。

毒男搵命搏

二〇一九 四月十四日

自二〇一五年開始，我在青山醫院做義工大半年，後來參加了支援小組，接觸了很多病人及家屬，得出一個結論：確診患病的人，通常有明顯的徵狀，但「正常」生活的你和我，與情緒病人之間，界線其實十分模糊。近年遇到的病例，有很大比例都是「要求高」、「追求完美」的一群。Ben就是其中一個，他的情緒狀態介乎於「正常」與發病之間。

Ben是我女兒的中學同學，不時到我家吃飯。他在英國UCL唸建築，回港六年，工作順利。最近他愈來愈「毒」，斷絕社交；性格相近的女兒，幾乎是他唯一的朋友。我這個世伯，作為半個情緒病過來人，與他也很談得來。上週六相約到文化中心，看奧斯卡得獎電影《赤手攀峰》（*Free Solo*）。主角是爬石專家Alex Honnold，不用安全繩徒手爬上三千尺斷崖，令我們產生強烈共鳴的，不是那隨時在one split second失手就粉身碎骨的危機，而是那命懸絕壁的心理魅影。

不是追求完美
只是人生的本分

Alex自小寡言、孤獨、對自己要求嚴苛。父親是大學老師，患有輕度亞氏保加症，他對Alex從不讚賞，鞭策他完成一個比一個艱難的目標，例如攀石。我不是在說什麼「童年陰影」的濫調，而是想說Alex年少時所遇到的心理挑戰，比起爬上巨峰El Capitan更為兇險。別人看來，這次free solo差不多是自殺，很大機會在鏡頭前跌死。咁點解要爬?! Alex說，那不是death wish，他不想死，於是預先操練每一步、每一個借力點，由頭到尾，百分百掌握，而且auto pilot牢牢記住。記性、專注也是亞氏保加傾向，是他父親遺傳給他的「禮物」。能夠攻頂，必須近乎完美，close to perfection, there is no room for error。

散場時Ben說：「我明白點解佢要搵命搏，free solo係佢唯一覺得接近完美嘅事，我理解。」搏命是本分，成功做得到不需高興，做唔到就係自己有問題、有fault，只不過今次Alex若出錯就賠上性命！在另一個訪問裏，Alex直接說他是個「somewhat depressed person」，他父親令他覺得useless，但自己是廢人的想法，令他有動力去「go do something that makes you feel less useless. But then ultimately that still doesn't make you feel any less useless, so you just have to keep doing more.」覺得自己係「地底泥」，驅使Alex追求完美，而完美攻頂只是稍為「冇咁廢」，所以必須繼續勞役自己。Alex甚至說，搏命，並非追求完美，根本就係本分。弔詭的是，呢一位名留攀石歷史的強人，原來成世人都覺得自己冇鬼用！

Ben看得投入，正正因為他就是這一類人。我和女兒對Ben的成長血淚史如數家珍，初聽之下是奇聞，如今重溫已是趣聞。他母親是high achiever，父親吊兒郎當，玩車玩相機玩女人，令家庭欠下巨債。母親「死要面」不肯離婚，孭起頭家日捱夜捱。他與姊姊在英國念書時，窮得只吃茄汁豆及爛香蕉。原來在英國，這兩項副食品經常減價，十送一，久不久賤價清貨，他姊弟倆就入貨囤積廚房。「通常在麪包店臨收工前，去買平價麪包，返屋企『索』啲茄汁豆，好飽肚㗎！有時喺宿舍食roommate嘅leftover，幾年都係咁……」人的性格十分奇怪又unpredictable，兩姊弟，相同的gene pool，相同的惡劣環境，姐姐回港後，與家庭完全切割，努力搵錢，對父母深惡痛絕，家用一個「崩」都唔會畀；而Ben作為細佬，恰好相反——加倍顧家，成為家庭的經濟支柱，兩姊弟 nature/nurture 都差不多，但生命的軌跡卻是南轅北轍。

用當事人的眼看他的世界

Ben 近乎完美地，在一年半內，一 take 過，過五關斬六將，成功考到本港的建築師執照，這是一個罕有的成就。我女兒特地為他慶祝，吃完晚餐一起拿那張 license 拍照。過了幾天之後，我和 Ben 在他建築師樓附近的 Brew Note 喝咖啡，才親身感受他心裏那揮之不去的陰影。群組內那幅神氣的「頒獎照」，我看着就是喜歡，為 Ben 感到驕傲。因為大部分初哥都要考兩三次才拿到資格。我還記得，我用指頭把照片放大了幾次，為的是看清楚那張矜貴的「沙紙」。萬想不到，Ben 正襟危坐地說，他不敢看照片，焦慮了半天，才在父母入睡的深夜，用指頭拉大那幅照片，瞄一下自己手中「嗰張紙」。他覺得很 shameful，沒能力像他姊姊做 iBank 賺那麼多錢，家裏的舊債還沒付清……而事實上他是公司裏面加班最多的 architect，他已經 overwork 到皮包骨，望上去瘦得像紙板人。在我來說是 pride，在他來說是 shame，正反的巨大感情差異，令我難以置信，但在面前的 Ben，完全沒有矯情，不是演戲。他信任我，內心的不安、焦慮、無助，完全寫在臉上。

我這幾年學得最好的功課，就是明白人的情緒太複雜，很難說對錯，就算扭曲到一個程度，把 pride 反轉為 shame，對當事人來說，是真實又具體的。作為身邊的朋友，「正常」的反應是，勸告並糾正對方扭曲的心理，但較貼心的做法反而是，充分感受對方的感受，這裏完全沒有神秘之處。我放下對錯的判斷，其實 Ben 內心的焦灼不安，很容易就感受得到。共感自能互通。我感受到 Ben 多年來對家庭的承擔，那種勞累、勞心，就只不過是一刻之間的體會，用 Ben 的眼睛看他的世界，已經可以令對方感受到體諒與共鳴。

故事發展下去，真有點像粵語殘片。

去年Ben的母親證實患癌，他父親play dumb，扮懵不想面對，經常離家出走，姐姐狠心不理，只有他一個照顧母親的起居飲食，每天五時起牀，在上班前煮好早餐、午餐。有整整一年，我們只在短訊群組update一下，為他打打氣。

他忙得不可開交。直到兩個月前有一天，他很激動地與我們分享，母親漸漸康復。那晚Ben回家，看見垃圾桶乾乾淨淨，書桌整整齊齊，才意會到，完全沒有自理能力的母親，可以打掃一下家居、照顧一下自己，重擔一下子放下，就感動得哭崩了。眼淚不簡單，裏面包含獨力照顧病苦的孤單與委屈，也有母親再站起來的喜悅與盼望。作為「世伯」的我，也感受到相知相伴的溫情。

稍為有空的Ben與我看完*Free Solo*之後，大家分享Alex Honnold在YouTube的訪問片段，看上去，有點自閉傾向的Alex說話流利自信，似乎很能找到自己人生的角色。他是否仍覺得自己useless？是否不斷追求完美、勞役自己？我對他的看法有了點改變。他獨特的性格傾向，可以是致命的缺點，令人掉進危機與抑鬱的深淵，但也可以令人在惡劣的環境下勇敢生存，並可能取得輝煌的成就。人生之神秘莫測，正在於此。

那開花的仙人掌

二〇一九 四月十四日

Ann傳來女兒的死訊，世侄女Jas才二十五歲，完全是意料之外，Ann應該在震驚與傷痛之中，我真不曉得回一個怎樣的短訊。兩天的沉默後，Ann相約見面，黃昏時分，在她家附近的黃金海岸，血球似的夕陽赤熱難當，我們快步躲進冷氣開放的餐廳。Ann臉如青鐵，先點了餐酒。入主題的第一句：「人人條命都有個鐘。」我驚訝於她的平靜。作為伴她成長的老同學，我很想讓她抒發內心的悲痛。但她好像一個密封的瓶子，光滑完好，風平浪靜。

我們各有各忙，隔兩三年才吃一次飯，但畢竟相識於微、共過患難，遇到困難總會互相支持。她對女兒的死不想多說。從朋友之間有限的資訊，Jas年前患了舌癌，Ann堅持用一種她深信的自然療法，病情聽說是好轉了的，想不到突然間，人就走了。她這兩天整理好Jas的一些舊物，想請我為她簡述生平，印在喪禮的紀念冊上。這是舉手之勞，我樂於幫忙。

密封的瓶子
過於冷靜

整個晚上，Ann談的都是Jas生前如何討人喜歡，身邊都是陽光的朋友，而對於患病到死亡的過程，她卻言詞隱晦。我這些年開始醒覺自己壓抑情緒多年，知道心裏的愛、惡、悲、喜，抒發自若，才活得像一個有血有肉的人。看見Ann把喪女之痛壓在心裏，就算五內翻騰，似乎還在做一個單親喪女的女強人。我整頓晚餐如坐針氈。她不說，我不好追問。我稍為表露對Jas的惋惜，又彷彿碰到冷冷的牆壁。事實上，樂天的世侄女如此年輕就離世，我愈想就愈難受。而面前的Ann，對我的愁緒，用閒話家常的語調，輕輕的消化於無形。我甚至覺得她是故意給我潑冷水的，我因此有點生氣，生氣她為什麼對Jas的學業苛求甚高，找哪一家建築師樓實習也要經她篩選，我最生氣的是人命關天，為什麼她一意孤行堅持另類治療。自己生氣還生氣，我又怎好在這個難堪的時刻生她的氣呢。

兩個多小時我們好像吃一個慣常的敘舊晚餐，好像什麼也沒有發生過。我慢慢平靜下來，也許大家談一些「九唔搭八」的瑣事，讓她與兒時老友度過一個平靜的晚上，已經是一個不錯的避風港。喝過餐後咖啡，Ann輕輕的捉住我的手，整晚第一次定睛望着我，我才發現她雙眼通紅，沒有眼淚，只有潤紅的血絲。她卻用同樣輕描淡寫的語氣說：「Jas昨晚在夢中對我說，她好好的，沒痛苦，她說我是為她好，我沒有做錯。」這是整晚唯一的時刻，我和她的感情是相通的。她說完後，侍應把帳單拿到面前。結帳過程又把那一刻的感觸打亂了。

在回家的路上，我聽到夢迴的弦外之音。我和Ann都不是迷信的人，但人在非常時期，讓一些理智以外的體驗，解釋人生的困境，也是可以理解的。Jas死後「報夢」，是Ann深鎖的焦慮投射出來的自我開解，還是真有善解人意的亡魂回來安慰至親？

哭了 選擇把悲傷拋後

在撰寫Jas生平的過程，我想起Ann那個沒有新郎的婚禮。男人不辭而別，我為抓狂的Ann安排取消婚禮的瑣事，打了十多個電話向親友解釋，那是二十五年前的事。及後我陪伴她走過一段十分艱難的日子。那時她還是個喜歡哭、喜歡笑的女子。把憤怒都哭出來，有多好。Ann有堅強的生命力，獨力把Jas教養得妥妥貼貼。Ann面對生活壓力與親友的流言，表現得恰到好處、綽綽有餘。

Jas小時候，我們關係很close，我還記得，有個新年帶她到新界鹿頸，偷偷燒爆竹放煙花，她的母親氣得臉紅耳赤。中學時她忙於學業，我忙於教研，就彼此疏遠了。她短暫的一生，濃縮成幾頁稿子上的小字，我擱筆呆望窗外的城門河，就好像電影一樣，看着她長大成人以後默然消逝。

喪禮十分低調，只有十多個親友參加。看見靈前那副帶點帥氣的遺照，我忍不住流下眼淚；Ann鼻子一酸，大顆大顆的淚珠掉下來。但很快又收起愁緒，忙着打點各種禮儀小節。她沒有信仰，但她相信女兒在天的另一方，已免去人生的勞苦，總有一天，以超乎想像的形式，她們會再次相逢。我認為喪親必須經歷一段哀慟的過程，悲傷不要收起來發酵發霉。但此時此刻，朋友選擇把悲傷拋於腦後，也許是讓她繼續勇敢生存下去的方法。

喪禮幾個月後我們才相約午膳。她的生活看來還是可以的，笑容掛面，談起Jas也沒什麼避忌。她說，喪禮幾天之後，她家門前的一棵仙人掌，開出鮮艷的紅花。「咁多年第一次開花！」說的時候送上一個詭異的表情。她仍然相信人的生命有個時鐘，時間到了，難以按人的意願而轉移。我在想，如果她能以此信念，樂活到人生最後一刻，並相信死後與女兒重遇。我們作為身邊的朋友，留在她身旁，親切地拍一拍她的肩膊，不是已經很足夠了嗎？

愛你還是勒索你？

二〇一九 五月十二日

輝哥今年五十歲，無嗱嗱決定結婚，跟女友Anna到台東拍婚紗照，夠膽死邀請我和太太同行，而我們又夠膽死做電燈膽。台東的海岸很美，天連海，海連天。他倆拍結婚照，真有點台灣文藝片的情調。片名或可叫：《愛，得來不易》。

輝哥與Anna同居已經十多年，為什麼心血來潮，竟想到要結婚？兩年前，在支援小組認識輝哥，當時出問題是他的繼子聰仔，剛要考DSE卻病發了，搞到皮黃骨瘦。輝哥照顧聰仔無微不至；但第一次聽輝哥描述，我就覺得唔係幾對路。個仔話晒都讀高中啦，冇理由輝哥中日日pack lunch畀佢返學。輝哥話，有次聰仔轉校，佢傻到在新學校附近，企喺行人天橋，手執望遠鏡，睇吓操場入面嘅聰仔，識唔識得交新朋友？有冇伴？相唔相處得來？我覺得，有心理問題的，是輝哥自己！

存在意義就是照顧他人？

Anna第一次在小組現身時，明眼人一看，就看出她滿腹牢騷，對輝哥的所謂照顧不勝其煩。Anna當眾投訴：「你呀！乜都睇住晒！我洗完碗，你又再洗多次……」Anna一說就動氣了。輝哥打圓場說：「你洗碗洗得唔係咁乾淨，我先幫你執手尾……」沒等輝哥說完，她便火滾反駁：「你為咗我哋好吖嘛！你講晒啦！」輝哥對大夥兒扮個笑臉，「我個女人做嘢好爽手，不過有時就有啲甩漏……」

聰仔的焦慮症有心理學家跟進，我們爸爸小組的焦點，主要落在輝哥身上。輝哥十歲時父親突然去世，他是大哥，照顧一家五口，孭晒飛，好man。有次，聰仔入了camp，Anna與姊妹遊日本，沒有人要他照顧了，回家無聊之極，所以下班選擇由大圍步行到烏溪沙，行了整整兩小時，為的是打發時間。基本上，他存在的意義，就是照顧他人，若沒人讓他照顧，他的生活空洞無物。

情況最惡劣的時候，Anna想離開他，聰仔拒絕溝通，pack lunch退貨，愛心便當冇人要！「窗係我抹，地係我掃嘅，點解冇人欣賞？」家人「反面」那個星期天，他在附近的公園遊蕩，碰巧有幾個小孩在嬉戲。他自豪的說：「我很會哄小朋友！」那天輝哥做了小班長，指揮幾隻馬騮玩「一二三紅綠燈」。陌生的孩子，需要一個玩得的領袖，爭相爭取輝哥的注意。被需要的感覺，令輝哥湧起莫名的感動。起初認識Anna，那年頭聰仔還小，單親家庭突然補充了一個father figure，輝哥與聰仔，一拍即合。在我們面前，輝哥憶想當年，第一次流下眼淚，第一次脫下堅強的盔甲，第一次表現出小孩子的幼嫩情懷。他輕聲說：「為什麼聰仔不再需要我？我很想回到十年前，他最『黐身』的時候，在他睡前，讀Peter Pan故事哄他……」

渴望愛與關懷，是人性；但渴望得不到滿足，避免失望的方法，就是否認自己的需要。我問輝哥：你是否希望太太照顧你一下？他想都沒想：「其實我很獨立，沒什麼需要，兒時喪父，由細到大，我自己照顧自己。」

他的說詞，似曾相識。

感情交流，是人性的基本。嬰孩渴望

愛與關懷，直接又坦然。成年人也需要愛，只是學會掩飾、收斂、壓抑。這幾年，我慢慢享受被太太照顧，內心那個小孩，又活過來了。別人讚我的文章寫得好，以前我會扭扭擰擰，現在爽快說，多謝欣賞！坦然享受被稱讚的滿足感。

承認自己需要被愛

我把經驗與輝哥分享，他起初覺得匪夷所思。他只想親人「黐身」，不肯承認自己需要家人的愛。Anna私下對我太太說，輝哥是超級好男人，但這十多年來，與他相處，總覺得隔了一層什麼，看不見一個有血有肉的人。起初是想結婚的，很快就打消了念頭，「唔想同一嚿木頭過人世！」

直到去年，輝哥慢慢學會放軟手腳，享用Anna為他煮的晚餐，假期去一轉日本，完全由Anna安排住宿行程。幾個月後，苦瓜乾輝哥，變得容光煥發。他笑說，以前對Anna百般照顧，她反而覺得有如坐牢，像被人監視似的。如今輝哥放手，不再掌控家人，他們竟然都開朗起來！

幾個月前，輝哥唔知發乜神經，在Anna的生日會上，唱了首很老土的歌，冇面懵，真情投入，而且贏得眾人的掌聲：「誰說，時間片刻變陳舊，全為我分秒亦停留，因我，身邊有你緊握我的手。」唱到這裏，深情的望一望我，搞到我毛管戙。然後，他拿出求婚戒指。Anna不再是女孩，沒有什麼誇張的反應，很大方得體的，把戒指套在無名指上。

上週在台東三仙台，晨光熹微，我和太太走到海邊，紫色的天空，幻變成橙紅色，太陽從水平線慢慢爬上來。輝哥與Anna穿上白色禮服，陽光剪影出一對新人優雅的輪廓。並肩多年，很不容易；在五十歲初老之年，踏進愛與寬容的新階段，我作為見證人，榮幸、感激，正如歌詞所說，過千山過千海，兩雙足印。

我多年來獨自看電影、吃飯、行山，自由自在。我是一個孤島，我以此為傲。感情上，我不需要與人聯繫，甚至很可悲的覺得，我連親人也不需要。想不到幾年前，內心好像一個老橙，外皮還未乾，但橙心已經乾巴巴，沒有血色與水分。

大奸若愚，誰攻心計

二〇一九 五月五日

未到摩洛哥之前，朋友已警告，司機蠱惑，導遊sell客。譚蕙芸的故事更有聲色。她們買燈，講價，四百還價二百，馬上成交，她心一沉，知道瀨嘢，其實一百蚊可能已經有交易。下次買皮褸，學精了，有晒策略，三千元，只還價一千，怎料老闆瞪大雙眼發老脾，「No way!」後來才發現，老闆反白眼也是bargain秘技，心理操控術而已。我對這故事印象深刻，完全可以想像小店內的情景，小販熟練施展他的白眼與不屑，客人馬上自覺出價太cheap得罪人而問心有愧。

我帶着防範的心理降落Marrakech機場，一行六人，五人過關，一人在機場失蹤！尋人過程中，海關與警察點紅點綠，問非所答，加深了我的顧慮。在出口找到司機Hansan，瘦削身型，滿臉濃密鬚根，樣子有點愁有點笨，但很努力幫我們「逆水行舟」，由禁區外返回禁區內，過了一關又一關。

信或不信？

兩小時後，失蹤的朋友出來了，因為攝影器材太專業，被扣查問話。大夥兒覺得司機很老實，本來他只負責由機場接送至酒店，大家商量後，馬上向旅遊公司爭取Hansan全程十五天做我們的司機。Hansan喜出望外，幹起活來更加賣力，有求必應，而且話不多，是實幹派，完全不是把口啣過油的那一種跑江湖司機。

進入撒哈拉沙漠前，我們將全程的車費五千五百歐元交給Hansan轉交他老闆，並叫他先點算一下。他傻傻的說不用了，「I trust you guys!」就把一大疊鈔票放入皮包內。

一宿無話，翌日我們遊皇宮時收到短訊。Hansan說，錢包原封不動交給老闆，卻少了一千歐元！這個短訊馬上引起了一陣「騷動」，對Hansan的信任突然間動搖了。

信他？不信他？兩種力量在拉扯。我們明明點算清楚，錢在哪裏？若只是一百歐羅還就算了；一千？兌換是一萬港元啊！我們的心情七上八落，複雜對立的情緒，同時浮現胸臆。那個操控情緒的摩洛哥商人又走上台前。Hansan愚笨的外表，是不是騙取信任的戲碼？

我們愈想愈覺得事有蹺蹊，他不當面點算是故意的。他看見我們的名貴器材，可能覺得我們付得起錢，有十多天假期在他手上，大家騎虎難下。我近年自覺精於心理之道，很容易看出Hansan不敢直望的閃縮眼神，反映他心思細密、以退為進，passive aggressive出神入化。因此我建議用強硬方法堵截：他不點算，但交收是正式的，「錢責」自負，為免行程閃失，我建議馬上要求更換司機。

互相猜度
雙方都在製造壞情緒

但大家心裏都有根刺。如果Hansan是無辜的，一千歐元是他兩個月的工資，想像他自責、焦慮甚至憤怒……若是我點算錯誤、怪錯好人，歉疚與自責就轉移到我們頭上來。又如果被欺詐的是我方，Hansan是大奸若愚，騙了我們的信任，思前想後，因為聽過很多騙案的真人真事，我還是用了強硬的語氣：「We counted the money before giving it to you. It is now your responsibility!」Hansan抿一抿嘴，不敢望我，沉默不語。

心緒不寧大半天。當我們正想打電話要求更換司機，團友在點算過手頭上的歐元之後，發現真的多了一千元！也許是我們太累算錯了。此刻大家都鬆了一口氣，奸詐欺騙，互相猜度，其實雙方都在製造壞情緒。

翌日我們向撒哈拉沙漠進發，行程氣氛明顯改變了。我們真誠的說對不起，並為Hansan這兩日來的忐忑不安而難過。Hansan一貫的半低着頭傻笑，很努力的幹活去，在景點停下來，介紹一下，為我們拍合照，幫忙在餐廳點餐。

八個多小時的車程很累人，但Hansan心情放鬆，甚至開始主動起來，話也多了。原來他的家就在撒哈拉，他在此出生、長大，今晚他不必住酒店，可回家見見家人，他有如小孩子一樣喜上眉梢。

夜深了，我們還在趕路，無端談起沙漠的星河。今晚月亮有半個銀盤那麼大，會不會蓋過星星的光芒？Hansan笑說，他家頭頂看到星河是家常便飯。他由小看到大，百看不厭。夜深四、五點，月落之後，很容易就看見漫天星宿有如碎鑽。

那夜我真的五點爬起牀，披上毛氈，走到沙丘旁抬頭看星。滿天密麻麻的銀鑽，閃閃有神，有遠有近；近的那一群星，伸手可及。而最令我神往的，是橫跨天際的一抹星塵，如輕輕的煙霧，細說天地的無始無終。

這幾天有機會到訪Hansan的家，村落名為Hassilabied，有四百戶人家，居民彼此認識，不多不少有親戚關係。摩洛哥人有多元族群，我們外人只想像一個大鬍子奸商的形象，但村裏的人自覺不是城裏的人。他們是Berber族，有口音，會被城中人看低一線。Hansan的純良，也許是在這個淳樸又貧困的家鄉小村孕育出來的。而旅遊業的洗禮，亦會慢慢帶來貪婪與物慾。再過三五年，當奄尖遊客湧進沙漠，Hansan也許明白到，善用心計才是生存之道。我是個城市人、旅客、退休教授，認識一點心計，對Hansan懷有戒心。他的簡單，襯托出我對人性的不信任。我誤以為Hansan大奸若愚；原來攻心計的，是我，不是他。

生於亂世，冇乜責任

二〇一九　四月十四日

傘運前，人稱Sa姐的Charlotte活躍於社運，被南下的「傳話人」約見後，結束在港的生意，靜悄悄的，舉家移民溫哥華。不到一年，香港沸沸揚揚的政事，彷彿已無關痛癢。她甚至說，「我連佔中案審判，都覺得好遠，冇乜感慨喎確係。」

離開香港，移民他鄉，是深刻的感情經驗。近年對政局失望而決定移民的港人，思前想後，對熟悉的維多利亞港，萬般不捨；對陌生的他鄉，忐忑不安。不想走又熱愛自由的人，奮力敲響警世的喪鐘，用種種肺腑批評，宣洩內心的失落與悲情。但已經決定移民的人，通常有種豁出去的決心，而其中有小部分，會善意的以激將法刺激同儕：「我破釜沉舟㗎喇，你留喺度自求多福啦。」但更多的準移民會保持沉默，正如Sa姐那樣，不想太多離愁別緒，不想引起朋友的注意、勸阻與惋惜。

遠離了香港的人

我對香港的感情頗深，幾年前失望得想到要移居台灣，最後輾轉再安頓在香港，很理解去或留的複雜心情。近月與朋友到摩洛哥旅行，在計劃的後期，才從朋友口中，認識香港移居當地的Anson。她四十多歲，十年前闖蕩撒哈拉沙漠，最終決定留在風沙之國。

我們只在WhatsApp交換旅遊資訊，

但我很想知道她能否在大漠找到嚮往的生活。她樂於助人，為我們介紹各種行情，WhatsApp錄音足有半小時長。幾千里外的聲音，正宗港女腔，和善親切，就在我的手機傳出來，感覺像朋友一樣。因為這半小時的沙漠回聲，我們改變了行程，特意找兩天入住Anson在Tangier的民宿。這是個美麗的海邊商城，雖然風大一點（真係吹到你頭擰擰），Anson樂於以此為家。

我們到Tangier那晚，Anson還在Casablanca帶另一個香港團。我們緣慳一面。按她的advice遊古城，日落前在城樓上，遙望無盡的大西洋，是十幾年來我們看過最美的日落，城樓下很多本土工藝小店，不時傳來一陣陣清脆的非洲鼓聲。鮮黃色的落日，漸漸泛出紅光，在很遠很遠的水平線，徐徐下沉。這裏風大，巨浪拍打沿岸石島，激起十多呎的浪花。天空無雲，由藍色幻變紅色，最後又變成紫色。巨浪激蕩，夕陽安祥，我們靜看日落、月出。入夜了，眾人披着新月，到小館吃晚餐。按着Anson的小貼士，到了海邊七號的烤肉店，找對了老闆Mohammad，對方連聲笑說，「Oh Yes, Anson, the Chinese Woman, Come! Come! I give you local price!」

第二天我們乘長途巴士，到Casablanca與Anson會合，在著名的Rick's Cafe吃晚餐。這是奧斯卡最佳電影《北非諜影》（*Casablanca*）取景之地：白色拱柱、棕色地板、黑色三角鋼琴，飽滿的異國風情，餐廳也因此而旺場了半世紀。我們和Anson在電話交談過，真人倒沒有會面過。在餐廳大門，一眼就認出了她，大眼睛，滿臉笑容。我們竟然好像多年的朋友，握手、擁抱、熱情的問候。香港人遠在北非古國，他鄉相遇，有若故知。但令人尷尬的是，我穿短褲而被拒於門外。Anson發揮她的領隊本能，很快借來一條「潮到穿窿」嘅牛仔褲，九秒九為我解困。

有些事情
唔係個個都孭得起

那一頓飯我們談了很多。她在《南華早

報》做國際版記者，對世界上偏遠的國家培養出興趣來，最後愛上了沙漠。本來是兩個人一起來，有美好的憧憬，携手創新天。黃霑最愛自己所寫的《抉擇》，歌詞末句：「再起我新門牆，勝我舊家鄉。」可惜「再起新門牆」的憧憬，真的只是憧憬。在沙漠留下的，只有Anson自己。

香港時局，近幾年急轉直下，她也略有所聞。但她很直接的說，「我是記者，以前認為大家應該看新聞，現在連我都不看了。香港很遙遠、很遙遠……」遠在北非，眼前是一個前記者、一個土生土長的香港人，現在活得還可以，快快樂樂又是一天。我想起了Sa姐的一席話，她月前回港，與我的舊同事李教授午膳，事後很憂心的對我說：「你要開解一下李教授，佢好depress喎，好似香港死唔死得，都係佢孭飛咁樣。乜嘢生於亂世，有乜責任，唔好玩啦！陳健民放得開，孭得起，OK嘅。唔係個個都孭得起㗎。李教授佢嗰種苦情法，我同佢食餐晏啫，已經好惡頂。佢咁樣，好易鬱出抑鬱病！」

老實講，a part of me，係李教授，係知識分子。Edward Said教我們背負時代的十字架；但同時我心裏都係一個Sa姐，我喜歡美好平靜的生活。由於這種雙重感受，對撒哈拉女子Anson的現身說法，我特別上心。她喝了一口Ellipse白酒，傻傻地說：「我而家好似個鄉下婆咁，唔知道香港發生乜事，每日只關心沙漠嘅天氣，有乜嘢『當造』嘅生果好食，團友遊摩洛哥開唔開心……」

香港遺民　散落世界

每年，Anson會回香港看一看家人，但她想一想，手指攝住酒杯腳，若有所思地說：「其實返香港已經冇乜返屋企嘅感覺；反而喺摩洛哥，就好似返咗屋企。可能真係間屋喺邊度，個心就喺邊度……」

我們認識不深，她有過什麼重大的人生挫折，我什麼都不知道。萍水相逢，輕談淺唱。但很少有一個人，讓我如此放鬆，她好像把人生都放下來，有一天樂一天，對人沒有什麼防衛。她對當地的導遊、司機、餐廳的侍應，都充滿善意。「佢哋好辛苦㗎，每個月搵幾千蚊，生活艱難，有時我會私下加多啲貼士畀佢哋，開心錢，唔使計較。」

這頓飯吃了兩個小時有多，夜深了，要走一段內城小巷，才能到她下榻的酒店。我送她回家，在昏暗的窄巷並肩而行，偶然有三兩個摩洛哥青年迎面而來，像一閃而逝的黑影。我問她，「未來有什麼打算？」她淡然地說：「搵多幾年錢，先可以似你提早退休。我打算喺呢度過人世㗎喇，買多間屋，安安樂樂……」我們在窄巷的盡頭道別，深深的擁抱，我再三邀請她回港時，到我家吃一頓我主理的私房菜。

香港在歷史的十字路口，而遠在他鄉，香港遺民散落在世界不同角落。她輕描淡寫的說過，「見你們一對一對的，真開心」。言下之意，偶然也會孤獨，但她選擇一種開心自在的生活，在香港以外。

關於絕望

二〇一九

九月二十二日

認識映彤是在卅多年前。那年頭我很潦倒，她的事業如日方中，是出版社的高層，讓炒散的我，幫忙做做校對的工作。她詩詞歌賦，瓣瓣都得，在行內很吃得開。多年後，我終於找到份合意的工作，在中大當助理教授，還請過映彤來課堂演講。那天，她穿低胸長裙，純白色，學生「嘩」了一聲。然後就沒聯絡了。

幾年前，她讀到我寫情緒病的文章，發短訊問我，可否吃個午餐。之後又臨時說不方便。我猜想映彤應該病得頗重。一個月後，在Muji餐廳見面，她化了妝，很整潔，但掩蓋不了沮喪的心情。鬆身暗紅T恤、鬆身黑色長褲，當年神采飛揚的紅衣女郎消失了，目下是個頹唐的中年婦人。

既感動又絕望

她的故事並不陌生，事業從高峰掉下來，創作力沒有了就是沒有了。她創過業，做高檔的精品生意；之後做過保險及地產。獨身、獨居，積蓄是夠生活的。驚恐症很嚴重，每踏出家門，心虛氣敗，壓力承受不來，在外不能超出兩小時。病情大概就是這樣了，沒什麼特別。比較異樣的，是我和她之間，一個互不理解的謎團，是關於絕望的。

Muji餐廳樓底高，明亮整潔。但當時她正處於深沉的絕望裏，像困在一個黑暗的洞穴。她說，過去十多年，無論如何努力，也無法取回她所失去的。事業、愛情、自尊。「我連去超市買食物的氣力也沒有。沒有動力去死，也沒有動力生存得好一點。」

有天她在家看美劇《11.22.63.》，改編自同名的驚慄小說。內容不談了，說的是結尾Stephen King親自寫的一首詩：

她在空寂的家裏，在蒼白的熒幕前，念着詩，莫名的感動，熱淚盈眶，卻被更強大、更令人窒息的絕望所淹沒。她既感動又絕望，我完全不能理解，為什麼她心裏同時湧現對立的情緒。而於我，最觸動的，反而是其中一句：**Let us turn our faces toward the light**。這首詩，苦痛之中充滿寬容。我馬上想起《聖經・約翰福音》的一句，「光照在黑暗裏……」我的信仰，對正統基督徒來說，應該屬於異端；稍為溫和一點的說法，我或可以自稱為一個 agnostic。我相信世上真的有善良，但這個力量，具體是怎樣的，我說不清楚。上帝存在與否？是怎樣的形態？這些問題，超出了我認知能力的範圍；但我確實感受到善良的力量。

我曾經沒有氣力生存下去，在黑暗的絕境，在黑洞裏掙扎，有頗長的時間，怎樣也逃不出來。但只要放開綳緊的情緒，turn our faces toward the light，光照在黑暗裏，黑暗就消失了。這只是比喻的說法，康復的過程反反復復，但我相信，世間有善良與光明，讓絕望的人，有一天會得到釋放。我這樣告訴映彤，她回我一個責備的眼神，冷冷的說，「你太天真了！」當時的她，完全看不見出路。我沒能力把她從絕望裏拉出來。這一點我有自知之明。There is a time for everything。而事實上，對於那首詩，我們有很不同的感受。我不明白她，她也不明白我。謎團就這樣擱置下來。

久違的快樂是如此陌生

兩年來沒見過面，她已康復得不錯，上星期相約到大潭水塘散步。她告訴我，康復過程都是那幾個步驟，藥物有幫助，但主要靠自己放開執念。更值得記下來的是，兩年前我倆那關於絕望的謎團，現在

黑暗環抱
讓我們轉向光明
dark surrounds us,
let us turn our faces to the light.

承擔勞苦
仍然感恩
Let us endure hardship
to be grateful for plenty.

飽嘗痛楚
仍然驚訝於喜樂的堅強
We have been given pain
to be astounded by joy.

我們被賦予生命
可以否定死亡
We have been given life
to deny death.

無常於此
身處當下
樂聲柔揚

何不寬懷起舞

We did not ask for this room
or this music.
But because we are here
let us dance.

給解開來了。我們沿鯽魚涌走上大風坳，再下坡到大潭涌。她淡然的說，長年的沮喪，令她習慣了黑暗，足不出戶，躲在家裏令她安心。從comfort zone爬出來的頭一個月，散步時，看花看草，有點double vision，意識不能集中。半年前，就在這同一條山徑，她獨坐水塘邊，看見一個嫲嫲教小孫女，用力往水面低低的擲出小石片，泛起了一點一滴的漣漪。兩婆孫簡單的笑容，令映彤感到一陣久違的快樂，而快樂是如此陌生，一時不能適應。那早，灰雲天，陽光從雲霧透射出來，風輕吹，雲漸散，露出藍天，朝陽探出頭來。映彤一邊形容給我聽，一邊回憶那醉人的美景：「我好像小孩一樣，重新學習什麼是美，什麼是開心，又笨手笨腳的，將眼前微笑的『太陽』與『美麗』連繫，然後再將『開心』連起來。」映彤的感動，被放大了無數倍，她坐在郊野公園的木椅上，不禁潸然淚下。

我們又談起Stephen King那首詩。映彤說，掙脫了絕望才明白到，在黑漆的地牢太久，黑牢給她安全感，同時有強大的無力感。兩年前讀那首詩，真的看見有光照下來，那不是溫柔的光，而是像燒焊用的火槍，是一種能灼傷皮肉的強光。她連伸手與光接觸也不敢。

We have been given pain
to be astounded by joy
we have been given life
to deny death.

從詩句她能感受得到，地牢之外，滿有生命的喜悅，她卻寧可棲身於黑暗之中。既感動，又絕望，內心充滿矛盾，正在於當年她腦海裏絕望與希望的交戰。在康復的過程中，她發現那光不是灼熱的，而是溫柔的，像孩童的微笑，有如朝陽般美麗。我想，很多經歷過長年累月絕望的人，若能走出困局，都會有一種對人生困境的釋然，因為知道在牢籠裏沉重的絕望，有一天會成為過去。陽光揮灑的時候，黑暗是如此輕渺的消失於無形。

那首詩給映彤強烈的感受，讓我明白到情緒的重量。陽光，無論是詩化的想像，或真的是沐浴於陽光之中，情緒病人在不同階段，感覺是天壤之別。絕望如此真實、無可逃避、inevitable。但也可以「啪」一下手指，就換了另一種同樣真實而強大的愉悅之情。有了這種情緒轉換的體驗，就不再被某一種看似不可逆轉的壞情緒所俘虜。

映彤最近重看了一遍奧斯卡最佳電影《水底情深》(*The Shape of Water*)。電影關於愛情，主角是個啞女，最後投入深海，與「怪魚人」廝守，自己的臉龐也長出魚鰓來。愛，超越「他／我」異類。落幕前，啞女的朋友，溫柔誦讀……

Your presence fills my eyes with your love
it humbles my heart
for you are everywhere

映彤對詩十分敏感，話晒，佢以前係一個才女！詩句充滿暖意，映彤不是讀出愛情，而是讀出一種環抱人間的大愛。我們倚在大潭水塘的石壩，她鬼馬地笑說，電影那一句，for you are everywhere，令她頓然明白兩年前我說的一句話：光照在黑暗裏……

重現創傷

二〇一九　十月十三日

一身重型裝備的防暴警，拘捕一個小女孩。警察列陣，有如高牆；小女孩有如剝殼雞蛋，面罩被拉下來，全身發抖。她的蛋白臉，一刺就破。她的驚恐，在顫抖的雙掌之間。半小時前，她還在憤怒地喊：「光復香港！」今夏，街頭巷尾都是血與淚，小女孩那創傷，只不過是如山的案例之中，一小片快被遺忘的疤痕。在未來，不長不短的日子裏，我們身邊的朋友，都可能遇到創傷遺留下來的情緒困擾：突如其來的恐慌、反復的噩夢、找不到病因的痛楚、捕風捉影的自我質疑……

四年前，我接觸名為「生命自覺」[1]（Focusing）的方法，幾年來經常使用，確能幫助我提高自覺，也陪伴過不少情緒上遇到問題的朋友。我從不同渠道，借回來分析工具，mix and match，只可算是雜耍，做法並不是「生命自覺」的正統。往後的幾篇，我會以案例解釋，故事場景細節是虛構的，但都是真人真事改編。

自覺不靠理性分析

舊同事Esther，是學院裏的EO，辦事得力，大小event妥妥貼貼。她已離職幾年，近月再見，才知道她有嚴重的社交障礙。我起初覺得奇怪，在學院共事，Esther八面玲瓏，談笑風生，怎會有社交障礙？談起「生命自覺」，她有興趣了解一下。

傾談之下，憶逃學院慶祝五十周年那天，校友踴躍回校，擠得水洩不通，由下午開始，大玩特玩。大家都知Journalism「張佬人」有幾癲，溫情懷舊，笑鬧狂歡，直到暮色四合，校園披星戴月，院慶event未完，Esther崩潰了，但裝出一副平靜的樣子，一手拿起背包，跟身旁的Emily簡短說一聲，「我走喇！」就頭也不回的走了。用力拿起背包那個畫面十分清晰，但前前後後的事，都記不起來。她衝到校巴站，身邊一切都靜了音，只聽到自己急速的呼吸聲。

「生命自覺」源於芝加哥大學的Eugene Gendlin，他自一九五三年開始研究心理治療的過程，後來發展出他稱為Focusing的方法。我邀請Esther用這個方法，重新經歷一次那個她刻意逃避的輝煌下午。

開始的時候，我和Esther都慢慢把感知帶回當下。不同人有不同的ritual，例如：留意呼吸、感受五官……不少門派，也有類似的靜觀法，重點在於所謂的「臨在」(Presence)：全心全意的感受當下。我扮演陪伴者的角色，眼前的一小時投入Esther的心情起伏。Esther一想起那個下午，已經面容扭曲，心口像壓住一大塊石頭。早前她曾透露，對自己甚為嚴苛，覺得自己「樣衰」、「失禮人」。她這樣說，我心裏真係有十個黑人問號！「唔覺喎，Esther大大，在學院，你絕對唔失禮！」

她怕見人，假日摺埋，但在職場上，努力扮演一個風趣幽默的好同事。那個周年慶，預計有很多一起在新亞書院捱更抵夜的舊同窗，還有她在傳媒界的舊同事、各方好友，早已告訴她，一定過來湊熱鬧。她一想起那場面，已經焦慮莫名。較陌生的causal friends，「冇乜料到」；令她焦慮的，正正就是舊相好、舊男友、舊男友的朋友、關係不錯的舊同事。這些朋友，生疏了一段日子，在街上她離遠看見，就馬上「嚟料」，一陣adrenaline rush，情緒提升到「作戰級別」。避得就避，兜路行，最好不要狹路相逢。若是困在電梯內，避無可避，她就會「人格分裂」，臉皮之下，好似隻濕水貓，震騰騰；但表面上，會盡心盡力，好好perform一個充滿陽光的世界女，有禮貌，好風趣，做到十足。但bye bye之後，就如舉了十磅啞鈴一樣，辛苦過擔泥！

作為Esther的朋友，也是她以前的上司，可以直接告訴她，她的表現是A+，她對自己的形象與評價，是扭曲又錯誤的。Gendlin的理論卻是，理性分析往往override身體的本性。如果我直接與Esther理論，直接告訴她表現超標，這樣的理智勸說，效果不大，只會令她覺得我不明白她的處境。Focusing達至自覺，主要不靠reasoning，而是回到身體本身的感知。我作為她的陪伴者，並不能代替她解決問題。若我臨在當下，與她一起重新感受那個五十周年慶典，一起走一段崎嶇山路，她會更有能力面對自己。

回到當日焦慮的狀態

她閉上眼，面容困苦。我請她對自己說：「我現在感到焦慮。我看見自己焦慮的面容。」這種「複述」，有神奇的間離效果，令人不至於沉溺於情緒之中。她是在五年後的今天，回到五年前，看看那時的自己。

那年頭，她在會場奔波，kept herself busy。對，她說，她腦海總是尋找下一個task，要一個接一個，不可以閒下來。若有校友走過來相認，她可以扮忙（不，她實際上令自己真係好忙），那就可以把交談縮減到最短。就算沒有人前來「相認」，她也好像感到一雙一雙眼睛，在人群中探射過來，令她渾身不自在。

我也進入臨在的狀態，具體地感到她勞累到極點，內心驚恐，外表努力表現出大方得體，真累人。原來我覺得累時，她也同步覺得很累。她說，當年努力撐着，反而不覺得累，今天回想才知道累得快崩潰了。我追問她當時是穿什麼衣服的（目的是把當年經驗變得具體）。她形容，I.T. black suit、白襯衫、黑色平底皮鞋……她突然說，忍夠喇我！要逃出去透透氣，於是想了一個安全exit，問同事要不要外賣下午茶，就這樣「竄」出去，還要急步跑，慳出的時間，可以在聯合草地time out，希望不會溜出去太久，露出馬腳。躲在聯合書院lecture hall後梯，回氣十五分鐘，耳邊的嗡嗡聲，才靜下來。她拿着蛋治回到鬥獸場，繼續作戰。

整個黃昏，她都在繃緊的狀態。到了圓形廣場「綜藝晚會」的高潮，在她崩潰之前，本來是記憶模糊的，現在有個安全的距離，有個Eric大叔在身邊陪伴，她記起了那時零碎的片段：一浪一浪的歡呼聲、咖喱魚蛋的味道、刺眼的銀白射燈，以及巨型擴音器雄渾的聲浪。Esther識大體，但她突然很倔的說，「我走喇！」這並不是慣常的她。她望着五年前的自己，呢喃說，乜我咁粗魯嘅！也許那是出於自衛、出於自保，真的挺不下去，才選擇離場，不顧而去。由辦公室到校巴站，短短十分鐘，對她來說，好像十倍慢鏡，她現在依稀想起來，沿途有很多朋友說，「喂，乜你咁快走！」「死去邊呀你！」「Hello，好耐冇見！」這些聲音都是扭曲又不真實的。當她看見校巴站等車的，竟是她的前男友，就把心一橫，快步走過，直出中大四條柱校門，跳上的士，什麼都抛於腦後。回到所住屋苑，她不敢回家，在後巷陰暗處，像一隻受驚過度的貓，短淺的呼吸，在吽大氣……

與當日的自己說聲「謝謝」

我問，「你在後巷，見到穿black suit的自己嗎？」她點頭。「你可以默默告訴她，你感受到她的勞累與驚慌嗎？」她頓了一會，再點點頭。她告訴我，她還看到黑衣女子的臉，是模糊不清，看不見五官的……」Focusing有個ending ritual，就是對呈現的人與事，說句多謝，好來好去。Esther多謝五年前的自己，願意讓她再次經歷那個奇異的下午。當我想完結的時候，她卻說，「等一等……」兩個Esther互相「道別」，在屋苑後巷。今天的Esther，看見五年前的黑衣女子，轉身消失在不遠處的黑暗之中。

文首那個被捕發抖的小女孩，爭取民主自由，誓要光復香港……這是抽象理念的追求。然而，被捕的創傷，卻是具體而切身的。Gendlin說，不要單讓腦袋指揮身體的感受，容許身體發揮她的生存智慧。「Your body is a wonderfully intricate interaction with everything around you. That's why it knows so much just in being.」身體的痛感、情緒的波動，用心聆聽，細心感受，創傷需要好一段時間的消化與接受，才能把困擾轉化為生命中寶貴的教訓。

1 中國大陸譯作「聚焦」，台灣譯作「澄心」。

絕望捲土重來，掌心緊握尖牙

二〇一九　十一月二十四日

多次激烈的暴力衝突之後，很多朋友都哭了。平時見慣大場面的醫生、教授，都流下眼淚。任職ＩＣＵ的朋友，目擊不尋常的嚴重創傷，說到年輕人所承受的折磨與痛苦，聲音抖顫，說不下去了，不能自已。

看不見出路，多次從噩夢中驚醒，醒後毫無睡意，腦海充斥暴打青年的畫面。我把痛感都接收過來，代入示威者的心情，被拳打腳踢，無助又悲憤，大家都在背負時代的十字架。連續幾個清晨，眼光光在牀上，睏與累，一小時、兩小時。承受傷痛之外，還有一個自主的我，願意好好生活下去。平靜了，再入睡，精神飽滿才醒過來。面對今天的人道危機，我們一定有貢獻自己的地方。

我在專欄發出邀請，PoKei幾天後給我電郵，相約見面，做了幾節Focusing。（以下人物情節大量改動，只保留核心的情緒變化。）五年前，傘運期間，ＰＫ在旺角街頭生活了個多月，由浪漫的公社生活，到殘酷的傘後失落，過去五年他意志消沉。他們這一代所面對的，就是絕望的宿命。他做過網媒、議員助理、ＮＧＯ，但漸漸覺得香港社運，死路一條。他下定決心，遠離政治，做完全不相關的工作。

然而，今年六月爆發的逆權運動，ＰＫ全情投入，感受到比傘運強大百倍的力量。他說，六一二在金鐘那天，與我有一面之緣。下着雨的午後，夏慤道行人天橋上，他站在橋邊畫素描，有個中坑為他打傘。他說那人是我，我可沒認得是他。然後就是暴烈的警民衝突，中信大廈幾乎發生人踩人慘劇[1]。PK就跪在濃煙密佈的玻璃門外。

絕望又悄然而至

過了幾個月之後回看，今天暴力、屍體、血淚，比六一二悲壯百倍！這些都是我們一同經歷過的「歷史」——大比例的市民體諒勇武、民不畏警、政權赤裸展現醜惡面目，「如水革命」闖進世界舞台。但這幾個星期，絕望又悄然而至，大家看見美好的青春被蹂躪、年輕的生命被摧毀，不過半年，香港已是面目全非。

中大與理大兩役[2]，絕望再次把PK擊倒。傘後，他每次轉工，覺得走投無路，都習慣把情緒抛於腦後，用他的說法，「box實佢囉！」把失望收在內心一個盒子內。不談、不說、不見、不想。見面兩次之後，理工圍城的時候，我們take a break，由馬鞍山燒烤場，步行到開揚的西貢昂平，沿山路慢行，他激動的說，「香港死X梗，呢個係宿命！」他也想過了結自己那微不足道的生命，但更絕望的是，唔知有乜嘢可以做，事業不必想了，生活不會得到什麼快樂，香港逃不過政權的摧殘。這種灰暗，比死更可怕。

打開封鎖了的絕望悲情

他的生存之道，正如這五年的經驗，把那可怕的絕望悲情，box實佢，暫時不當作一回事，但看見理大學生死守，完全無出路，警察打人，開車撞人，開槍打頭，事後又無賴否認……那個滿載絕望的盒子，已是一個快要爆破的氣球。他夢見速龍破窗入屋，催淚煙有如硬化的棉花糖，把整個家，塞到死死實實；他又夢見過手足跳進中大泳池，在水底逃避槍林彈雨，火海熊熊，大家難以呼吸，在溺死的邊緣……

容格（Carl Jung）及Gendlin都相信，放鬆左腦的理性思維，打開右腦的感觀，感受當下，身體會冒出智慧來。我們進入「臨在」狀態，我問PK可否試試打開那個重甸的盒子。他沉默的拾級而上，山路不難也不易，四周林木茂密。PK突然停下，面容扭曲，用力的閉上眼。他過了一分鐘才說，剛才好像電影《綠里奇蹟》（*Green Mile*）裏的黑人大隻佬，痛苦地張開口，一大群蒼蠅衝出來，狂飛亂舞，那低沉又密集的嗡嗡聲、那令人噁心的邪惡觸感，那毛骨悚然的、烏黑發亮的千翅萬翼……PK馬上就shut down，不想看、不想見，恐懼太強烈，完全不能招架。

讀者可能以為我「老作」，但這個場面，確實在上山的路上發生。蒼蠅在他腦海狂飛，我在身邊也感到他那驚恐的反應。我叫PK把一盒子的蒼蠅，放開一點，放遠到可以忍受的距離。他稍為放鬆，但轉念之間又惶恐萬分，蒼蠅化成異獸，巨大的、滑潺潺的頭顱，有眼無珠，只有巨大的五層尖牙，咄咄逼人。我用Focusing常用的方法，請PK直接對惡魔說：「我知道你的存在，我知道自己的驚慌……」在這方面，我有豐富的經驗，每次湧出情緒，描述、確認、接納，那情緒不會離開，但馬上就會失去了騎劫人心的力量。PK做到了這個「間離」效果，不為絕望所困，他竟然說出我倆都意料之外的畫面。

他的心思，突然轉到了一個安靜的空間，白濛濛，一個人也沒有，只有幾道疤痕，結了焦。這時我們已經走上昂平草原，黃昏蒼蒼，有老牛頂住昏紅的夕陽，嘴巴呢喃，無可無不可地，迎接日之將盡。PK笑說，此情此景，似乎黑人演員Morgan Freeman要出場說一兩句人生智慧。但是，出場的竟然是伴他成長的黑貓，場景是愛貓死前的送別。對容格而言，潛意識湧出來的心念，是強力的生命能源。黑貓給PK領悟的智慧是，儘管他當年如何渴望愛貓活下來，牠還是死去，安詳地死去了，PK又如何可以控制生命的無常？呢個世界，唔係你想點就點。

下山的路上，夜色如水，半明不暗，好像動畫《千與千尋》的幽靈之界。我們沿昏暗的山路，走回到馬鞍山燒烤場的起點，那已經是黃昏六點鐘。

恐懼變成鞭策自己的護身符

ＰＫ為了參與運動，早已經辭掉了票務員的短期工。星期三，仍有百多名示威者留守理工。我們在早上再到昂平，在草坪上，看見一望無際的西貢海，左邊的大金鐘山，一貫的雄偉，有滑翔傘在藍天浮遊。我問ＰＫ，你還可以召喚昨天那個惡魔出來嗎？

這個方法，Focusing會用，但我覺得更似容格的Active Imagination：迎接內心的想像，同時把還未自覺的「潛在自我」也拉一點出來。ＰＫ沉默了一會，說：可以。他看見五層的尖牙，一層在外，四層在內，邪惡又兇猛。其實，我的預算是，恐懼釋放出來，就能夠de-sensitize，但也不太肯定。

怎料，ＰＫ好像不能承受，說好心慌，好似frozen咗！他說，這樣子不是辦法。一閃念，就衝上前，在惡魔的嘴裏，用力剝去一隻尖牙，然後拔足而逃，把惡魔拋於腦後。下山途中，ＰＫ腦海出現一個暢快的畫面，幽靈公主下山，騎在白狼背上，風蕭蕭，山林景物飛逝，頭髮隨風飛舞，頸項有頸鏈，尖牙好好的，化作頸鏈的符飾。巨魔是巨大的絕望，尖牙是尖銳的勇氣。把絕望的一小個碎片，握在掌心，恐懼變成鞭策自己的護身符。

我對文學創作有點認識，但這個尖牙意象豐富，憑我有限的才智，無論如何努力，也沒辦法想出來。充滿力量的尖牙，來自ＰＫ的神來之筆。與其說我伴他走了一段山路，倒不如說，他的天馬行空，給我無形的鼓勵。在香港，我看見了惡魔，看見了整整一代年輕人被形容為「暴徒」，被禁錮在絕望的困境中，消耗生命、青春與童真。那尖牙，從虎口取出，裏面有勇毅、義氣與智慧，把威脅淡化，成為手中可以控制的力量，飛越歷史幽林，magic charm逆風飛揚——做一個善良正直的人，牢牢記住二〇一九年，不為絕望所困，我們都看見苦難之中，人性充滿光輝。

1

二〇一九年六月十二日，民陣在中信大廈門外舉行集會，並已獲警方的不反對通知書。下午，立法會示威區發生警民衝突後，警方多次向中信大廈方向發射催淚彈，大批市民打算進入附近的中信大廈躲避，但部分玻璃幕門上鎖，市民僅能以玻璃旋轉門逃生，場面十分混亂。

2

二〇一九年十一月十一日，警方進入中文大學，發射催淚彈；十二日下午，警方在中文大學二號橋與學生和示威者對峙，其後攻入中大，發射催淚彈、橡膠子彈等。晚上雙方再發生嚴重衝突，警方出動水炮車發射藍色催淚水劑後撤退。有學生與示威者繼續留守。

從十一月十三日開始，有示威者開始佔據理工大學。十七日，警方與示威者發生多次激烈衝突，警方指理大乃「暴動現場」，留下所有人將被控暴動罪；十八日，多名示威者嘗試離開理大時被捕，亦有多名市民在附近一帶聚集，嘗試營救被困人士時被捕。

至親抗逆，「康復」沒終點

二〇二〇 二月二十三日

香港局勢惡劣，情緒病有如疫潮，看不到出路，康復路遙。若我們注目於社會崩壞，崩壞就是必然的宿命。但若我相信，人在困境中，生命力頑強；把注意力放在康復的路上，也許可以蹣跚前行，慢慢走出陰霾。

坊間不少說法，把情緒病比作傷風感冒，「抑鬱？咪好似頭痛發燒咁啫！」平常病痛，不必避諱。但老實講，感冒？食吓藥，過幾日就冇事。情緒病截然不同，康復過程反復。輕度抑鬱，一般吃藥半年至九個月可以康復。但更多的情況是，情緒病緊扣性格偏執，在漫長的成長過程中，累積成疾，需要曠日持久的努力，才能康復；而且所謂康復，也並非「藥到病除」那麼清脆，往往歷時三五七年，才能摸索到一條適合自己的康復之路。

放下了執著
讓兒子踏上康復之路

接觸情緒問題的案例愈多，就愈領悟康復路上，有學不完的功課。不經不覺，參與支援小組已經三年有多，每月都有新的案例，但也有不少老臣子，家人已康復，仍常參與聚會，樂於分享成敗得失的經驗。

麥生、麥太（化名）就是其中之一，參加了十多年，經常分享兒子戰勝抑鬱症的經歷，真誠又令人覺得舒服。初來嘅父母，個個有樣睇：眉頭深鎖，膊頭有如背負千斤重壓。大家都很理解，因為都是過來人。前人分享經驗，分擔後來者的憂傷。

上月聚會，麥生的一席話，令我頗感詫異。在群組裏，大家確認他那「康復」的兒子，原來十多年來，仍然不怎麼走出家門之外。這個實況，我現在才知悉。醫科畢業的他，沒有做醫生。情緒病發、病好，之後一直在家生活，培養出對畫畫的濃厚興趣，每天畫，畫至深夜兩三點才睡，天天如是，樂在其中。他的畫作、書籤、明信片、利是封、新潮揮春，由麥生麥太安排送給親友，「市場飽和」後，便「開發」其他贈送對象。原畫，不複製，色彩斑斕，產量不多，送出去也不太難。我參加了三年，資歷淺，不清楚已康復的麥公子，其實仍有社交障礙，所以聽來有點意料之外。

那天回家想了很久，什麼是「康復」呢？如果麥生麥太抱緊現實的價值觀，他的兒子可能不算康復：兒子本來是高材生，在他的黃金十年，每天守住自己喜歡的routine（他也有強迫症），風雨不改，天天如是。脫離社會久了，很難走入職場。麥太說，親友最初投以好奇目光，她聽過無數次「嘥咗佢喎，勸吓佢啦。」最初有如針刺，後來都處之泰然。我有點shocked，本以為自己很寬容，但其實還沒學曉放下，麥先生的兒子，跨過自殺的鬼門關，麥生麥太是真心放下，放下望子成龍的願望，放下成家立室的期許，放下改變兒子的所謂「善意」，如今，他自由了。

後來相約麥生小聚，明白今天說接納很輕鬆，最初也有幾年難捱的功課。麥生也是高材生，當了多年中文老師。最惡頂是阿仔食煙，勸阻不成，發晒脾氣。阿仔一段時間偷偷食，被撞破後衝突更「慘烈」，插滿煙頭的煙灰缸，刺眼的放在飯枱。麥生說的時候，情緒很有趣，還有氣憤的痕跡，但事過境遷的寬厚，令他咳一聲笑了出來。阿仔仍會在兩老睡了後，在露台抽煙，這是他紓緩壓力很重要的日常。麥生有時午夜起來，嗅到煙味，識趣的靜靜回睡房，大家相安無事。

見過很多父母，誠懇的說：「兒女開心就夠了，事業金錢不強求。」但十居其九，都是有所強求的，打從心底希望兒女事業有成。麥生說，起初兒子病重，令他心急如焚，堅定地對自己說，個仔執返條命最緊要，做唔做到醫生，真係冇問題。言猶在耳，個仔好返少少，就同佢講：「唔好緊張，喺屋企唞到夠晒，先再搵工。屈喺屋企，唔係辦法！」一個月、半年、一年，快兩年喇！此時此刻，麥生才慢慢明白，他那一句「開心就夠了」，真正的意思是什麼。

今天他的家庭充滿了接納和歡笑。雖然兒子的畫作不是大師級，只係「手作仔」，但看見兒子的投入，各種作品豐富多姿。我在他倆的臉上，看不到酸苦的痕跡，每次分享過去點滴，為新來的朋友解答疑難，都是笑笑口，令人感到輕省自如。如果他們一家，用一種對「康復」的狹義理解，看待兒子較為孤僻的生活方式，甚至千方百計「醫治」兒子的「自閉」，那麼他們的家庭，一定失去這十多年實實在在的愉快生活。

家人之愛也會加重病況

麥家的故事，延伸到另一個關於「康復」的功課。我慢慢體會到，情緒病無論是愈陷愈深，還是漸漸好轉，原生家庭往往是病情其中一個關鍵。香港經歷的社會衝突，市民目睹可怕的暴力，不少年輕人就在暴力的現場。不少朋友接觸過前線衝突的抗爭者都說，他們普遍有不尋常，甚至極端的情緒起伏，而觸發情緒病症的重要因素，往往是家人的斥責、不諒解，甚至是切斷親屬的關係。抗爭而來的創傷，加上家人苛責，是引爆情緒病的催化劑。

青少年的情況最令人擔心。成年人可以離開家庭獨立生活，以免家人的仇視令病情惡化；但未成年的青少年，無家可歸，或者歸家就有如困獸鬥，每日累加新的創傷，困苦可想而知。

康復是個人的也是整個家庭的事

我在此只引兩個例子。患上暴食症的A說，母親全天候關心她的飲食習慣及感情生活，她一踏入家門就感到窒息。半年來，她提早在父母未起牀就出門，晚上在街上遊蕩，漫無目的，為的是晚一點回家，避免與父母接觸。在清冷下雨的晚上，格外悲傷。

B病發時已經三十五歲，單身，與父母、妹妹同住。他私下告訴我，他深知道父母是廿四孝，而他也是個孝順仔，很感激父母多年的照顧，表面上是一個充滿愛的小家庭。B患上抑鬱症，吃藥看心理醫生兩年了，漸漸開始意識到內心有一團積壓多年的怒火，而怒火竟然是指向他所深愛的父母。他開始記得每一句父母傷害他自尊的話——「你係咪想一世人做散工！」「你洗隻碗都係咁求其！」「你學吓阿妹啦！」「咁大個人，朋友都唔多個！」他說，幾乎每次被傷害，他都忍了，告訴自己「佢哋都係想我好……」

在支援小組裏，康復的例子，十居其九，是父母的態度有所改變。藥物和心理治療很重要，但父母，無論是愛、是恨，若轉變了，開始接納、聆聽，病情往往出現轉機。正如麥生麥太放下執念，對兒子的病情起了很大的作用，換取了十年融洽的家庭生活。當然，麥家是超水準的寬容，難能可貴。我明白一個簡單的道理：不要把病症單單集中在病者身上，情緒病與原生家庭，關係千絲萬縷，康復是個人的，也是整個家庭的事。

今次的社會運動，有大量學生參與，

家人之恨，可以加深情緒病；弔詭的是，家人之愛，同樣可以加深甚至促成情緒病。我們目睹不少病例，父母無微不至的愛護，變成無孔不入的控制，令子女「屈出病來」。這些例子多不勝數。更可悲的是，病發的子女，往往是敏感又乖巧的，愈是孝順、生性、愛惜父母的，承受壓力愈大。父愛、母愛，是真心的，但也包藏對子女強大的期望，而子女又很想滿足父母。愛的期望，孝順的回饋，會像繩索一樣，愈束愈緊。

人數之多，也許是香港開埠以來之冠。根據二〇一九年底港大的調查，有五分一的港人有情緒困擾，學生的比例更高。父母擔心、憂心之餘，不少因為政見不同，將藍／黃之恨，投射到子女身上。「點解生咗個咁嘅仔！」「你唔認輸、唔認錯，就唔好返嚟！」

情緒病往往不單是個人的，也是家庭的、社會的。情緒病的康復沒有捷徑，也不應是病者一個人的努力。希望親情超越政見，希望家庭是緩和社會矛盾的避風港，而不是撕裂親情的鬥獸場。青少年抗爭者的仇恨、憤怒與鬱結，不是無緣無故的；他們的偏激暴烈，是政治死局逼出來的。香港康復之路漫長，父母儘管有多痛心、不滿、失望，請你像麥生麥太那樣放下執念，接納子女回到一個互相體諒的家。

潛意識私訊：肥婆、班長、惡嬰

二〇一九　十月二十七日

Eugene Gendlin創立的Focusing，指人慣用腦袋指揮自己，忽視了身體內在的感情與智慧。Focusing就是一套感知身體的方法。他與容格的Active Imagination有相通之處。意識中的我，收藏巨大的潛意識力量，經常以夢及想像「PM」自我，傳達難以啟齒的禁忌。那些私訊，主要以超現實及非邏輯的象徵呈現。坦然接收私訊，可以疏導心結，了解更多潛在的喜怒哀樂。

Focusing有點像一對一輔導，扶持對方慢慢走進內在的世界。我半年前開始幫助Catherine，做了三、四次Focusing。今次我試試結合Active Imagination，很大膽的看看Cat能否邀請潛意識為她發出信息。

柔弱的性格
遇上典型的blamer上司

Cat今年廿九歲，短髮，謙虛，好脾氣。樣貌與氣質，很像未留長髮的台灣歌手張懸。二〇一三年張懸到中大表演，在崇基禮拜堂後門抽煙，我和她聊了一會。那時她一頭銀青色短髮，性格柔潤而又堅強。Cat很像她，但只有柔弱一面，我初認識她就覺得很像，而且直覺，她有朝一日，會變得堅強起來。

她跟老闆Fred合作了三年，做高級咖啡豆批發生意，近一年還在廣州開了兩間咖啡專賣店。Cat是Fred的左右手，廣州實體店都是Cat一手一腳策劃的。公司上下三十多人，都直接稱她Cat大大，視她為第二個「老細」。Cat倒不覺得，她喜歡躲在幕後，她是一個會與同事一起搬咖啡入貨倉的絲打。

Fred野心大，不奸險，但是個典型的blamer，乜都係你錯。月前Cat北上過關被查兩小時，錯過了炒豆大師班，Fred第一句不是問候，而是單單打打：「好心你啦，永遠唔肯化妝，T-Shirt短褲，成個暴徒咁……」這些年來，Fred一直都用inflicting shame & guilt的方法，令Cat開盡馬力衝鋒陷陣，加班係應分，她完全不會誇功勞。我跟她做了半年的Focusing，她慢慢願意承認，公司的成功，尤其在digital marketing方面，九成是她策劃的。Fred在電腦方面一竅不通，但又不停投訴Cat點解唔學吓《100毛》東方昇。Cat三年來第一次駁嘴：「你要我做到咁mass，賣雀巢咖啡咩，我哋sell niche product，東方昇咁款，趕客喎……」這番話，以前她是不會說的。

其實她已遞了辭職信，半年前決定，三十歲前到日本工作假期。遞信當日刮起情緒風暴，Fred提高聲調：「你不負責任！廣州新站係你個仔，你劈炮就走，對唔對得住公司上上下下……」Cat心諗：「個仔係你㗎，我接生㗎咋。」她已經能看穿Fred的情緒勒索，無論夥記有乜投訴，他永遠能夠turn the table，搞到投訴人頭耷耷行出老細房，繼續為佢賣命。今次Cat企硬，出乎意料的是，Fred呆了一兩天，然後就軟化，並且十分具體地意識到，Cat離去後，公司會好大鑊，冇咗條柱，散晒。當然Cat好交帶，老早預備晒exit plan，亦會等replacement上班才離開。

想像中出現了不同的符號

離職前，我們做了一節Focusing。我先請Cat閉上眼睛，回到老細房，回想Fred那罕見的「Sam Hui」神態。這個情景令Cat很難受，「老細不嬲勇武，點解我搞到佢謝晒皮？」有一股強烈的情緒湧上心頭，她用盡氣力把它壓下去，當見唔到，視而不見，不想處理。我引領Cat安靜呼吸，讓她想像自己回到辦公桌旁，看看有什麼東西在腦海中呈現出來。很快就有一個「肥婆」出咗嚟。有點像公司裏的一個阿嬸，一身褸褸丘丘鬆身衫褲，穿涼鞋，肥腳趾一粒一粒，大豆似的，凸哂出嚟。潛意識世界嘅嘢，冇乜合理唔合理，Cat見到個肥婆，困在一個透明cube內，手臂啲肥肉，面孔是模糊的。

我請Cat問一問肥婆，為什麼此時此刻會在現場。Cat細看一下，肥婆是躲在辦公桌的枱底，唔想見人，唔想畀人見到，一言不發。Cat只覺得「她」困在枱底，好辛苦，好迫。「你唔好理我，畀我就咁踎喺度，我唔想見到Fred個苦情樣……」

容格相信，人的潛意識裏，有很多個我，或者說，有很多個不同的面向，往往是「意識我」所不認識的。我問Cat，眼前這個肥婆，認識嗎？熟悉嗎？她搖頭說，未見過！Focusing的過程，我學識了耐性、容納、不加判語。我請Cat對肥婆說，我們都感受到困在箱子內很辛苦，也明白她想我們leave her alone，就由她安靜躲起來吧。

我問，還有誰在房間內？醞釀了好一會，Cat看見小六時的自己，她是head girl，場景係佢代表全級，上台多謝老師，自信，風趣，致辭毫不費力，而且得到熱烈的掌聲。走下台，很滿足。班長不是小女孩，而是白濛濛的發光體，有一股快樂的氣場。Cat看見班長爬到枱底，用樹枝篤肥婆，不是惡意的，輕輕力，想撩肥婆出來玩。肥婆沒有不悅，無所謂，但繼續呆在透明箱子內，闊佬懶理。

班長跳上Fred的辦公桌上，變得很老誠，安慰他說：「冇話冇咗邊個唔得嘅，公司有今日，靠你出『行』力鞭策人，先會咁成功！」班長又走過嚟同Cat講，「你唔好否認喇，阿Fred有今日，你都好大功勞，promote炒豆師，咖啡日誌……都係你諗出嚟。」

我曾經有過疑問，這些「想」出來的人物和景物，是否當事人「老作」，並無深意。近讀容格弟子Robert Johnson的*Inner Work: Using Dreams & Active Imagination for*

Personal Growth，書中他指出這些湧現的符號，若當事人有感覺，可以connect，必源於當事人的想像世界，不是無中生有。

當班長提醒Cat有功亦有勞，Cat馬上緊張起來，她早前想要努力壓抑的東西，現在又冒出來了，是個惡嬰，喊聲震天，青筋暴現，因為喊得慘烈，整個臉都綳得紫黑。Cat說，惡嬰不可以出現，她一出現，會變成惡魔，傷害身邊的人。我說，你由得她出來吧。她是你性格的一部分。R. Johnson在書中說，「意識我」分辨好壞，隱惡揚善，以維持一個自己可以接受的自我。而潛意識裏，七情六慾不分好壞，充滿活力。

Cat記得這個嬰孩很早就存在。小時候，Cat與表姐很要好，慢慢Cat有強大的佔有慾，要得到表姐完全的愛惜，有其他小孩跟表姐玩樂，她就心生妒忌，甚至有傷害人的衝動。自小Cat就壓抑她那強烈的妒忌心，管不好，覺得自己會變成一個陰險的人。惡嬰甚至希望她離職之後，公司生亂子，那Fred才知道她有多重要。又希望她的接任人搞出個大頭佛……她不想面對這些壞性格，不接受自己會成為一個「壞人」。

我請她問一問惡嬰想要什麼？她說，欣賞、肯定。我說，這都是人的基本需要，嬰孩如是，成年人也如是。嬰孩吃不到奶水，爆喊是本性啊。你擔心自己心術不正，班長還在，她是你的一部分，會提醒你的。

軟弱的自己
漸漸有了自信

這一次同時遇到三個人物，我和Cat都覺得不可思議，同時也令她的緊張情緒舒緩了。隔天我告訴她，半年前第一次見她，就想起張懸，今天覺得更像了，如果那個head girl可以釋放出來，Cat就能奪回自信，樂天又堅強。我介紹Cat聽一首我很喜歡的《玫瑰色的你》。張懸在訪問中說，玫瑰色的眼鏡，本有負面的意思，說的是有些社運人士，太rosy了，樂觀得不切實際。但張懸倒過來說：「我相信善良，哪怕很微小的好意，也可鼓勵我們盼望更美好的明天。」

半年前認識的Cat，對比今天，漸漸有了自信；望着她，我彷彿看見張懸歌唱的樣子。結他前奏一陣一陣，徐疾有致，堅定而樂觀的看見了玫瑰的顏色……

你是我生命中最壯麗的記憶。
我會記得這年代裏你做的事情，
你在曾經不僅是你自己。
你栽出千萬花的一生，
四季中逕自盛放也凋零；
你走出千萬人群獨行，
往柳暗花明山窮水盡去。
玫瑰色的你，
玫瑰色的你。[1]

1 《玫瑰色的你》，焦安溥（張懸）作曲、填詞，張懸主唱，收錄在專輯《神的遊戲》。

心病秘方：龍貓擺平老頑童

二〇一九　十一月三日

上一篇寫Catherine的案例，談到潛意識經常會發出信息，問題係我哋夠唔夠敏感、收唔收到。Cat讀完自己故事的文字版，有點意外的對我說，「你寫得咁簡單嘅，我同你傾嘓陣，一對一，得意好多喎……」其實上次那個惡嬰出現後，好像沒有下文。對話結束的時候，惡嬰還在哭哭喊喊。幾天後，Cat讀完文章，想了一想，猶豫的說：惡嬰好像是你的想像，多於是出於我的內心。她這樣一說，我馬上醒一醒：上次我真的是說多了。

近月參加了志常老師主持的Dream Work工作坊，以容格的理論切入，分析夢境與潛意識。我把Cat的故事，向十多個工作坊的同學分享，大家討論了好一陣子。Joe說：的確，內心有不同的「我」，有時互相爭吵，若能互相協調，生活會更豐富。七十歲出頭的志常老師，看過Cat的故事後，笑說，這個也是Eric你的故事。志常老師鑽研及教授Focusing多年，很有經驗。他說得對，那個report，我的介入很強，也許因為我大膽用容格的想像法，偏離Focusing以陪伴為主的慣常做法；第一次做得太進取，似乎做過咗龍！

最重要交個心聆聽

Focusing有別於一般輔導，陪伴者最重要的角色是聆聽，交個心出嚟，已經好足夠，唔使咁多「聲氣」，耐心等候當事人「自覺」，讓她領悟內在的felt sense。志常憶述，Gendlin生前對他說，有人在Focusing之後加上therapy一詞，他不同意，因為Focusing不是有一個therapist高高在上「醫治」別人。

我是初哥，發現無論Focusing，還是Active Imagination，最難學的一部分，就是放下理性、意識和慣性的思考方式，回到感知的領域，容讓潛意識的符號（容格），或身體的智慧（Gendlin），自然的顯露出來。對於在大學做研究多年的我來說，放下頭腦的分析、放下「好為人師」的衝動，最難！

Sam師兄經驗比我多，他能夠截停腦袋分析，善於直觀共感。他讀完我撰寫Cat的案例之後，直接的感覺是Eric「很大」。若Sam走入故事裏，他覺得自己更像是一個細小的「僕人」。

Focusing是一個動態的過程，上一次冒出來的形象，描寫得不準確，可以修正再來，一層層認識內心那個unfolding的自己。我邀請Cat來一次follow up。開始時，我先請Cat安靜地回到上次惡嬰出現的場景。輕輕問：還看見惡嬰嗎？Cat回應說：那惡嬰只是過渡，面目模糊，現在呈現得更清楚的，是一個六歲的小孩子。Cat闔上眼，影像由模糊變得清晰，是廿年前在加拿大旅行期間，大家吃早餐的地方。陽光充沛，映照在原木餐桌上，光滑得發出閃閃的亮光。一天前，當年六歲的Cat，剛剛要求表姐買了新的太陽眼鏡，卻在幾小時內遺失在Lake Louise的山徑。今早起來，她覺得很羞愧，自己太冇用喇！如果表姐問起：眼鏡在哪裏？點答好呢！

同行有另一個表妹，加拿大出生，好趣緻，表姐對她呵護備至，令Cat產生強烈的妒忌心，背後竟然還有一股暴力破壞的衝動，連Cat自己都嚇了一跳。這個吃醋小孩，並不是廿多年前那個小女孩，而是廿多年都長不大，皮膚「乾噌噌」的「老小孩」，充滿恥辱、妒忌、恐懼。

我問Cat，你可以接近老小孩嗎？當Cat與她四目交投，馬上感到一陣憤怒，我在旁也從Cat的語調，感到那滿腔的怨氣。「你哋兩條友行X開啦，隨口噏一兩句，就可以解決我咩！死咗條心啦你！我心悒咗咁多年，你估流㗎！」聽到Cat氣沖沖的控訴，我心一沉，畀佢嚇窒咗。

Cat說，老小孩在發爛渣，什麼也聽不入耳。其實我個腦，已經出咗一系列的「好言相勸」，想同呢個死妹釘駁嘴：「喂，唔該你冷靜啲。廿年前，表姐關心另一個表妹，並不等於不惜你……咁多年嚟，表姐都同你有傾有講吖……『失寵』根本從來沒有發生過……」當然我沒有說出口，反而婉轉的告訴Cat，請她留在那個光猛的餐廳，看看表姐在不在，如果佢喺度，唔該你問下佢：會否介意你遺失了太陽眼鏡？其實，呢一問，我想轉個彎，令Cat覺得，表姐係唔會嬲佢嘅，但我又馬上意會到，自己又係叻唔切、做過龍。Cat快三十歲，呢啲簡單嘅道理，佢點會唔知道呢！你慳返啖氣啦……

在束手無策的時候，我都識得點樣應付，好簡單啫，告訴老小孩大家感受到她的「心悒」、「憤怒」，我直情嗅到一陣悒味添。我也可以請Cat現在就exit，若大家都冇符，唯有拜拜囉。不過，我還是有點心虛，畢竟畀老小孩講中咗——佢屈咗二十年，我何德何能「解決」佢嘅心病呢！多年來，為防止老小孩的坐大，唔想佢發爛渣，Cat努力做一個老好人，對老闆、同事的要求，來者不拒。就好像上一篇那個肥婆，怕事、就得人。

解決問題
靠當事人自覺

我正在心裏盤算離場的下台階。Cat突然呆了一呆，繃緊的面容慢慢放鬆了，她似乎看見了什麼，覺得有點amusing。我安然的在她旁邊等候，盡我所能，感受她的感受，留給她足夠的空間。然後她說，片刻之間，她十分熟悉的巨大龍貓，從天而降，大佛一樣，肥大的下身蹲在現場。牠沒重量，好fuffy，坦蕩、開朗、太自在，不時傻笑。我和Cat都好意外，唔知點解，氣氛變得如此搞笑。Cat笑說，怨氣極重的老小孩，此刻洩了氣似的，但仍有啲啲唔順氣，垂頭站在路邊，用腳不停踢地下的小石子。僵局就這樣擺平了。我也不知道是如何擺平的，龍貓好肯定不是來自於我，而是來自於Cat。

這一節的Active Imagination完成後，Cat才給我解釋，她所認識的龍貓，沒有意志、沒有「腦」、沒有思想，是一頭充滿善意的大笨狗，令老小孩投降，好難嬲呢個軟綿綿的動物，牠給人安全感，令人安心……Cat自小就看《龍貓》錄影帶不知多少次，形象深入她內心世界，而且對龍貓的性格瞭如指掌。牠從記憶深處冒出來，正好化解了同時深藏Cat內心那個老頑童的多年鬱怨。

這次經驗對我來說很有啟發。正如志常老師所說，我們作為聆聽者，只是一個陪伴者，自己過去的經驗都不足恃。每個人都是獨特的，別人解決問題的方法只是參考，每個人的成長，都經歷獨特的過程，他／她內在所儲存的智慧也是獨特的。耐心陪伴、等待，每一個人的自覺過程，都有獨特的時機，心急不來。

Gendlin創立Focusing之前，看過數以百計的心理輔導錄影帶，他的一個重要發現，就是幾乎所有成功案例，都不是輔導員提供了什麼靈丹妙藥，而是當事人的narrative改變了，他／她經歷了一種自覺或領悟，然後改變了自我陳述。龍貓能安慰老小孩，不是靠「意識我」的理性指揮，而是內在的、非言語的親和力。對於Cat來說，龍貓作為一種象徵力量，不假外求，發自當事人的內心那深藏的感情記憶。

往後的幾天，當Cat焦慮、發忟憎，龍貓不時在腦海出現：牠打開傘，在天空飛翔，猛吸一口氣，胸口那鬆軟的披毛，隨風舞動，然後龍貓擘大口，睜大雙眼，大嗌一聲～～～～勁搞笑！

我想，Cat的精神科醫生會prescribe血清素；她的臨牀心理醫生，會給她做認知行為治療（CBT）。這些治療確已令她康復得很快。而透過Active Imagination，Cat卻是從她自己獨特的內在世界，找到龍貓這個兒時至愛，從而得到力量。

靜待身心變化的轉機

二〇二〇　一月十九日

調查發現，港人湧現「創傷後壓力症候群」（PTSD），嚴重程度達到災難或恐襲級數。區結成醫生提到，一般災難的創傷是一次過的，但香港人過去半年，經歷反復多次的創傷，一次又一次目睹暴力、一次又一次承受屈辱，社運累月衝擊，burn out、depression、PTSD，加加埋埋，區醫生用上「疫潮」一詞，來形容香港面對的情緒病浪潮。

區醫生提議各界提高對情緒創傷的意識，這種 Trauma-informed care and practice，包括對PTSD的認識，對身邊的朋友、同事敏感一點，理解、包容相關的困擾，並作出適當的支援。這篇文談一談兩個案例，及介紹 Mary Hendricks 一個有趣又實用的洞見——Revolutionary Pause。[1] 除了專業治療之外，民間的心理健康運動，可以由你我的生活做起。

Life is unbearable

三十歲的Kent，本來與父母同住太子站附近的唐樓，近月他走在旺角街頭，遇到說普通話的大陸客，無端白事也會無名火起。他不勇武，只參加過一兩次遊行，但直播太overwhelming；平日在家門前遇到防暴警察，恐懼湧上心頭，輕則呼吸困難，重則坐在梯間不能動彈。迫不得已，他月前搬到坪洲的小村屋暫住，情緒才緩和過來。

Kent在日本剛拿到博士學位，去年暑假回港找長工，不久香港就爆發社運。早在梁振英年代，他還在日本讀博士，已經不看好香港。每次放假回港，在他眼中，太子旺角一帶恍似「陸沉」，通街通巷都是「橫行」的陸客。經過這幾個月，他狠下決心移民日本。朋友介紹我和Kent認識，傾談了幾次，他每次都努力（吃力）談論移民門路。Kent心底也知道，學術界僧多粥少、教席難求，日本博士生也找不到長工，一般都是長期「炒散」。Kent是個外人，搵工移民，機會微乎其微，但他用盡全副心力，寫求職信，甚至詳細編寫課程大綱……他覺得香港令他窒息，life is unbearable here！「移民是唯一生路！」這個念頭，在他腦海不斷轉動。

指導我們生活的，往往是慣性的思考。幾次面談，Kent滿腦移民攻略，亦對香港政局十分悲觀。他的身體已經發放了很多信息：血壓低、失眠、體重下跌，情緒的起伏更是明顯。Focusing的體驗，讓他放開腦袋的慣性分析，聆聽身心的反應與感受。起初他覺得有硬物塞在喉頭（這些體感經常在Focusing的練習出現）。在第二、三次面談時，硬物擴散到胸肺，就好像他目擊警民衝突時的窒息感覺一樣。

上星期見面，談到他最近的夢。夢裏他的論文未能通過，令他異常窘迫，但現實中他已穩拿博士學位。Focusing不去「解夢」，我讓Kent安靜閉上眼，重新體驗夢境。他慢慢記得多一點夢中細節：

他在黑暗的隧道裏走不出去，攔路是一頭兇惡的野狼，Kent每想前行一步，到教務處申領博士證書，野狼就不由分說，怒目而視，尖牙畢露，發出低沉可怕的嘶嗷……

這時，坐在我面前的Kent，身體微震，右手緊緊捉住左手。夢裏，他用博士論文蓋在頭頂，以防野狼撲過來吃掉他的腦袋。噩夢用間接的方式向他示警。似乎暫時Kent仍未能接近野狼。我作為局外人，有很多理智的方案，可以建議出路。我在學術界工作一段不短的時間，深知此路難行。Kent要逃避的，並不單是香港政局低迷那麼簡單，更要面對寸步難行的學術生涯。

我當然可以理性分析Kent的困局，相信他的朋友也曾給他不少忠告。Focusing所強調的是，當事人慢慢走向內在的旅程，勇敢面對那頭野狼，以及背後隨之而來的自知與自覺：Kent所恐懼的究竟是什麼？所追求的是什麼？他自己才知道最適合走的道路。

事後，求教志常老師，他說，Kent有意願了解自己，但暫時未必有能力面對，需要時間和耐性。老師這麼一說，我明白了多一點：這些年，讀博士，三、五、七年是等閒。畢業也未必能拿到教席。博士生的情緒病十分普遍，而且往往看不見出路。Kent男人三十，事業仍未起步，加上香港政治形勢惡劣，炒埋一碟，要面對，唔係咁易。這個艱難的旅程，我樂意與阿Kent同行，希望他有一天能看見隧道的出口。

博士EO
自覺一事無成

讓我談一談另一個漸入佳境的案例。Yuen快四十歲，五年前拿到了博士學位，卻找不到教席。掙扎良久，為了生活，放棄了學術，在大學裏做一個超齡EO。上司不錯，生活已經安定了下來。我認識他已有一年，面談十多次，起初是老問題（情緒低落的朋友一般self-esteem極低）。Yuen覺得半世人一事無成。他的行政工作頗為出色，但對於自己的成績視而不見，例如籌辦學術會議，他長袖善舞，遠超沒有研究背景的同事所能及。

大半年下來，他漸漸發現自己工作上的成就。上星期的面談，我和他一起經歷了一個moment of shift。當時他閉上眼，我讀出上司給他的一段話：「Yuen，我明白你患了焦慮症。這年頭，有誰沒這樣那樣的情緒問題呢？其實你的工作表現很好……」讀到這裏，Yuen面容扭曲，說，「I don't deserve this……這麼多年來，這麼多人對我都太好了，我不配……」這是他常有的narrative，慣性的認為自己一文不值。

此刻強烈的羞恥籠罩着他，腦海中，十多年來交往過的朋友、同事，都湧上前來，人太多，太辛苦，透不過氣。我請他確認各種情緒：羞恥、辛苦、窒息。這種clearing a space的方法，半年來，他已經十分習慣。我邀請他接近那一群令他羞恥的朋友。他說試試看，與Kent很不一樣……Kent騰騰震、未ready，而Yuen卻漸漸有能力與勇氣面對自己。

這時Yuen靈機一觸，好似電影《復仇者聯盟》（*Avengers*）裏面那個Quicksilver，把圍困他的人群都freeze住了，讓他慢慢逐個朋友分別面對。若他們炒埋一碟，把他重重圍困，只會愈來愈感到窒息，尤其是博士班的老師同學，令他覺得做不成教授無地自容，是個不折不扣的失敗者。然而，把他們凝固定格，逐一面對，他們對Yuen都是善意的，還有現在的上司、同事，看見他工作生活都過得去的父母和女朋友，他都感受到他們的關懷。

羞恥雖然強大，背後卻有很多不同的感受。這份自覺，不是我在外邊告訴他的，而是他停一停，自己看見了長久以來，腦袋告訴他是個失敗者，而生出慣性的沮喪情緒。他停下來，給自己內心一個空間，真實感受到人與人之間的情義，感到他自己的存在，感受到生活的快意。正如志常老師說，這種新的意感是確實的體驗，經歷過，就改變了，唔會返轉頭。這時他放鬆了，意會到羞恥只是局部的，他還能夠體會到努力的成果，以及人際間的intimacy。自此之後，Yuen逐步放下他讀博士的過去，欣然接受他現在的行政工作。我作為陪伴身邊的朋友，也感受到他散發出半年前所沒有的滿足感。

Mary Hendricks在二〇〇三年發表了一篇相當啟發的論文。她指出，社會角色的模鑄、文化價值的浸淫、個人經歷的累積，甚至創傷的後遺，不斷強化了頭腦死板的想法，「訓練」出一些我們習慣了的身體及情緒反應。當事人若停一停，為自己騰出空間（clearing a space），讓自己對整體的處境，自由地感受當下，思想、身體、情緒會慢慢整合出一種新的「意感」（felt sense），這個自覺的過程，能改變生活的慣性。她稱此為The Revolutionary Pause。

1

"Revolutionary Pause- Mary Hendricks", Katarina Halm's Thinking in Movement Studio, accessed May 5, 2020, https://thinkinginmovement.ca/focusing-2/revolutionary-pause-mary-hendricks/.

為自己騰出一個自覺的空間

二〇一九 十二月二十九日

在艱難的時代，情緒健康尤其重要。五年前開始研讀「認知行為治療」（CBT），這種療法近二十年十分普及，認為扭曲的想法緊扣情緒與行為失調。治療的切入點，是反問、鬆動、調整扭曲的思想，以紓緩情緒困擾。及後我研習另一種迴異的「生命自覺」，切入點不是「認知」，而是身體的「意感」或「體驗」，日常生活都可以用得着。這一篇先談一談如何為自己騰出空間，讓意感浮現。

我不是正統的trainer，筆下寫的只是個人經驗。生命自覺對我來說，可以加強對自己及社會的感知。比如騰出空間，日常生活有時被焦慮、憤怒纏擾，或被繁多的事務壓得透不過氣來。找個安靜的地方散步，把關注回到自己的身心，浮現出來的情緒以及牽掛的事情，逐一描述、確認，好像把亂七八糟的書桌，整理出一個自覺的空間來。

社交太多 超過負荷

Ron患焦慮症多年，有半年足不出戶，接受心理輔導及藥物治療後，情況好轉。起初提起勇氣，先在一家NGO做文員，好處係「唔使見人」；康復得七七八八，就轉回到他的老本行，主力做NGO的形象推廣。上星期跟Ron相約，本來只想飲杯咖啡，跟進一下他康復的進展。一坐下就知道Ron情緒拉得繃緊。我們在囍帖街（利東街）一家咖啡室，二樓比較安靜，任坐唔嬲，所以我經常來。Ron說聖誕節大量社交活動，令他吃不消——聚餐、大食會、生日會。由於過去幾個月社會動盪，很多約會都停止了，在十二月大家都想見見面。但Ron的焦慮症狀又冒出來，晚上吃了安眠藥也睡不好。

見他如此緊張，我建議不如做一節生命自覺。大家開始進入「臨在」的狀態，把心思與關注，回到自己身體的感覺。騰出空間，把浮現的東西都描述下來，承認它們的存在，好好的放在一旁。Ron想把密集的社交活動一掃而清，卻力不從心，腦海裏擠滿了人。騰出空間就是靜心數算，有碗話碗，Ron聽到自助餐金屬餐具的碰撞聲、酒吧的人聲、久久沒見面的朋友熱烈分享家裏政見的紛爭……他覺得焦慮、煩躁……但在描述各種聲音和感受的時候，他就慢慢為自己騰出了空間。

在這裏我想解釋另一個較不好懂的概念：意感（felt sense）。它有別於一般所說的感覺（feeling）。Ron的不安、煩厭，這些感覺是有對象的。Ron想起一大堆人聚餐就不安了，那人群愈接近他，他就愈不安。這些感覺有焦點、有對象，是明確的。但感覺背後還有什麼？生命自覺希望探索深一層的體驗，了解不安背後或明或暗、尚未被Ron捉住的感受與意味。

以生命自覺探索內在領域

Ron一一描述內心湧現的焦慮，我留意到他連坐姿都是拉緊的，把雙手蹺手在胸前。他說：「心口好實」、「頭殼有金星閃吓閃吓」。當Ron描述這些身體和內心的感受，我們不是想get rid of，而是co-exist with，與之共存。這個過程慢慢為Ron整理出空間，讓他感受不安背後更複雜的意感。感受背後仍有感受。他浮現了一個玩具鐵甲人的上鏈彈弓（發條），Ron覺得自己「上鏈上到行晒」，「個公仔沒有選擇的不停向前行……」他用這個fresh metaphor去形容此刻的感受，並意會到他的身體，在焦慮症折磨的十年裏，不停的「上行鏈」、「停唔到」，一切精力就用來應付各種日常生活的焦慮與不安。

認知行為治療與生命自覺不同，前者集中處理扭曲了的認知，後者集中促進體驗意感，重點是身心的感受，而不是頭腦的想法。

我們也可對比心理分析（psycho-analysis）和生命自覺的不同。心理分析努力尋找成長歷史的壓抑與衝突，打開記憶的密室以促成頓悟。對比之下，生命自覺聚焦當下，重點是在此刻unfolding的新體驗，把「暗在」拉上來，用鮮活的隱喻，讓模糊的意感變得清晰。

Ron用了「拉行嘅彈弓」描述當下的意感，而這個體驗是現在進行的，Ron覺得沉重，覺得停不下來。他說他想用力反方向扭鬆彈弓，卻不成功。他又說，彈弓看清楚一點，已經因為用得太久而生鏽，會擦傷皮肉，令他有損傷的痛感……

池見陽是日本關西大學的臨牀心理學教授，多年來研究生命自覺的過程與語言力量。他指出，意感可以進一步豐富、加深，他稱之為「追體驗」（德語：Nacherleber），或「再體驗」（re-experiencing）。他解釋說，體驗和「追體驗」交叉、豐富起來，並展開新的故事，這既不是過去體驗的再現，也不是藏在潛意識中的過去的記憶，這是當下創造出來的新故事。[1]

不否定「我有用」的思想

作為Ron的聆聽者，我忠實複述他所描繪的意感，又試圖感同身受，聆聽他說。他像個鐵甲人，經年累月，不能停下來，聽下聽下，連我都覺得「好攰」。這種共感，讓Ron感受到支援，而他的意感，在

生命自覺創始人

Eugene Gendlin稱這個內在的領域為「暗在」，而生命自覺就是體驗這些半明不暗的意感，把它們由模糊變為清晰。Gendlin有很強的語言哲學背景，強調用新鮮的語言，探進感受背後，那些複雜的，pre-verbal，正在形成的體驗。「自覺者」會借用隱喻，試圖準確描寫及呈現內心浮現的意感。

當下發生了變化。Ron說，覺得很sad，眼淚流下來，說多年來，浪費了多少精力與時間……。

這半年，我知道Ron已經可以正常工作，而且完成幾個他認為可以貢獻社會的NGO projects。所以我大膽用較為進取的方法，看看能否進行池見教授的「追體驗」。我追問，你覺得sad，覺得浪費了生命，是不是你也很珍惜生命呢？你不想浪費在焦慮上，是不是希望過另一種較輕鬆又有意義生活？

但他衝口而出：「我冇可能過正常嘅生活！我同世界隔開咗，connect唔到……」我陪伴在側，一直都給予full attention。我感覺不到他說的隔絕，反而十分熟悉Ron這些口頭禪。他經常說「與世隔絕」，只知道自己「摺埋」、「冇用」，這都是dead metaphor。若用反問的方法，鼓勵當事人反思這些口頭禪，對話就停留在認知的表層。生命自覺採用不同的路徑，不去否定那些「我冇用」的思想，只係把它們放在身邊，轉而留意當下內在意感的變化。

Ron近半年做了不少推廣項目，幾天前做研究，看到新生會newlife330網站的卡通人物「壹仔」，是一個白色的「1」字，好cute，做出不同的表情，例如煩厭、焦慮。他沉默了一會，說，此時腦海裏出現這個壹仔，在生鏽的彈弓上跳來跳去。我問：「壹仔知道你的存在嗎？」Ron答，「知道，仲好想同我玩。」然後Ron讓自己的心思，由壹仔帶到海邊，天上有星，有輕柔的風，有愉快的感受，還有不知身在何方的忐忑，但整體是開心的，像一個單純的朋友，帶他去美麗的地方旅行。

重新體驗自己 修改慣性感受

生命自覺不時會出現不同的畫面，要核對一下當事人的感覺是不是實在的。我請Ron確認：「你現在感到有風，輕柔的風，感覺愉快？」Ron說，「有風，很實在……」

「與世隔絕」是他自閉在家根深柢固的

想法。他已經慢慢回到工作與社交生活。在這次生命自覺的體驗中，他具體感受到拉緊彈弓的焦慮緊張，然後為自己浪費了多年的青春而流淚，這正正是他開始珍惜生活與工作。當他關注到內心意感的變化，又具體的有微風輕吹的新體驗。

我作為聆聽者，並沒有給Ron什麼解決問題的建議，而是努力感受他的感受，以共感的方式複述出來，促進他重新體驗自己，透過當下的意感體驗，修正過去描述自己的套語，同時修改慣性的感受與行為。

我想強調一點，就是各種治療方法，在不同的人身上有不同效果，在不同的人生階段也有不同。Ron若沒有藥物減輕焦慮，我不肯定單做生命自覺是否有今次的效果。但我很明確的感受到，Ron帶着重甸甸的包袱而來，如今整個人都放鬆了，趣味盎然的向我介紹他有份參與的復康項目。

1 池見陽編著：《傾聽・感覺・說話的更新換代》李明譯（北京：中國輕工業出版社，2019）

捉住夢的尾巴

二〇一九 十一月十日

七十多歲的志常老師釋夢多年，舉辦可能是最後一次的「夢作坊」，十多個朋友踴躍參加。在他而言，「釋夢」一詞並不準確，dream work較傳神。釋夢不是解籤，而是一個自覺的過程，醒過來捉住「夢境的尾巴」，探索未知的自我。

夢世界裏，充滿稀奇古怪的奇人異獸，我們可以飛天潛水、死過翻生。「自作夢」不是「自作孽」，古怪事來自潛意識，那些不一定是孽，卻是「醒意識」不容許、不明白、不敢面對的千絲百念。在睡夢中，自我防衛的外衣脫下，它們就泉湧而出。

第一種常見的夢，是「日有所思、夜有所夢」的那一種。日間際遇中的喜怒哀樂，被壓抑的驚恐、被放大的自責、難以承受的壓力、努力遺忘的羞愧……睡的時候，「夢工作」就開始，有點像每天house cleaning，早晚都會做一遍的梳洗，把家裏的塵垢清理、把牙縫的殘漬刷掉……長期缺乏深層睡眠，情緒污垢堆積如山，心理就容易出問題。

第二種夢，個人生命出現樽頸，情緒堵塞而成心結，理性的「意識我」未能坦然處理，但潛意識會頑強地回應，在夢境向你發出私訊。這類樽頸私訊不時出現，直到「意識我」有所領悟才會停止。

第三種夢是容格提出的原型夢，觸及集體潛意識（collective unconscious），指向普世及原祖的原型（archetypes），例如夢見英雄、探索者、智人等等。這些巨龍、大將軍、古人，脫離夢者的現實經驗。容格說這可能來自集體潛意識。原型夢被不少人批評為「純屬猜想，難以實證」。我亦有疑惑，從來沒有經驗過這種夢，只能在此存疑不論了。

現在的謎團
集體潛意識的浮標

這幾個月，香港掉入情緒深淵，市民經常面對恐怖衝突，full gear防暴警察衝入維園、商場、屋苑、食肆、甚至民居。警察由「公域」深入「私域」，自然會闖入夢境。直播充斥嘶喊之聲，地上遺下鮮血黏液，倒地者痛苦呻吟。設計師、攝影師、藝術家，把各種暴力象徵投射出來，港人浸淫在暴力的氣氛與符號之中。陰暗屈辱的氛圍，觸發普及的情緒低氣壓，到一個難以承受的重力，或會沉入集體潛意識，而那些強烈的情緒，又會以大家可以承受的間接符咒，在普及的夢境發洩出來。

以暴力切入，討論dream work的基本原理，同時窺探香港面對的集體噩夢。在朋友之間問一下，警察有否入夢？反應十分熱烈，收回來的，大都可以歸納為上文的第一種日常夢，日間的恐慌，在夢中梳理、宣洩。有人夢見北洋軍閥拿八達通「嘟閘」衝入香港。又有人在警察未闖巴士前一個禮拜，已夢見防暴警在巴士上層大搜捕。不少噩夢是在街上喪跑，有些是完全見不到警察，只是直覺周圍都係，跑極都跑唔完，恐懼揮之不去。

簡單的日思夜夢，有清理門戶之效。有些夢是可以解除恐懼的，例如走投無路時「扎醒」鬆一口氣。有個小女孩在夢中大叫「我係細路！我係細路！」竟可甩身。小女孩其後補充，之後都係甩唔到身，入咗監倉，不過識到朋友，好好玩，童真化解了恐懼。又有夢見長長的被捕人龍，突然歡呼，慶祝林鄭下台。有時，不能承受的現實，在夢中變得bearable。

T的夢比較elaborate，噩夢發生在集體想像強烈的太子站。T躲在站內廁所，等警察唔為意就偷走，但出口被封，走極都走唔出去。其實月台一個人都冇，只直覺被警察包圍。夢裏面冇人，但呼吸聲和腳步聲，周圍都係，迴音陣陣，感覺恐怖。醒後T上網一查，發現太子站在二〇一五年加建廁所，她還特意到現場走了一圈。

太子站在八三一1之後，謎團冤案，疑雲陣陣。站內暴力畫面，從途人手機及CCTV等片段可見，一動一靜，激烈又模糊。太子站出口長期有祭花、標語，折射頑強、難以平復的懸念，很容易成為集體潛意識的一個浮標。T很specific的說是太子站。「地穴」下面，二〇一五年建成廁所（避難所），也添城市傳奇的意味。夢境之中，就算是集體浮標，都一定反映夢者的個人感應，是社會當下（現在）與個人歷史（過去）的交疊。警民暴力是集體的，那個地穴裏的避難所卻是個人的，T有沒有一個逃避煩惱的私密空間呢？在過去（或將來），這個空間會不會以不同形象在夢中出現？她所逃避的，除了暴力，還有什麼個人的恐懼？

T是個和理非，有次還在夢中，衝上前與警察對質，說了一句她在「醒世界」一定不會說的話：「革命唔犧牲點算係革命！」日間，「理性我」會很實際地計算犧牲的代價，會約束「上前衝」的輕舉妄動。夢中約制少了，有勇氣拋出豪言壯語。這裏也側寫一個事實，市民嬲到一個點，有時內心會有勇武的衝動。T夢到，有幾個防暴警，撳住一個市民喺地上面打，她企喺上面（類似喺一樓望落地下）大嗌：「喂！黐線㗎！……」感覺好嬲，好無奈。市民憤怒，衝上前抑或留在「一樓」？「和理非」與「勇武」的糾結，夢中發洩出來。暴力猖狂，令市民不割席，願意包容勇武，夢境可見冰山一角。

梳理樽頸發現自己

第二種夢，則較深入夢者的個人歷史，是日間並未能清楚梳理的心理樽頸，在夢中以「聽得入耳」的方式轉達。我在夢中，抱着女兒，她還是個嬰孩，細小身體在我懷中，大頭嬰，個頭真係好大，不成比例的大（現實中我女兒已經廿多歲），身邊是太太，在油麻地上海街（我成長的地方），就在圖書館那個較空曠的彎位，催淚彈橫飛，有個汽罐擦過大頭嬰的臉，我急忙走回家的路，到處有警察封路。這時女兒肚餓，要吃奶，半哭半驚，我心一軟，但為了逃生，忍心教訓她，忍一下啦，你大個女喇，忍一下。

志常老師之所以用dream work一語，正因為夢的背後，並沒有一個靜態的標準答案，而是夢者在此時此刻，把夢裏自己那些仍未知悉的東西，慢慢由潛意識拉到意識的水面來。所以，夢不是發完就發完，夢者可以work下去，發現更多的自己。

醒來把夢記下，過幾天就記起那大頭嬰。女兒在外地出生，那時我要趕回香港，到ATV上新工，嬰孩半個月大就坐飛機回港，途中太太不夠人奶，女兒在機上太餓了，喊聲震天。就是那個畫面。這幾個月，我和太太再討論過移民，權衡輕重，覺得人生已到六十，留在香港犧牲的代價不太大，可能面對專橫政權會難受，但仍然有事可作為，為香港做一些微小但有意義的事，比移民他鄉更適合我們兩老。我settle了自己，但老實講，我還未認真了解女兒的想法。她是去是留？對此我是擔心的。這個樽頸位，就以大頭嬰的信息轉達出來。

從夢裏深入困境源頭

第三種夢關於原型。如上文所說，我不盡信Jung的分析（或說，未有識見及閱歷去理解collective unconscious）。Dora是大學老師，發了一個她一生最心寒的噩夢。她平日算是冷靜的一種人，與她交往有踏實的安定感。夢中，在大課堂，她化作白種外國人，聽眾也是外國人（不過她說廣東話）。她感到希特拉臨在課堂，正如上文的一些夢，看不見其人，只感受到希魔的氣場。聽眾之中有她的同事，也有一些她覺得是會告發她的人。她的演說包含敏感材料，室內監控的氛圍，令她透不過氣。她特意把PowerPoint的次序臨場更改，把最敏感的一頁轉放在開首，爭取時間宣讀出來。

很快跳接下一個場景，她離開課室，在乘纜車（仍在外國，似是德國，厚重的灰雲天）。她遇到一個小女孩，穿紅裙，站在路邊望住她，頭上有鮮紅色的髮夾，看不清形狀，但確定是一個新啟用的徽章。Dora看見呆滯的小女孩，覺得一陣悲涼。希魔全程都在，給Dora不寒而慄的恐慌。

她夢醒之後，驚慄仍揮之不去。希特拉、外國人，正合Jung原型夢的特性（超乎夢者的日常及歷史時空），但和Dora討論，並不確定那是典型的集體潛意識。Dora從歷史書、電影及common sense的記憶庫中，可以提取能量與資源作為夢的材料。夢的細節雖然無厘頭，但不難理解，大致可以確定是政治審查。作為老師的她，可以因為踏入言論禁區，而承擔她測不透的後果。小女孩也寄託了她的悲傷，不知道下一代會變成怎樣，同時包涵了對學生的戒心。

夢的啟示不單在於尋找secret meaning。Dora的夢，意思不難理解，但有三方面可以一談。一、比起上兩種「夢警」，此夢更深入香港困境的源頭。暴力可怕，但更可怕是背後的政權，對人權與思想的控制。事實上，香港街頭，已出現不同的塗鴉，顯示這已是不少人的集體恐慌。

二、Dora在工作坊把夢簡述了兩次。由於我腦海中的Dora，平日十分淡定，所以不時問她，「依家仲驚唔驚？」奇怪的是，在「夢作坊」的活動過程，Dora有時說唔驚，有時又突然覺得毛骨悚然。我領悟到，所謂dream work，能令夢對自身的影響更為鬆動，「可驚可唔驚」，提高控制和自覺的能力改變這件事對她的影響。

三、「希魔」存在於現代人共有的記憶庫。Dora在夢中面對這個強大人物，她以怎樣的姿態回應呢？Jung的archetypes之中，有hero、caregiver、seeker、rebel、sage、joker……Dora的性格傾向哪一種原型？她也可以自問，她有沒有勇武氣質做反叛者？她是不是一個caregiver關懷警暴之下的受害者？

談及這三種夢境，無論是在日常生活，或是危機時刻，夢都蘊含豐富的能量資源。夢裏，被排斥、被壓抑的感情浮現出來，正如志常老師所說，若我們捉住夢的尾巴，那些夢中的符號與感受，可以變成一個一個handle，助我們把門推開，接觸內在的力量，在困難中繼續前行。

1
二〇一九年八月三十一日晚，有持不同意見市民在太子站車廂內衝突。多名速龍及防暴警衝入太子站月台及列車，以警棍毆打在場人士，並向他們噴射胡椒噴霧，多人受傷。警方之後封鎖車站，驅趕記者離開。有人質疑車站內有人死亡，後來警務處、消防處，以及港鐵代表開記者會時，表明當日沒有人在太子站內死亡。

七情善感，療癒港殤

二〇二〇　一月十二日

夢作坊一開始，志常老師就認真的說，香港人的創傷，起碼要五年甚至十年，才可以慢慢療癒。相關的helping professions，未來有很吃重的工作。我想，過去一段日子，悲慟之普及、屈辱之深刻，遠超港人想像。除了專業的輔導員、治療師、社工醫護，市民大眾也可以加入各種民間的復和行動，積極加強自己面對壓力的能耐，締造朋儕間有形無形的支援。

港人醒目、實際、廢話少講、不習慣流露感受，是時候改變了。面對情緒，並不是一般意義上的婆婆媽媽、多愁善感，而是誠實面對自己的期望、恐懼和愛惡。「夢」是一個潛在的世界，裏面有豐厚的資源；「醒」是生活的日常，喜、怒、哀、懼、愛、惡、欲，善感七情，是療癒的開始。

幾個月來，參加志常老師的夢作坊，修正了我對夢境與日常的看法：一、夢與醒有緊密連結，可以互補，可以令人活得誠實。二、如何領悟夢的意義，只有當事人能夠揣摩，進而確認，沒有權威的第三者可以武斷「解籤」。三、夢是個人的，但原來朋友之間，分享夢的感受和經驗，能加深對自己的認識。老師稱之為crossing，下文我用實例解釋。讀者也可找好友一起談夢，或說說縈繞心中的念頭，不必執迷於替別人解夢，互相分享感受與聯想，已經可以達到「善感」的效果。

志常老師邀請Amy講述她的夢。夢裏，本是管理層的她，化身一個實習生，與上司親臨「案發現場」，人多混亂，迷迷糊糊，人群似是社工、醫護之類。突然間，上司用刀架在Amy條頸，從後面脅挾持，但又沒有傷害她，對住所有人，有板有眼地描述事主的慘情，令Amy感受到當事人的痛苦，她熱淚盈眶，「淚水啷下啷下」，只是沒流下來。上司完成報告後，放下刀，問Amy：「點解你可以hold住咁耐？」Amy並不覺得自己辛苦hold住，只是很欣賞上司壓場的大將之風。

Amy在白板上填上TTAQ（Title，Theme，Affection，Question）填充題——

Title：這個夢，用什麼題目概括？「協商的現實」。

Theme：這個夢有何主題？故事的主線是什麼？「如果處理爆case」。

Affection：夢裏最重要的情緒是什麼？在做夢的過程有沒有什麼變化？「佩服、欣賞」。

Question：不必追問夢境細節，而是想一想，夢境對我問了一些什麼問題？它希望我意識到一些什麼？「未諗到」。

選一張照片 談自己的共鳴

她說，Question未諗到，老師說唔緊要，當作一個open invitation。這時老師從辦公室取出一疊陳年照片，是悉尼天主教傳播中心在一九七七年攝製的圖輯，名為Photolanguage/Human Values: A Manual for Facilitators。過百幅情緒飽滿的影像，放在大家面前。我們聽完Amy的夢，選其中一幅有共鳴的照片。依稀記得，這種以圖像促進「深談」的方法，在八十年代曾經流行一時。

第一個回應的是Xam，他選了一具災場的屍體（圖一），被人悉心包裹。劫後餘生的災民，以及善後的工作人員，就在不遠處的背景。Xam望着照片，本是哀鴻遍

（圖一）

野，他卻感受到死者的安詳，善心人為屍體細心蓋上毛氈，反而死裏逃生的人，還在痛苦中受折磨，工作人員還在勞累地守望……逝者已矣，來者仍要追趕生活。

在交流的過程，「夢世界」與「醒世界」交疊（老師說的crossing），我具體感受到，夢是個人的，但也有很多地方與別人的夢相連。夢／醒之間，滿佈橋樑與秘道。正如容格強調，個人的夢，與集體潛意識之間，千絲萬縷。香港二〇一九年六至九月，自殺二百五十六宗、屍體發現二千五百三十七宗，十月至今可能更多，異常數字極不尋常。想像、現實、夢境，有很多呼應之處。Amy只談到模糊的「案發現場」，輕易勾起別人的聯想。「被刀架住」表述危急情景，「熱淚盈眶」感受他人之痛，Amy自己卻是平靜的。Xam本身是物理治療師，公餘打坐修行，悲苦與空靜，是他的日常。香港未來漫長的創傷後遺，共感他人之痛，同時又平靜寬容，是時代要求於我們的情操。

Xam選屍體，Pam則選了充滿生命力的蕨芽（圖二），新葉緊緊捲曲內旋，其貌不揚，打開來卻展現大葉的豐姿，是含苞待放的libido——容格所講的身心能量（Psychic energy in general）。Pam是個熱誠的老師，幾個月前，她相識廿年的學生，多遊越南後，送她一幀對焦蕨芽的相片，多年師生情誼，令相片裏那些有如Jungian mandala的圓形圖案，又多了一重意義：愛，生生不息。

我起初覺得，Amy爆case，Xam裏屍，對比Pam的蕨芽，無厘頭呀！但放下理性，卻感受到情感的連結。Amy頸上架刀，生命被卡住，但無阻她的同理心。苦難之中，有整整一隊人在現場，共同解決燃眉之急。一班人聽完Amy的分享，再各自挑選一幅圖畫，解讀自己的感受。這樣，不只理解Amy的想法，也能理解其他人的想法。

苦難的折磨、死亡的沉重、人道的溫柔、生命力的resilience，Amy、Xam、Pam的描述與圖像之間，可以發現隱晦又延綿不絕的連結。

（圖二）

夢境定格 認清自己

Ambrose，西裝友，大方得體的中年男人，選了一幅小孩忍哭的照片（圖三）。Literally就是Amy夢中「眼淚啷下啷下」的景象，只不過忍哭的是個小女孩。旁邊的小男孩忍不住，淚已掛在臉上。他們看見什麼、遇到什麼？為何如此觸動？Ambrose起初還是言詞利落的：「我覺得好辛苦、好難過、好可憐……」說到這裏，就說不出話來，呼吸困難，一個大男人熱淚盈眶。

Ambrose內心浮現什麼東西呢？我們在旁不必深究，但志常老師在這方面實在體貼而又經驗豐富，他走上前一步，用心感受，複述Ambrose的辛苦、可憐、有人了解、冇人支持……讓他在體諒理解的氛圍中，接納內心的不能自已。

「Hold住」這個詞，不單只是Ambrose，

對很多人而言，也感同身受。尤其是香港這場社運，令人心碎的暴力，不斷出現於街頭巷尾。我不時覺得情緒沒頂，所以看新聞很節制，不讓自己掉進情緒的漩渦。

而事實上，聽Amy的夢，當她說到「hold住」，馬上捉緊我的注意力，活現我多年來的夢境：夢中我可以跳起來，hold住，不跌下，抗衡地心吸力，在半空滑行。有時飛得很高，從「天」的視覺，看飛鵝山下的眾生，又生怕狂風一吹，掉下來粉身

（圖三）

碎骨。但大多數的夢裏，我是在街道之上、人群之中，離地只有幾呎，浮在半空，讓路人看到我的異能。

想到這裏，我找到了相呼應的照片——low angle，上望一個跨過板橋的黑影（圖四），在半空，驚險，自信，a fine motor skill。

（圖四）

看這幅圖，我用旁觀的視角看自己，夢境定格，察覺到我一直沒留意的心理狀態：我在人群中表演這種超能力，是想得到掌聲。平日清醒時不會承認，因為我一世人最看不起認叻的人。但夢中的我，可以確定，表演慾十分明顯，腦海浮現「自戀」兩個字，覺得「對了！」「正是！」但我一世人從沒有想過自己有自戀傾向！

志常老師播放一首meditative的音樂，叫我們靜心想一想。當我閉上眼睛，澎湃的感觸湧上心頭，半生人，無數次離地滑行的夢，一一串連起來，交疊我在現實生活的各種「危險動作」：不停轉校、轉工、幾乎在任何崗位都努力打破常規……是冒險？是創新？是自戀？還是自覺不足的瘋狂補償？

最後，「始作俑者」Amy分享她所選的圖片，耶穌安靜的躺在十字架上（圖五）。她信天主，面對人生的苦難，她希望餘下的日子，效法上主服侍他人。Amy的總結，令我清晰記起，二十歲的我，在長洲建道神學院，深夜登上天台，仰望無際的星空，祈願一生為身邊的人，帶來啟發與祝福。

（圖五）

這是相隔四十年的畫面，卻是猶新的記憶，星空閃閃，如在當下。日常生活中，我的自理能力一塌糊塗，但對別人的痛苦十分敏感，樂於助人解困。這份同理心，就好像夢中浮在半空的能耐。自戀反過來，就是自知、自信、自我成全。我會好好運用自己「hold 住」的能力，欣賞自己，幫助別人。

本身不是信徒的Xam，及後在群組說，他追想起來，他所選的屍體照片，那毛氈好像耶穌的裹屍布：奉獻、犧牲、安詳、被照顧、不求回報、不受世上的愁苦打擾。他的文字，我完全明白，感受他人之痛，仍要平靜寬容，這是社會復原的力量。

「大夢」、「小夢」

容格的原著，最讀不懂的是Archetypal Dreams。他指出這些「大夢」，能接通集體潛意識。直到上週六的夢作坊，我開始明白多一點點，我那個「懸浮的夢」正是這種「大夢」。容格在一九二五年訪問肯雅部族Elgoni，他們有很強的夢文化，shamanic rituals就是日常。族人告訴容格，他們有「大夢」與「小夢」之分，小夢充斥日常瑣事，生生滅滅，容易遺忘。大夢反復重現，是集體的、社群的、風土的、天地的，對當事人以及其身處的社群，有重要意義或影響。夢者人生方向或有新啟發，性格或有成長及轉變。大夢甚至是社群的預警。容格結合自己的觀察與記錄，指「大夢」往往浮現強烈的felt meaning（參考〈為自己騰出一個自覺的空間〉），常常出現抽象圖案，例如圓形的madalas，或者是高速飛行、懸浮、下墮，又或者遇見神話人物與巨獸，產生神聖敬畏之感……

夢作坊裏，夢與日常交疊，參與者分享生命故事，當下互相接連。Crossing的經驗，給我敬畏感，a sense of awe，半生的夢，苦樂悲歡，邀請我與朋友共感同行。我頓然有所悟，彷彿是對我的感召：退休之後，人生過了四份之三，在未來的日子，我想好好運用我敏感的同理心，去幫助心靈困苦的朋友。對這個意外但我可以確認的邀請，豁然開朗、欣然接受。正如文首志常老師所說，香港經歷大創傷，我們需要更多有心人，化解悲愴，承擔共同的時代命運。

陰影是尚待相認的正身

二〇一九　十二月二十二日

教授、神父、牧師、警察、議員……社會角色愈鮮明，內心的陰影愈幽暗。陰影幽暗，並不是說在華麗外衣之下，蛇蟲鼠蟻不見得光，陰影不一定邪惡。容格認為，道德判斷不是重點；重點是你的陰影，是尚待相認的主體。你愈不承認他，他就愈被囚禁在幽冥的密室。夢中出現的你，是你；夢中出現的「他」，也是你。他者與陰影，by definition，唔係咁容易哽得落肚。認識與接受陰影，是漫長過程，也是成全自我（individuation）的過程。

二〇一九年十一月，防暴警察狂轟中大。在二號橋，催淚彈連珠炮發。我回到母校，站在前線。第一次full gear上陣，其實冇乜用，只是心繫校園。之後一個星期，中大經常入夢。例如我退休前的最後一堂課，講香港文化，但備課不足，兩小時的課，講了一小時就「冇貨」，草草收場，後悔萬分。X教授在講堂最後一排，觀課、評分，面露不悅之色。在現實中，我教書演講，表現不俗，拿過傑出老師獎；而X教授，在另一學系任教，與我交情不深，在網球場上交過手。在學術上，我對X教授的實務研究不以為然，但我一直經營「謙謙君子」的形象，從來沒有表達過看不起他的神色。打從心裏、認認真真的，覺得教授爬山，各自努力。X在另一個夢境中再次出現：

當時我在新聞與傳播學院的General Office，位處新亞書院，中大最高的山頂，夢中卻是武俠電影的煙雨渡頭。我正要離開中大，乘小渡船到台灣定居。多年來關照我的Betty，熱情擁抱道別。還有Mary真誠的上前握手，我在講堂遺下USB，她每次都能找回來。正想「執包袱」走人之際，X教授出現了，哭着對我說，「你咁就走，點解只同Betty、Mary講再見，而唔畀我講講感受呢？」

睡醒之後
一頭霧水

無論在夢中，還是醒過來，我都一頭霧水。心諗「喂，Prof. X，我唔係同你好熟嘅咋喎！第一，我走，你點會唔捨得吖，你想我走快啲添！第二，要哭送我上船，都唔輪到你。」參與志常老師「夢作坊」的一個醒悟正是：夢裏所有，包括夢中的他者（X教授），其實都源於內在的夢意識。X教授並不是現實中的X教授，而是我內在的一部分，是我未相認、未承認、未接納的一部分。這樣一來，不禁要問：透過X教授的口，是不是我在質問自己，為什麼不辭而別？中大新傳學院，是我安身立業之所，為什麼我靜雞雞散水，「不帶走一片雲彩」，並自以為瀟灑？

夢與醒是連結的，不可分割。我在二〇一六年底提早退休，腦袋裏有一個很cool的自我期許：不搞farewell party，不搞大龍鳳，不會喊苦喊忽，不必感謝恩師、學生、同事，不要證明自己好重要、好受歡迎，不要以為部門冇咗你好大損失……多年來，自覺是一個非一般的教授。記得退休前Mary說，想替我搞個退休party，我一口拒絕了。要過了幾年，還要在夢中，透過一個我心底裏不甚欣賞的X教授，告訴自己：其實內心的我，好想有個機會say goodbye、say thank you，尤其是我敬重的老師陳韜文、我的研究生們、共事多年的GO同事。我鄙視溫情，但內心那個小男孩，卻喜歡溫情、喜歡擁抱、喜歡讚賞、喜歡最cheap的臨別感言：「我好唔捨得你咃呀！」只是我不肯承認。

夢裏，坐在講堂最後排、給我評分的

X教授，兜口兜面說：「你錯過了一個真誠的告別禮，失去了一個事業的closure。」你所鄙視的，正是你所渴望得到的。

有關中大與我，剝洋蔥的過程，一層之下還有另一層。那是一個快樂、滿足的夢：我在歐陸旅行，日間在外邊遊玩，黃昏回到一座山城。在火車站旁，社會學老前輩金爺迎來說，「傑偉，歡迎來我家作客！」七人車上，還有金爺的兒子（現實中我不知道金爺有沒有兒女）。夢中，唔知點解，金爺的兒子，實質上是另一個人的兒子，是社會學界另一個鼻祖佳叔的兒子。他坐在七人van的後座，看不見容貌。開車了，山城實在美，窗外樹影婆娑。我們一路上山，快到山頂金爺的家。他說：「我老了，不能煮一頓豐盛晚宴，但我很希望你參加我的大師班，成為大師學員的一分子。」這時金爺的兒子（實際上是佳叔的兒子）對我說：「肥仔，你上堂嗰陣，唔好搞搞震！」

Title：山城伴我心

Theme：事業的波折與回憶

Affection：勞苦、重擔、釋懷

Question：what do I want from life?

在夢作坊，志常老師請我在白板上，填上這個夢的主題。我即時想起電影《星光伴我心》（*Cinema Paradiso*）最後一場，在外邊闖蕩多年的導演，回到兒時成長的山城。「山寨電影院」裏，放映當年被審查刪掉了的接吻蒙太奇片段，一個吻，接另一個吻。我走到白板前，腦海裏播放悠揚的電影主題曲。

追尋夢境的陰影

我在同學仔面前複述夢境，才意識到，做教授廿多年，一直都覺得不足、不及格、做得不好。這種不足感，推動我搏老命做好研究，一個接一個。直到我退休之後，才覺得其實我比上不足，比下有餘，放過自己啦！做教授，做學者，你已經盡力了。正如上文所指，「他者」是自身，金爺是我自己，是我對學者的期望，今天得到了社會學大佬的肯定，亦即係，我過到自己嗰關：釋懷了，收貨！

夢醒並非告一段落，醒來之後，追尋夢境的陰影，可以進一步探索自我。容格說，在醒夢時，把夢移向Active Imagination，將夢裏的陰影「擴大」，與夢中的圖像對話。「具體而言，個人可跳出夢中的角色，以第三視角，如看戲一樣，從頭到尾，重新再瀏覽一遍，然後定格在某一焦點上（可以是一個人物、一個畫面或一句話等等），以對話的立場，小心詢問它，並以批判的觀點，檢視它的角色。在無懼的內心中，平心靜氣地聆聽他們所要傳達的信息。」[1]

志常老師叫我再說一次夢境，我竟然爆出一句，「你個死肥仔！」這句惡意批評，出自後座陰影之中那個佳叔的兒子。同學們都很奇怪，為什麼我在第二次複述夢境時，會衝口而出，多罵了一句「死肥仔」？

香港學界，大都不認同今天的佳叔（認為他的所謂社會分析，其實是政治說詞，毫無學術能量。）金爺接受我成為大師班的學生，但夢裏有個影子：今天的佳叔，是在學界被看不起的人物。他是隱沒的，由他兒子間接出面，在後座警告，「你個死肥仔唔好搞事！」而我在現實中，最喜歡搞事，不安於傳播學，不時與人類學、社會學的教授合作。容格說：「One does not become enlightened by imagining figures of light, but by making the darkness conscious.」走進陰影，把陰影帶到意識世界加以檢示，必有所得。

同學們聽完我的夢之後，志常老師請大家寫一點回應，借用他人的心靈資源，幫助我探索更深一層的認知。有同學寫下這些片言隻字：「劍客」、「英雄」、「月黑風高」。我看見這些聯想，馬上就加深了「學術江湖」的形象。金爺在江湖中，把我recruit為他旗下的劍客，入住他的龍門客棧。而起初，佳叔的兒子不在場。他是我的shadows、我未相認的主體。佳叔由學界走入政界，學者為名，政客為實，是學術江湖的大反派。

容格提醒我們，你在正常社會展演的人格面具（persona），並不是你的全部。你還有個正身的另一面。他不否定shadow，反而說：「The shadow, when it is realised, is the source of renewal; the new and productive impulse...」幽暗的陰影包含強大的創造力，負面的力量，可以轉化為正面的動力。聽到佳叔兒子的警告，我開始明白自己多一點：不甘心於傳播學，不甘心做純學術，希望學術可以令社會變得更好。佳叔曾是著名知識份子，如今降格為政權的應聲蟲，當然令人搖頭歎息。但在月黑風高的江湖中，做一個有骨氣、不安於象牙塔的知識分子，這確實令我精神一振！這種夢／醒negotiation and diplomacy，超越否定與肯定，為學與做人，金爺是正統，佳叔是警惕。轉一轉膊，金爺佳叔，雙劍合璧，可轉化為創新的力量。

> There is no generally effective technique for assimilating the shadow. It is more like diplomacy or statesmanship and it is always an individual matter. First one has to accept and take seriously the existence of the shadow. Second, one has to become aware of its qualities and intentions. This happens through conscientious attention to moods, fantasies and impulses. Third, a long process of negotiation is unavoidable.
>
> — Carl Jung

1 盧德：《夢與神話的靈修旅程》（台北：光啟文化出版，2010）。

從夢／醒意識的補償與整合，看記者初心

二〇一九　十二月十五日

客觀而言，我們一生有三分一時間在睡眠。夢中的我，長年累月浸泡在潛意識的世界；清醒的我，與睡夢中「另一半的我」，有深刻的連繫，但我們往往知其然而不知其所以然。容格說：Dreams are our most effective aid in building up the personality.[1] 借用夢的力量，提高自覺，可以培養更強韌的心力，面對艱難的時局。dream work並不神秘，也不艱深，可以在日常生活中實踐。我嘗試介紹一些可以活用的方法與概念，現在先談compensation及assimilation，並用兩個夢的案例說明。

Aaron任職記者，多年撰寫深度人物訪問。A平日愛整齊，最喜歡為自己填寫時間表，每日、每週，甚至每月的時間表。我笑說：「同你相反，我去旅行最愛自由行。試過在東京喪行幾日，完全沒行程。」傳媒生活messy，他起初不習慣，做突發港聞令他抓狂，太多現場執生，臨交稿前，經常「無啍啍」要加料改寫。有幸他家境不錯，最後找到這個位置，可以「他他條條」做人訪，薪金不多，但夠用。A跟我討論的第一個夢是這樣的：

他與母親在外地公幹，住酒店，努力預備presentation 。但示威打到嚟，人群湧上街頭，催淚煙噴射，磚頭橫飛。酒店要疏散，旅客擠在大堂，兵慌馬亂，守不下去了，由酒店撤退，經天橋避到商場。A生性孤寒，也決定花三千大元upgrade去VIP房。不過酒店經理優柔寡斷，搞來

搞去，不得要領。兩母子仍然在衝突現場，大陸人與香港人在商場武鬥，身邊多人血流披面。這時A看見VT一身記者裝束，神神秘秘，跟現場一兩個人說說，就安排商場詢問處的一個角落，讓他兩母子暫時休息一下。VIP房沒有，什麼房也沒有。A只能坐在詢問處的枱底預備presentation。

夢要對照日常的處境

夢不能獨立理解，必須對照日常的處境。我先請A填上TTAQ填充題——

Title：無妄之災。

Theme：無端捲入亂局，打亂了工作。

Affection：煩，什麼都不確定，unsettling。

Question：現實中的我，很欣賞VT，為何我覺得佢在夢中咁廢？

我請他再次複述夢境，並留意加了什麼、減了什麼。這次他再三說，大家有目的咁衝來衝去，為乜呢？場面好煩，好unsettling。他沒再提他的母親，VT比母親更重要，在整個夢境之中，outshine其他所有面孔。但對A來說，VT只能提供一個暫時的避難所，只是少少安慰，不能解決問題。我告訴A，我認識VT，是我早年的學生。「呢條友好chur，又識得執生。其實我像VT，都鍾意執生，VT畀你個offer（詢問處的枱底做ppt），其實都好ok，我接受到。」在交談之中，A發現，夢中的混亂狀態，是他醒時最討厭的。我記起容格談及compensation：The psyche is a self-regulating system that maintains its equilibrium just as the body does. Every process that goes too far immediately and inevitably calls forth compensations...[2] 當我們在「醒世界」去得太盡，「夢世界」往往作出補償。這種「夢／醒」互動，能維持比較平衡的心理狀態。When we set out to interpret a dream, it is always helpful to ask: What conscious attitude does it compensate?[3] 當我把容格這條問題問A：夢裏的他，是否正是日常的反面？他很快就明白了。日間他控制生活，工作整整齊齊，已經去到obsessive的地步。夢的不確定性，就是補償了日間過分追求確定。A從Facebook得知，VT幾乎全天候在示威現場，好搏命，識走位。VT在夢中提供A的短暫relief，補償了日間A對所有工作上的問題，過分追求一個圓滿的解決方案。我笑說，生活裏面每一個人，都係「生勾勾」嘅。機械人先可以預先program好。夢中的VT，是A的另一面。夢的基本：所有「他者」都是正身，所有shadows都是自己的倒影。A想一想，「其實我都好想自己善於執生。我要一點時間想一想：詢問處是不是一個可以接受的工作間？」

夢裏與現實是互相補充、補償

A有興趣繼續做dream work，過了一個星期，又帶着另一個夢來我家。今次試做autodrama習作，做勞作咁，用各種現成物料，把夢境堆砌出嚟。說實話，任教授多年，對這種遊戲有點抗拒，但在workshop做過之後，又有不同觀感：將夢visualise，有助重組「夢／醒」關係。A的第二個夢是這樣的：

他讀傳播學的taught master program，覺得大學濫收學生，旨在搵錢，大陸學生不成比例的多，搞到記者over supply。他認為P教授要負責，所以上前掌摑了他，事後覺得自己太衝動。林醫師（A的中醫師）勸他自首。A到警署落口供，承認出手打人，並衝口而出，說P教授推出十萬元學費的碩士課程，是一件不公義的事。A開了P教授的實名實姓，錄咗音，曝咗光，A十分後悔，恨不得馬上把錄音帶消滅！錄音一流出，會viral，教授會「身敗名裂」！其實他認為P教授係一個有心人，碩士班唔關佢事！A在驚慄中大叫，今次闖出禍了！

Title：檔案二〇一九。

Theme：背叛良心的口供，好心做壞事。

Affection：內疚，後悔說出P的名字，
極度不安。

Question：為何不可以保持沉默？

紙盤內，他放下很多混亂的memo紙、檔案。有個記者在拍照。他鄙視「狗仔隊」。現實充滿悲慘故事。狗仔只喜歡獵奇。紅色小盒是用利是封做成的錄音機，記下了不應被記下的口供。

再次強調，每個夢不是獨立的，處於「醒世界」之中，夢與醒互相補充、補償。當A將這個夢擺在他面前，很容易就想起那種不安感，是十分熟悉的，經常在他落筆寫人物訪問時出現，尤其在示威期間，他訪問過幾位逃亡者、勇武者、「私了」者。如何寫？真實到什麼程度？敏感情節如何處理？會否對當事人構成危險？他經常掙扎，寫定唔寫？半個月前，他訪問了一個十分「爆」的故事，寫出來一定很轟動，但內心不安，令他把整個故事放棄了。對，他是碩士生，對課程有點不滿。但在清醒時，他十分敬重P教授，覺得他作為學者，沒躲在象牙塔，走到前線做研究，好勇。所以他在夢中，篤老師背脊，自覺不能接受。他在撰文的工作上，步步為營。在夢中卻十分放肆，夠膽死摑人一巴，仲係重重摑向一個自己敬重的教授。這不錯是一種補償。日間，A的道德標準很高，對社會公義很執著；在夢中，他很放肆，「私了」教授，懲罰不公。但P教授是新聞教育與傳媒操守的權威象徵，A「告發」P，又違反了他為自己訂下的良知標準。

關於呢個夢，我要說說另一個assimilation的概念，試試整合「夢／醒」的情感與價值。Assimilation means mutual penetration of conscious and unconscious, and not a one-sided evaluation, interpretation, and deformation of unconscious contents by the conscious mind。[4] 亦即是說，不以「醒價值」壓抑「夢價值」，亦不以潛意識的非道德，取代日常的道德意識。Assimilation is never a question of "this or that", but always of "this and that"。[5]

我請A清楚描述夢中的感受——不安、內疚、後悔、好心做壞事，以社會公義之名傷害別人……Autodrama的第二部分，

把夢境重組，可以加入新的東西，但不可以丟棄現有的。盒子裏的任何東西都要保存，因為那些都從自己的潛意識而來，丟出去，是自欺欺人！尤其是一些A討厭自己的部分，更要寬容接納。

A想了一會，本來想以後唔再寫敏感題材，就可以逃離不安感。紙盤內，最討厭的，正是那個專門獵奇的狗仔隊記者。不如把記者公仔收在盒底，冇眼屎乾淨盲！但A又回想，每篇人訪出街，他都一看再看，珍而重之，覺得對社會有所裨益。諗真啲，他真的很享受處理敏感材料。「敏感，就一定觸及社會重要嘅價值，我唔可以斬腳趾避沙蟲。而且我覺得，有機會撰寫呢一類訪問，係我生活中，最重要嘅事情之一。」他重組場景，把記者紙公仔，好好摺下來，收在錄音機內。揭發時弊的「口供」，如果謹慎處理，不會傷害他人，不會背叛良心；好好摺疊，安放在檔案內。必須沉默的時候，就沉默吧；不必為嘩眾取寵而爆大鑊。把混亂的memo紙排好。電影《沉默》（*Silence*）的Liam Neeson飾演神父，劇照令人動容。神父對苦難的承擔，也是A做記者的初心。

「夢／醒」整合令A明白，夢中落口供的不安，也是日間發表敏感材料的不安；掌摑教授的衝動，也是追求公義的執著。

P教授也是A的影子。那強大的情緒，正反互通。A告訴我，夢裏的不安，背後有強大的能量，重整一下，那能量仍在，卻鞏固了他的決心！一開始，A就是想要做一個出色又有良知的記者。面對眼前這個重組的夢境，他仍然能夠感受到那強烈不安，但不安變成一種安慰，是對自己作為一個正直記者的確認與期許。

---

1 C.G.Jung, *Dreams*, trans. R. F. C. Hull (Princeton, NJ: Princeton University Press, 1974), E.g University Press, 1974).

2／3／4／5 Ibid.

夢作坊：狐狸小姐你想點？

二〇一九　十二月八日

參加夢作坊以來，Jay的夢是目前遇到最深刻的。她夢見狐狸。我跟她不是解夢，而是一起做「夢的工作」，work on dream，共同經歷一個想像的旅程。

夢是通往潛意識的走廊，裏面有強大的能量，不受理性約束。但當夢裏那隻狐狸，跳進「醒意識」的世界來，我們就可以動用各種方法，把能量重整，進一步明白潛意識向我們的表白。

上月參與情緒支援小組，聽到一個母親訴說女兒身陷險境。X三十多歲，任職律師樓，患厭食症，皮包骨，背脊長出幼長的毛髮。她不肯正常進食，已瘦弱得像個紙板人，父母拿她沒法。家，勸吃與罷食，情緒的戰場，充滿恐懼、嬲怒，關係繃緊，像快要斷掉的橡筋。有一個早上，X單獨在家，BMI跌破13，徘徊在死亡邊緣。下牀時跌倒，眼前全黑，什麼也看不見，但腦筋還是清醒的。她用手在地上摸，找到了手提電話，但由於身體已經開始變冷，手指的溫度，不足以感應屏幕，電話難以開啟……

我沒見過X，只聽她母親轉述。夢見狐狸的是Jay，是另一個我不時見面的年輕人。她沒有患上厭食症，她的問題是飲食奄尖，長期飲食失調。有次我把X瀕死的事告訴她，想不到即晚她就發了一個相關的夢，馬上相約見面，火炭工業大廈十二樓，安靜的傢俬店加coffee corner，我們在黃昏到達，選了臨窗的一角。

伴她再經歷夢境
了解潛勸的想法

一坐下她就興高采烈給我解釋夢是如何觸發的。她說，向來極敏感於數字（例如BMI 13）以及觸感（手指凍到不能開啟手機）。當晚的夢，她肯定是受X的故事刺激而生的。

家住銅鑼灣內街，窗口外望，樓對樓，密麻麻。夢裏她在睡房，看見自己的手在變形，尖爪增生而出，手臂變得瘦瘦長長，急速化身狐狸，腰極瘦，銀毛豐厚，尾巴擺動，自信地站立窗前，外望夜色如水的銅鑼灣。Jay就係銀狐，但她又能清楚看見整隻狐狸。突然間，用Jay的說話，「dimension係咁變，graphic，卡通，油畫，冰雕，2D，3D……」狐狸以不同的形象，高速變形，一陣風似的，最後，全身發亮，透出藍色的光。牠很想世界上所有人，都看見牠又瘦又fit的矯捷身體，一跳，從窗口跳到對面唐樓的天台，有如武俠電影，飛簷走壁，飛越Sogo門前的十字路口，自由自我，享受萬眾注目。整個夢，跑跑跳跳，在維園、在天橋、在電車的車頂。

我們安坐樓上咖啡店，她複述奇夢，明顯是情緒高漲的。Jay本身十分瘦削，這半年來，對我漸漸信任，不諱言告訴我，BMI 13對她來說，是一種美，一個驕人的成就。她不覺得皮包骨是醜，她心底裏十分渴望有朝一日，她可以有勇氣變成一個紙板人。這個想法，她已經透露過很多次。而今天，她在夢中，竟然實現了多年減肥的目標，就在眾人面前，十分驕傲的展示減肥的成果。在日常生活中，Jay不喜歡拍照、不喜歡照鏡、不喜歡社交。這個夢做到她清醒時不敢做的「花枝招展」。「好巴閉，shamelessly！」Jay說。

我想起X的故事，幸好及時送院，但肝酵素已超標百倍，體溫下降，要用銀色的保溫氈保命。BMI跌破13不是什麼世界紀錄，是生死線，可以搞出人命的。一陣湧上心頭的衝動，很想告誡Jay死亡的現實。我可以純熟地把警告包裝成關懷。但我又馬上意識到，Jay一定清楚，追求BMI 13大錯特錯。父母、親友、同學，都曾經多次告誡過她，減肥過度，傷身、月經失調、返唔到轉頭！夢之所以是夢，道德枷鎖鬆動了，七情六慾爆發出來。如果我再勸佢、喺度「哦」佢，叫佢唔好「玩命」，就算Jay肯聽話，鎖住隻狐狸，她的心結，仍然死死實實。It is getting nowhere。

我放下勸誡她的衝動，用一貫Focusing的方法，陪伴她再一次經歷夢境。我說，「很少見到你如此興奮，夢裏面你真的很滿足？」「對！超級滿足！」「你喺家講返個夢，感覺都好high喎！」「對！好滿足！好似食飽咗咁滿足！」我知道Jay係減肥專家，各種秘方她都試過，但從來沒有達過標。我試試代入，她幾年來地獄式減肥，卻在夢境中達標了，狐狸近乎狂喜，在銅鑼灣「曬命」。對，Jay用上「狂喜」這個詞。

夢作坊的志常老師，教我們把夢複述一遍、兩遍，留意加了什麼、減了什麼。Jay複述第二遍，加上了「好奇」、「狂喜」、「自在」、「elegant」等形容詞。我叫Jay試試與狐狸打個招呼，請牠安靜下來，看看能否在感情上與牠connect。Jay說，牠坐下來，坐在她的書桌上。我問：「你現在也感到牠的滿足嗎？」Jay點點頭，狐狸小姐很滿足，發出明亮的白光，白光之中透出自信的淡藍。

不在乎別人目光是自欺欺人

Focusing有一個trick，接近那些我們稱為「暗在」的心念，在意識與潛意識的交界，若隱若現。我問Jay：「那自信的藍光，那滿足的源頭，裏面是什麼？」Jay彷彿聽見狐狸先生在說話——「開心、自在、不必理會別人的目光，但又享受別人的注目、關注、欣賞……」我問：「滿足感與體重有沒有關係？」「……」

Jay的說話，（也許是狐狸小姐的說話），此刻也打動了我。我很容易就擺出一幅清高的姿態。渴望別人的關注與欣賞，太俗氣了。我不在乎。但這是否自欺欺人呢？有誰不喜歡別人的欣賞呢？「名利如浮雲」，其實不是內心真實的想法，反而是害怕不被欣賞，害怕不被接受。倒不如一早就否定自己有這種渴望，就永遠不會被排斥、被看不起。這時我和Jay，透過夢見狐狸，感情上連結起來。

Jay也馬上感應到這種聯繫。我們的共鳴，並唔係瘦定唔瘦，而係能否坦然接納狐狸小姐，做自己想做的，也許關於體重與身形，但也不一定有關。以真面目見人，並以這種自在，享受別人的肯定和欣賞。

一開始，Jay很快就用BMI達到13，來解釋夢中的狐狸為何如此快樂。但這個詮釋，在Jay「醒意識」之中，老早就根深柢固，不必再在夢中重演一次。Jay把夢裏的巨大能量（一提起就情緒高漲），接駁到她幾年來地獄式減肥。她的「意識我」全心全意，BMI是她的賭盤，她願意壓上生命。喂，如果狐狸小姐現身，搞一場大龍鳳，就係告訴你哋減肥達標了，咁唔駛勞動佢啦，她日日都已經朝思暮想。狐狸用Jay可能會接受的方式，告訴她一直視而不見的需要，揭開一個冥頑不靈的盲點。

Jay這麼多年，無論讀書或畢業後從事公關工作，都害怕失敗、害怕被排斥。反過來看，怕失敗，就係要成功。Jay其實也渴望「出風頭」、「萬千寵愛」，好似夢中的狐狸，招搖過市。出風頭、貪慕虛榮，這樣說可能誇張咗少少，去咗另一個narcissistic的極端。但如果我們中肯的、溫和的，去接受別人的欣賞，內心那隻小狐狸，就已經心滿意足了。有了這個承認，那強大的能量，可以由減肥轉向：做返自己、欣賞自己的成就（不一定係一百分），也接受別人的肯定（那怕只是六十、七十分）……

在夢中，有如密碼的信息，是清醒的我並未能確認的。放鬆道德對錯，不必糾纏BMI破13會唔會死，輕身接近那透光的銀狐，原來牠的滿足，不一定與體重有關，而是一個基本的、被欣賞的渴望。Jay雙掌抱住咖啡杯，窗外華燈初上。她說，「我不能控制別人的目光，卻病態地控制自己的飲食。我似乎是捉錯用神。」

Dream work是一個自我探索的過程。「發夢」不是停在夢境，而是把「夢意識」與「醒意識」結連。用力之處，就在這個夢與醒的邊界，加深對自己的認識。

析夢入門，夢裏不知身是客

二〇二〇 四月十二日

Modernity，理性大開發，社會突飛猛進，工具理性淋漓盡致。左腦的思考功能，現代人訓練有素，但右腦的感情心性，往往被擱置一旁。由小至大，情緒是要好好控制的，不可率性而為。天馬行空的創意留給藝術家，情緒失控爆發，就留給心理醫生處理。夢與醒，兩個世界，涇渭分明。然而，理性／感性二分法，夢／醒不相往來，其實令我們情理失衡，生活貧乏，浪費了意識底下的豐厚資源。

也許你會說，我瞓覺嗰陣，真係冇發夢。其實大家晚晚都會做夢，只是習慣遺忘。這半年，開始記下有趣的夢境，早上醒來，若還有印像，就再想一遍，模糊的夢，往往可記錄下來。清醒時的理性規條，阻礙我們認識潛在的自己。入睡之後，理性批判、道德價值，各種武裝放下來，情緒不受約制，釋放奇幻異色。「自我」是意識與潛意識的總和。夢境無論怎樣千奇百怪、如何邏輯顛倒，也是從「我」而生。以下兩個例子，讓我解釋夢境如何邀請我們開展一個自我探索的旅程。

容格大半生都在分析自己及別人的夢。他提醒我們不必急於尋找「夢的真相」。夢不是謎，沒有神秘密碼。比較穩健的方法，是留意夢的情境，與生活的情境之間，有沒有什麼關連？夢境對清醒的我，有何補償作用？夢／醒是否正／反的自身與陰影？

夢中醜化父親是要構建自覺

容格以一個有趣的夢說明。一個年輕人對容格說：「我夢見父親駕駛新車，左搖右擺，他醜態畢露，我卻興奮莫名。父親駛出駛入，卻駛入窮巷，最後把新車撞毀。我怒言相向，責罵父親太不檢點。他傻笑走出爛車，原來已經酩酊大醉。」1

不解的是，現實中，父親是個傑出的成功人士，處事謹慎得體，絕不會酒後駕駛。對父親的品格，兒子是由衷欣賞的。容格說，解釋之一，父仁子孝其實只是角色扮演的假象，對兒子而言，父子關係包含自卑與忌恨。解釋之二，父親的典範只是外衣，兒子覺得父親外強中乾，才會在夢中醜化。

容格不鼓勵上述揭秘式解夢，他說，We had better, for once, drop the question of why he had this dream, and ask onselves instead: what for?兒子在夢中投射出一個論盡父親，不是因為父子關係差，而是父子關係太好，there is too much 'father' on every side。夢中，父親強勢降為弱勢，潛意識正在進行這樣的「工作」，目的是讓兒子重獲空間，可以重返自覺的焦點。當然這種分析，要由兒子本人確認：在他清醒的生活中，慢慢走出父親好榜樣的投影，把個人的理想發展出來。容格稱此為「夢／醒的健康融合」。之所以說健康，因為no violence be done to the values of the conscious personality，既沒有破壞兒子對父親的尊重，亦不會令兒子覺得「抹黑」父親而不安，反而啟動一個成長與突破的旅程。

第二個例子是我月前做的夢。我在中文大學開了一科「香港文化」，教了二十多年，可以說是我教授最重要的科目之一。每週上三節課，每節四十五分鐘。夢裏，退休前的最後一個學期，我取巧地把三節縮至一節，前後兩節，交由助教代勞。四點半上堂，我一邊歎咖啡，一邊望錶，已是四點四十五分，忘記上課，就算飛車回校，可能只剩下十幾分鐘上課時間。我不焦急，乾脆通知學生，今午取消，下星期補課。那一晚，我一連發了三次相同的夢。

第二個夢是一星期後，我在畫水彩畫，又忘記了上課。講堂裏，幾十個學生不耐煩的在等。第三個夢，上課第三週，我還是忘記了……

解夢非解籤
而是接通意識與潛意識

夢裏的自己，既熟悉又陌生。分析自己的夢，不是解籤解謎，而是接通意識與潛意識的屏障。你可以用不同的方法和工具，去建立夢與醒之間的橋樑。其中一個簡單的方法，是為夢境想出TTAQ填充題。2

Title：縮骨老師。

Theme：連續三星期忘記上課。

Affection：覺得自己大頭蝦，發展到第三週，對自己不負責任的離譜程度，感到有點意外，但奇怪的是，竟沒有自責與愧疚。

Question：我覺得，三個連環的夢，在追問我是一個怎樣的老師？

一九九五年，我初到中大當助理教授。第一年已被學生會選為最佳講師。教書十年後，拿了社會科學院的模範教學獎。多年來，學生給我的course evaluation都是高分甚至接近滿分的。在同事、學生眼中，我是一個好好老師，「好」包括講書動聽、關心學生。對此嘉許，我十分受落，二十多年來深信不疑。

夢境提醒現實的自我認同

夢的神奇之處，是脫離了道德認可的框框。我們可以看看dream ego在做什麼、想什麼、感受到什麼？這個dream ego與waking ego有什麼分別？夢中的生活態度，是否在現實中體現？我是否願意讓dream ego修正補充我的waking ego？

Dreams are a call to consciousness—to awareness and action。醒過來，反復感受，重構這個奇怪的夢，正面挑戰了一個我堅信多年的自我形象：猛然明白，我其實是一個不太喜歡負責任的老師，多年來不怎麼備課，主要靠急才以及生活上的觀察，常有神來之筆，但授課冇頭冇尾，自戀於收放自如的「表演」，問心嗰句，不太關心學生，批改論文亦不用心。這些記憶，以前躲在最佳老師的光環下，刻意淡化，甚至遺忘，但這個夢突然以as a matter of fact的姿態，連番出現，一次比一次響亮。這個夢中的我，提醒清高的我，自我認同遠比想像更複雜。

我已退休，放下教鞭，沒有自責，今天對自己是寬容的。我講書不錯，學生亦有所得。我對研究熱情，能感染學生，但完全談不上是一個關心學生的好老師。坦然欣賞自己的好處，接納自己的弱點，不自視過高，也不自貶自責。這個夢令我更成熟、更認識自己，提醒今天的我，在陪伴情緒出問題的朋友時，目標不是展示輔導技巧，而是用心聆聽，分擔別人的困難。人的內心，有如一個表面光滑的洋葱，內裏還有一層一層尚待認知的領域，邀請我們領悟、成全。

或可把夢中的我活現生活中

近讀宋詞，李煜的一首《浪淘沙》，若借用容格的析夢法，可作一番有趣的解讀。李煜為南唐末代君主，亡國後被北宋俘虜，流放在野，醉心詩詞。他死前不久寫下這一首：「簾外雨潺潺，春意闌珊。羅衾不耐五更寒。夢裏不知身是客，一晌貪歡。獨自莫憑欄，無限江山，別時容易見時難。流水落花春去也，天上人間。」

夢裏不知身是客，一晌貪歡。暫時忘記了身分，而能盡情玩樂。後人形容李煜「性驕侈，好聲色，又喜浮圖，為高談，不恤政事。」沉醉詩詞歌舞，是他的本性。但流放在外，鬱悶愁苦，只能在夢中醉酒當歌，醒來卻面對失落的江山，流水落花，一去不返。

如果李煜把夢境帶到容格面前，也許以下的dream work會改變他的命運。夢中的他是個「貪歡詞聖」；現實的他卻是個「亡國之君」。但夢與醒的我，都是「自我」不可或缺的部分。容格說assimilation is never a question of "this or that", but of "this and that"。就算現實裏，李煜寄人籬下「身是客」，也可盡情遊刃詩詞，「詞聖」與「後主」同為「自我」，並存共生。作者借夢中之樂，襯托夢醒的滄桑，重點是際遇難堪、江山不保。但，可否稍為放鬆「醒意識」對自我的壟斷，讓夢中的我，反客為主，不羈詞人，同時在生活中呈現？

有說李煜掉進亡國哀思，寫下了「故國不堪回首月明中」等句，宋太宗忍無可忍，怒賜牽機毒殺之。當年若李煜放開懷抱，不困死在客旅之身，也許，夢中之我活現，逍遙在野，另創新詞。但人生之弔詭，也在於他的懷國愁古，成全了一首首傳世的斷腸作品。一個人的性格，左右命運的進展。誰是真身？誰是客旅？蘊含生命中參不透的奧秘。

1 Carl Jung, *Modern Man in Search of a Soul* (London: K. Paul, Trench, Trubner & Co., 1933).

2 Louis M. Savary, Patricia H. Berne and Strephon K. Williams, *Dreams and Spiritual Growth: A Judeo-Christian Way of Dreamwork with More Than 35 Dreamwork Techniques* (New York: Paulist Press, 1984).

「夢象徵」為「醒生活」出謀獻策

二〇二〇 四月十九日

容格死前編寫最後的一本書*Man and His Symbols*[1]，背後有個故事。一九五九年，BBC邀請John Freeman訪問容格。他不認識容格心理學，儘量以一般觀眾聽得懂的言語，做了個頗為成功的電視節目。出版人Wolfgang Foges看了之後大感興趣。當年Freud的學說已經廣傳於世，而容格只於小眾的學術圈享負盛名。Foges熱情串連，想盡辦法，要為容格出版一本普及專書。John Freeman親自到容格就近Zurich的家，兩小時的解說，卻得到一個肯定的拒絕。容格覺得沒必要把理論普及化，不想製造不必要的誤解。然而，電視訪問播出之後，觀眾的來信，有如雪片般飛至。普羅大眾聽得懂他！他也做了個夢——演講台下，不再是他熟悉的醫生和心理學家，觀眾變成了尋常百姓，聽得用神，似有所得。

容格首肯，出版大計隨即啟動。第一章Approaching the Unconscious由他撰寫，其餘四章由他挑選的近身徒弟執筆。他負責編輯把關，John Freeman則確保全書的文字平易近人。容格在人生最後階段，用閒話家常的語調，分享畢生所學。他在一九六一年六月去世，第一章在他病倒前十天完成。John Freeman感慨地說，這是一本獨特的書；容格一生努力幫助人了解自己，透過自覺與領悟，令生命更豐富、更愉悅。他在臨終之前，完成這本總結性的著作，為生命畫上愉快的句號。

上週，我在網上發現這一本免費的audio book，一口氣聽完他的遺作。之前讀他的專著，艱澀的術語有時讀得頗為吃力。這個普及版，清新可讀，充滿圓潤的智慧，亦沒有遷就讀者，而削弱了理論的深度。更意外的是，對容格「夢學」的進一步理解，竟然讓我經歷了一個重要的夢／醒旅程。

潛意識的「我」能左右了我們的人生

容格再三強調，意識中的「我」，只是「我」的一個小部分。人類花了數以萬年計的進化，緩慢又堅毅地開發意識，達至今天的現代文明。然而人的心智仍有一大塊令人費解的潛意識，左右你我的人生。慣常所說的psyche，並不單單是等同於意識所及的「我」，還有一大片陰影，活躍於潛意識的深湖之內。容格所說的陰影，並非性格的「陰暗面」，亦沒有道德上的貶義。夢境之所以能夠平衡及豐富我們的人生，在於它不斷製造象徵，滿載能量，突破現代社會過分的理性規管，向「醒世界」中的你和我，發出持續不斷的私訊與邀請：理性只是生活的一個小小的橫切片；夢裏的象徵，蘊含更豐富的生命力。如何取用於夢境的活水之源，容格在書裏提出了幾個簡單的建議。

一、回到夢境本身。退休前，我在中大教授符號學，深明象徵是有生命的，久而不用會洩氣，必須連接七情六慾，吸收足夠的養分，「充電」才能發揮力量。因此容格討論「夢象徵」，我一讀就懂。他說符號是理智的；我們有意識地把意義加於符號之上，例如男廁女廁門上的簡單圖案。有別於符號，象徵變化多端，情感充沛，神秘莫測，包含理智之外不可知的內容。但「夢象徵」並不是無的放矢。容格說：Very often dreams have a definite, evidently purposeful structure, indicating an underlying idea or intention，只不過它們不按理性運作，清醒的邏輯不易理解而已。我多年研究文化符號與象徵，例如Nike那個「剔」、鑽石作為定情信物、五星旗與米字旗的情感投射，背後有商業及政治操控。容格所講的「夢象徵」，對我來說有點陌生：它們超乎於意識掌控，源自於深不可測的個人及集體潛意識。這個層面的分析我仍未想通。

容格給我們第一個忠告，是回到夢本身，不要天馬行空走得太遠，以夢中具體的呈現作anchor，好像你手掌裏有一件不知名的物件，你必須抛起、接回來，反復摸索推敲，細味其中深意。他說：Time and again, in my professional work, I have had to repeat the words: "Let's get back to your dream. What does the dream say?"

夢境連結做夢者才有意義

二、回到做夢者的現實生活，文明社會中的你和我，社交得體，儘量避免感情累事。因此，我們長年強行剝脫日常事物的情緒能量。夢的功能，就是重建夢／醒以及情／理的平衡。容格往往把夢境釋放出來的情緒，帶到夢者的日常，看看夢與醒有何補償關係。

他總結多年經驗：每次析夢，都視之為獨特的相遇。以往成功的案例，不能照辦煮碗，因為夢境源自於獨特的個人，而每一個人，均有獨特的性情與經歷，沒有一本析夢手冊可以為「夢象徵」提供標準定義。

容格當然遇到過不少相似的夢，例如飛翔、下墮、被追擊被追殺、身體放大縮小、手忙腳亂卻一事無成、發足狂奔但走不出困境、揮刀舞劍卻力不從心……這些常見的夢，對於性情不同的夢者，會有截然不同的意義。例如夢中飛翔或下墮，同一個夢境，對自大的夢者而言，是野心太盛的提醒；對自卑的夢者而言，是放下顧忌的快感。必須把夢境與夢者結連，才能明白箇中深意。

三、析夢是為了個人的成長與成全。解夢不是尋幽探秘，不是為了滿足好奇心的獵奇行動。對容格而言，理解自己的夢，接納潛意識的邀請，自身與陰影的相伴相隨，是個人的成長和成全。這個旅程延綿不斷，有生之年也沒有終點。容格說：Life is a battleground of good and bad. It always has been, and always will be; and if it were not so, existence would come to an end。夢／醒辯證，情／理雙生，是活力之源。這個旅程他稱為individuation。

意識與潛意識的臨界，the sublime，好比一個深不見底的湖泊，岸線之下，水淺之處，暗在的景物，若隱若現。「夢象徵」把湖底的能量帶上水面來；分析夢境，就是把能量引到夢／醒的邊界，豐富清醒的日常。讓我以具體的例子，說明dream symbols如何為你我的生活出謀獻策。

上週我做了一個很特別的夢，來自墨西哥的荷李活導演，似是電影《羅馬》（*Roma*）的Alfonso Cuarón，來香港做新戲的前期研究，邀請城中「有故事」的文化人，在一個樓底很高的studio交流討論。我是座上客，與有榮焉；身邊的一位陌生朋友還說，「你的文章很好看」，令我沾沾自喜。可惜Cuarón連眼尾都冇瞄過嚟，我沒有說過一句話就獨自離開。夜街安靜，星光寂寂，一邊工廈林立，另一邊是個無人的碼頭。靜海漆黑，泛起閃閃銀光。夢中我迷路了，不知這是觀塘碼頭、西營盤、還是將軍澳……手機又冇電，我急起來，想搭的士飛車回家又怕車費太貴，我很想快點「交人」，以免老婆擔心，緊張的心情十分熟悉……

其實我近年經常有類似的夢，急於回家，但手機不靈，因為與老婆失聯而緊張萬分，心急要告訴她我在什麼地方做什麼事。我常常追問自己，這樣的夢究竟在說什麼？對於這個問題，從夢中再去理解另一個夢：夢裏出現兩粒圓形的意大利雲吞，肥潤飽滿，而且有韻律地呼吸，自給自足，好自在。我知道，一粒係我，一粒係老婆，獨立自主，又活在一起，感受彼此的同在。那獨立又相連的奇妙感覺，令我會心微笑。

在夢裏，我不再緊張「交人」，享受那清朗夜空，在星光下獨行。醒過來的時候，才慢慢明白，為什麼夢裏經常與妻失聯而大為緊張。大概六、七年前，我們婚姻漸漸滑進破裂的邊緣；同一屋簷下，內心卻愈走愈遠。我經常出門，經常撒謊，說要獨自到外地閉關寫作。這五年來，我倆重新學習如何一起生活，修補關係，感情又慢慢恢復過來，但我內心罪疚依然，經常做那個失聯執夢。奇妙的是，重新建立的融洽關係，以「雲吞」的象徵呈現，告訴我，誠實相處，互相信任，不必急於交差、交代，妻子也能安心。過去的傷痛，由它過去吧。這個ravioli，完全out of the blue，必須回到夢境本身、回到我和妻子的具體經歷、回到夢／醒的成長過程，才能理解箇中意義。

這個夢還有下一場。我沒趕回家，再次走上工廈，參與那個大導演的brainstorming聚會。有個女子走過來，「你還記得我嗎？我是《端傳媒》的編輯……」我們握手相認。十多個文化界的朋友，為導演獻計：瘟疫當前，大家如何尋找出路……我在夢中分享了一個無厘頭的意見：Focus on your own ravioli, make it round, make it breathe, let it come alive, embrace our existential fear, stay connected, live as one. 平時我英語說得不流利，但在夢裏卻出口成章。

夢境完結之時，腦海裏，我和妻子，兩顆意大利雲吞，還有很多正在呼吸的雲吞，一大群，共感的人在一起，滑稽搞笑，但有一種頑強的生命力。直到我執筆把夢寫出來，回到夢境去，回到生活去，才明白為什麼夢裏出現《端傳媒》的編輯，她半年前訪問過我，並邀請我為攝影集《潮湧》寫序。那本書定格於社運影像，讓大家有個呼吸、沉澱的空間，思考香港如何走下去。那些「呼吸的雲吞」，正是夢中的我，為抗暴抗疫的香港，提出來一個滑稽的溫吞對策。

Stay connected，存異求同，live as one。

1 Carl Jung et al. *Man and his Symbols* (New York: Anchor Press,1964).

放下計算，讓感受先行

二〇二〇　五月三日

一九九六年的一個早上，腦科學家 Jill Taylor 左腦中風出血，瀕死狀態延續半天，當時右腦完好，她奇蹟地活過來。歷時八年的康復過程，左腦功能慢慢恢復。亦即是說，她依靠右腦生活了一段長時間，左腦才一步一步復原，體驗了一段左／右腦整合的漫長階段。於是，她以專業的視角，細緻描述這次奇異旅程，並在二〇〇九年出版暢銷書 *My Stroke of Insight*。她的故事我早有所聞，但到了今天，經歷五年的自我探索，又接觸不同的情緒病者，再讀 J. Taylor 的故事，讓我進一步明白，七情上面在生理上，究竟是怎樣的一回事。

事發當日，J. Taylor 腦袋刺痛，後發現左腦積壓了一個哥爾夫球般大小的血塊，左腦功能全失，單靠右腦活下來，她失去了語言及行動能力。

臨在此時此刻

但當左腦間歇性「醒」過來，警鐘響起，意識到生命危在旦夕，把握片刻清醒，馬上求救。這段經歷，讀者可在網上看她的TED Talk 1，我在這裏略去細節，簡單整理幾點，讓讀者從腦神經系統的角度，理解我在本書分享的故事。

我不時分享「臨在」經驗。其實右腦的本能，就是擅長於全面感知當下，直觀「言外之意」，感應「弦外之音」，以同理心感受別人的喜怒哀樂，甚至能接收大自然發出各種潛在的信息。右腦有如海綿一樣，大量吸收此刻的味覺、聽覺、視覺、觸感，各種不能言說的能量……

小孩出生後，右腦發達，敏感於情緒變化，哭笑自若，眼仔睩睩，察看父母隱晦的身體語言。左腦慢慢發展，把感觀資料分門別類，學習抽象言語，排列經驗，過去現在將來，時間線有條有理。數學運算、邏輯分析、讀寫答辯，左腦一天一天成長。「我」在自覺中形成：他／我有別，對比高下與優劣，他比不上我、我比不上另一個他。我的存在，獨立於環境，手臂不會與牆壁相連。左腦的自我，透過「成就」(what we do)，確立存在的價值。

然而，小孩子過早「開發」左腦，「腦囟都未埋」，就要預備幼稚園入學面試。What we do壓倒what we feel。左腦不成比例的「坐大」，真情流露，被視為失禮的「細路仔脾氣」；右腦天賦的特長，被貶為無傷大雅的「生活情趣」，例如藝術創作，平時玩吓就可以，認真搞藝術？揸兜啦你。功利社會鼓勵你我求勝、求成，同理心不重要，成效與成果才最重要。情理失衡，小孩被趕去訓練班，成年人內心的那個小孩子，禁錮在保險箱內。

左腦強勢主導之下，今天東方宗教、New Age、靜觀、瑜伽大行其道，反映心靈上的殷切需求。這裏所寫的，並不是即食即棄的心靈雞湯。飲碗湯，可以快快趣趣「身心康泰」，其實也是左腦的功利思維。J. Taylor的經歷告訴我們，臨在當下，不是從外在acquire回來的能力，也不是從7-11買回來的定心丸。臨在當下是我們本性的一部分。放鬆左腦的控制慾，不要老是想着過去的創傷抑或威水史，也不要老是盤算未來的發達大計，你和我，與生俱來，就有能力去感受當下的人生百味。

冥想、Mindfulness、Focusing等練習，往往披上神秘的面紗。J. Taylor的經歷戲劇過去與將來，破開如碎片，活在此時此前，世界變成感官海洋，聲、色、味，跳動的能量，粒子與電波，外與內，being-in-the-world，他／我界線模糊。當時她的手，倚在浴室的牆，竟然分不清手臂與牆的界線。存在此刻，靜如深海，平安自得，萬物並生為一，枝理相連。

性地說明，當左腦失效，右腦無時無刻都在接收當下的信息，只不過左腦太強，把當下的「全感」削足就履，把豐富的生命，強行擠進一個個精心計算的小匣子內。臨在，就是把那些匣子打開，讓右腦連接身體，自由地感知此時此刻。

共感共存
並生為一

之前有兩篇文章，我寫下簡括的感想：「萬物與我並生，天地與我為一」，Live as One。寫的時候，沒想得透徹，只想表達「人與人、人與自然」的連結。讀完*My Stroke of Insight*，才深入一點明白自己寫live as one是什麼意思——J. Taylor描述中風那一天，經常提到as one的經驗。這是她的靈性感悟，並以神經循環系統（neurocircuitry），說明「共生為一」的可能。

左腦失效，「自我」模糊了，左腦主導的那一個「固態我」（solid me），讓位給右腦的那一個「液態我」（fluid me）。萬物與我，區隔不再明顯，都是聚散的能量，可以彼此連結。她的見證，呼應莊子二千三百年前「共生為一」的齊物論。當然這種spiritual existence，是個人經驗，無法證明。

書中她提到中風翌日，感知通明，邏輯欠奉。她聽不懂語言。有位關心她的護士細心照顧，她不明白護士在說什麼，但感到溫暖的力量。對比起來，一個急功近利的醫科生，失魂落魄的趕來，寫報告、做功課，把她當作實驗室白老鼠，她不懂她在問什麼，卻強烈的感受到被肆意剝削……別人的善意與惡意，右腦直感而知，只不過左腦的社交規範，把情緒感知淡化。

像J. Taylor那樣，單單以右腦存活，什麼是「我」呢？她感受到我中有你，我中有樹影、風息與鳥聲；a fluid me，interconnected with the world around us。她的描述令我想起二〇一八年，我患上了短暫失憶症（Transient Global Amnesia），失去記憶短短四小時，很快就回復正常，腦掃描完全沒有異樣。那是《立場新聞》主辨的黃子華座談會，我翻看現場錄影，在最後的半小時，台上的我，不停飲水，面紅耳赤，坐立不安。及後就沒有記憶了。在場的妻子送我回家，我不停問她「我在哪裏？」但當下這分鐘，就已經忘記了上一分鐘的我，其實問過了相同問題。我本是個木獨的教授，卻變回一個小孩子，對妻子和女兒說：「我好唔捨得你哋！我唔想入醫院！」在醫院又對護士說，「我唔打針！」說罷一個箭步，孩子氣的避走病房的另一角。

我的左腦局部失控，右腦正在主導。「我」與「環境」分不清界線，人很輕，感官向外延伸。現在回想，只記得兩個鮮明的畫面，妻女「挾」我去醫院，我在家門前，坐在椅子上穿波鞋，手握住她倆說不捨得。我，妻子，女兒，整個家，好像連接在一個白茫茫的世界，「不捨得」那句話，好像飄在空氣中。另一個畫面是在仁安醫院的canteen，我，三文治、餐桌、白色光管燈、一pat嘢……

近年學習Focusing，陪伴朋友經歷生命的小片段，co-presence是我們與生俱來的能力。左腦differentiate，右腦connect。左右腦整合，我們既有自己，也能關愛他人。共感共存，並生為一，並不是玄想。

選擇善良

J. Taylor的經歷強而有力地說明，左右腦功能大不同，透過中間的胼胝體（corpus callosum）整合，這種左右連結，兼備感情與理性，既能聚焦解決具體問題，亦能感知全局修正對策。她左腦中風，讓她感受到深刻的平安與平靜。她甚至說：I think the Buddhists would say I entered the mode of existence they call Nirvana。這種宗教經驗，普羅讀者並不一定能接受。熟悉佛教的朋友，看她的TED Talk，也覺得她說得太肉緊，與Nirvana那種Vibe不一樣。佛道的涅槃？耶道的至聖所？新儒的天人合一？她說不清楚。

也許，我們不必在意宗教的「境界」，她那as one的鮮活體驗，不必規限於名相。較為直接的理解：平靜安穩，不一定有如高僧入定、苦苦修行。她說：Deep inner peace is accessible to anyone at anytime. Peace is only a thought away and all we have to do to access it is to silence the voice of our dominating left mind。

那種自覺，存在於我們的右腦，我們可以選擇接駁到那一個感知善良的領域。

J. Taylor強調「選擇善良」的可能。在她三十七歲的人生中，左腦孕育一個「固態我」，但右腦仍有一個「液態我」。中風後，那個「固態我」溶解了，條條框框軟下來。在八年漫長的康復期，她重新學習說話、閱讀、分析，「自我」的邊界再次成形。別人問她花了多長時間康復？她會反問，recover what？她打開了右腦的同理心，感受到愛、和平、善良的創造力，當她選擇如何復原的時候，她就有所取捨了。Recover，亦作回收。她決定不去全面回收中風之前那個左腦主導的我——好辯、刻薄、性急的Jill Taylor。她決定回收一個關愛別人、關愛自然的「我」，因為右腦的同理心，已經向她揭示一種平靜的存在方式。

讓生命有所選擇

她再三強調，如果我們願意放鬆左腦功利的計算，我們有能力選擇和平、選擇善良、選擇與善良的人們走在一起。這幾年，我練習Mindfulness及Focusing，兩者同中有異，都重視臨在當下，開啟右腦的全面感知。

但Focusing與Mindfulness不同：臨在的同時，也進行一種自覺的探察，覺察「固態我」與「液態我」的流動。說得直白一點，就是覺察過去多年僵化的積習，打開身體感受，右腦連接全身的神經感應，讓僵化的我，衍生更大的彈性與空間，讓生命有所選擇。Taylor說：You and you alone choose moment by moment who and how you want to be in this world。

1 Jill Taylor, "My Stroke of Insight," filmed Feburary 2008 at TED, video, https://www.ted.com/talks/jill_bolte_taylor_my_stroke_of_insight.

港

疫潮

殤

（二）

拒絕黑暗，選擇光明

二〇一九　六月九日

新聞畫面裏廢話連篇，打橫嚟講，專擺出道貌岸然的撲克臉，市民聽在耳裏，壞情緒就湧出來。七情，喜、怒、哀、懼、愛、惡、欲。其中「怒哀懼惡」不停在社會發酵。情緒病是個人的，也可以是集體的。情緒暴力所引起的漩渦，互相感染，捲入其中，施與受雙方，愈扯愈深，情緒瘀血淤積。好的方向走，化悲憤為力量；壞的方向走，掉進亢奮與沮喪的泥濘。大家停一停，想一想，城市悲情如何影響自己？如何左右民情，自省自覺提高了，也許抗鬱的能力會提高一點。

生於這個時勢，我們不能選擇提早出生三十年，也不能選擇自己的族裔血緣。也許你覺得此地不宜久留，但不是太多人可以付得起移民的代價。如果你留在香港，就得面對時局的憂鬱。

怒、惡、懼、哀在社會發酵

我的研究興趣是文化認同，政治與社運我不在行，但很留意集體與個人情緒的起伏。這些年我學會的第一個功課，就是與壞情緒共存。火滾嗰陣，你好難叫自己唔好嬲。但如果能夠花一點精神，描繪一下自己的感覺，很容易就可以找到一個周旋的空間。如何描述今天的社會悲情？面對當下政府，「怒」是最直接、最普遍的反應。官員的說話不必在此臚列，明顯的指鹿為馬、強詞奪理，就算係一個幾好脾氣嘅正常人都會火滾。如果你膽敢講：「老虎蟹我都必定要修例！」坦白直接，反而不會令人覺得扭曲而生憤怒，但市民覺得，威脅殺到埋身，憂慮具體而清晰，你卻砌辭狡辯，說：「修例為的是引渡殺人犯」、「急切堵漏洞」、「有冤情可在當地申訴」……嬲怒是正常人的反應！

第二種普及的集體情緒是憂慮與恐懼，但「憂懼」不平均分佈在不同群組。我的行山朋友不擔心修例，他們說，你唔犯罪，怕咩呢！但有幾個界別的人則特別敏感。社運界最擔心，因隨時踏入雷池。傳媒及文化藝術界憂心忡忡，他們的專業就是呈現社會面目，各種對立與衝突、政見與異見、正反民情的方方面面，但修例把他們引渡於威權之下，自保之法，很可能是專業自閹，自貶為應聲蟲。我的出版界朋友「怒、憎、憂」的情緒都十分強烈。「出本尊子，可以入你……」法律界憂法官難做，生意佬憂商業私怨可能被捉黃腳雞。雖然一般「良民」百姓，不覺燒到埋身，但聽下聽下，都會覺得「唔係幾對路」。

最後是悲情。可以這麼說，愈認同香港的現代都會價值，愈會因為價值的枯萎而生出悲緒愁思。尤其是，核心價值之最——自由與法治，有可能一夜之間蕩然無存。本來，港人就算信不過政客，也大致上信得過香港的法庭。但若中國與香港差異進一步模糊，法治的堡壘將出現令人憂懼的裂縫。

與壞情緒共存 不必排拒時代烙印

近日陰晴不定，我和山友十多人，黃昏時分爬上渣甸山，陰天下着細雨，烏雲聚散離合。太陽剛下山的 magic hour，雲打開了，雨水洗刷過的維多利亞港，玲瓏剔透。我至愛的城市如此美麗，卻令人觸景生哀，想起達明一派的歌：「恐怕這個璀璨都市，光輝到此。」

「怒、哀、憂、懼、惡」，壞情緒籠罩香港。這是特區政府的壞管治inflict在港人身上的。不要讓自己淹沒在嬲怒仇恨之中。我曾見過，一個知名的意見領袖，在示威現場狂躁失控。清楚描述負面情緒，明白悲情如何在社會以至自己內心滋長。情緒觸動與發酵，自有前因後果。與之共存，不必排拒時代的烙印，也不必被仇恨吞噬。

社會的集體情緒風起雲湧，市民自然有上街的內在動力，對是非黑白的執著、對公義的堅持、對美好社會的追求，會因內心「怒哀懼惡」的鼓動，而生出「要企出嚟」的衝動。獨立的個人，在憤怒的人群裏，加上政治操作，鼓動、打氣；有氣有火，才可以有反抗強權的力量。

但壞情緒有殺傷力，它會令人執迷鬱躁。萬人空巷令人亢奮，政府若讓步，示威者必定歡喜若狂；但抗爭失敗毫無寸進，壞情緒會更壞，挫折會更深。有不少傘運青年，其實已經走到七情以外的麻木、無感、放棄的逃避狀態。到了I don't care anymore的地步。放下也是好的，to find a livable way of life，大家十分理解、尊重。生於憂患，有種責任；自發可敬，但不必強求他人。

時勢不如預期的日子，必定會持續一段頗長的時間。當我們自覺情緒起伏，也許更有能力站在漩渦以外，無論是好時勢、壞時勢，也不會輕易放棄對美好生活的追求。拒絕黑暗，選擇光明，是港人的時代之聲。

創傷遺恨，苦痛難平

二〇一九 六月二十三日

持續的社會衝突中，港人面對突如其來的暴力鎮壓，超乎想像，難以承受。不少年輕示威者人生尚淺，創傷深入肺腑，驚恐失控、體膚赤痛、五官被轟炸，深刻的經驗，與屈辱捆綁在一起。我不太懂創傷病理學，但認識不少個案，創傷遺恨，半生不散，甚至痛楚都淡忘了之後，卻會以千奇百怪的方式浮現出來。

無數次激烈的暴力衝突，站在前線，好像直面死亡，過後聽到開汽水瓶的聲音也會恐懼；也有學生被毆打受傷，不敢到醫院。受過暴力驅趕的人，很容易就會怒不可遏，那種rage，夾雜仇恨，往往out of proportion。

忘記的病楚
身體依然記着

上週參加一個「生命自覺」小組，七十多歲的志常老師經驗豐富，對內心的情緒變化十分敏感。他少年時撞斷手臂，有幾寸骨插出皮膚之外。當年跌打師傅強行把骨頭推回去，再敷藥駁好，卻發現骨頭反轉，駁錯了。又要去另一個收得更貴的師傅，將骨頭拉出來，反轉再駁。敷藥一段長時間，關節復原，筋肉粘連，硬晒軚，又要用力拉鬆，每天早上到醫館，做痛苦的拉筋負重運動。整整半年，皮肉之苦難以忍受，對一個少年人來說，簡直是沒完沒了的噩夢。

人是奇怪的生物，充滿生命的韌力和強大的自衛本能。老師由少年到成年，竟然忘記了那種痛入心肺的經歷。直到他結婚後，妻子發現他每次見到有什麼碗碗碟碟掉下來，會大驚大叫，一個一起生活的伴侶，才清楚發現他看似正常的生活，不時出現反常的情緒失控。他經過漫長的過程，重新經歷創傷，慢慢寬容接受，那經歷已經是他生命中不可或缺的一部分，又了解到，中學的刻意遺忘，其實是青少年自我保護的生存之道。如果無時無刻為痛苦而驚慌，他如何與同學打籃球？如何參加陸運會？如何過正常的中學生活？遺忘之後，驚恐深藏不露，卻因為相似的刺激（碗碟的碰撞聲）猛烈地洶湧而出。

有一個小插曲我覺得特別有意思。這位老師大半生都沒有在各種約會及宴會遲到。他笑說：「一次都未試過！」對我來說，這是一件不可思議的事，打風下雨，交通意外，怎可能沒有一次遲到？他要在約會前，花多少心思，作出多少意外的計算，才可以創出這個紀錄？原來在駁骨與拉筋那半年，上學前要先到醫館，所以經常遲到，有時被風紀帶到訓導處，遲到的屈辱，就接上了創傷的痛苦。及後他想起骨折，記不起痛楚，但想起遲到，就有莫名的焦慮，而避免焦慮，他用盡九牛二虎之力，避免任何遲到的可能。今天他明白創傷與遲到的關係，焦慮減輕了，不會完全消失，但守時化作了他一生的美德。

尊重創傷帶來的負面情緒

因為精神與情緒病理學的發展，為創傷後遺症定下了明確的標準。我們日常經驗裏，巨大的創傷可能發展為病理，但不那麼嚴重的創傷，或是一些對自我尊嚴的傷害，深淺不一，情緒的邏輯還是相通的。

我年輕時也有過幾年深刻的挫折，中途離開了中文大學放棄了學位，一年後想重讀，卻被面試的老師在眾多教授面前罵了一頓，最後不被重新取錄。走投無路，被拒門外，不能再翻身。多年來刻意把這個挫敗，改寫成一個浪漫故事，自以為是個反主流、走窄路的叛逆英雄。那個被拒絕的挫敗與羞辱，情緒被壓下去，卻在多年的噩夢中暗示出來。直到我近年安然接受，那是出於自己的任性而種下的苦果，接受自己這個難堪的過去，多年的噩夢才輕易的，如壓力煲洩出來的一陣煙，一去不返。現在回想，創傷有很多後果，我在中大輟學，浪費了五、六年的寶貴光陰，自覺事業起步遲，所以過去二十年，拚命把失去的機會加倍的追回來。

人生很難免於創傷與苦難，你我成長的時候，或許都有過挫折。我這兩年很密集地接觸很多朋友的生命故事，覺得性格、感情、品性、行為，與你和我生命中的一些關鍵事件，有着千頭萬緒的關係。情緒失調的家長支援小組裏，太多子女因為一兩次失敗沒有疏導，而隔幾年後搞出情緒病。例如陸運會中，體操王子在眾多同學面前失手，從雙槓很失禮的掉下來；又或者舞者在大型芭蕾舞表演最後被易角，失去演出機會。更何況這半年間，暴力事件一而再，再而三發生，純真正義的感召，被暴烈地推進砌辭狡辯的泥沼中。

心靈受傷者，復原過程漫長，不可以skip或者speed up。如果太急於接受、睇得開、原諒施暴者、遺忘痛傷等等，如上所說，往往在創傷過去之後，在你意料不到的處境，以強烈的情緒再冒出來，有時是無名火起，有時是盲目的仇恨，有時是無故的悲慟，也有揮之不去的罪疚。我輟學之後的二、三十年，幾乎每遇到問題，通常第一個反應是，自己一定做錯了什麼，總是找自己的錯處。這是好的，使我成為一個謙虛的人；這也是不健康的，為什麼總是慣於食死貓？我近年才肯承認，大學時代的大挫折，主因是自己的錯誤決定而造成的。我一直不承認，還把事件浪漫化，但那個「找錯處」的罪疚感，會在其他生活的問題上跑出來。

面對創傷的朋友，你將需要一段很長的時間，才能與創傷和平共存。耐心點，尊重創傷帶來的負面情緒。也許多年之後，創傷會長出飽滿的果子來，令你的品格多一層厚度、多一份同理心。

Can’t Buy Me Love

二〇一九

六月三十日

六月二十六日傍晚，我由中環滙豐步往集會的方向；人潮裏，大多是青少年，他們的神緒特別容易辨識：幼嫩的臉、堅定的眼神、this is my crowd的社群感……他們身邊都有「自己友」，互相照應，有備而來，好似去聽concert咁，不過唔係唱歌，而係喊口號：「香港人，加油！」他們叫「香港人」三粒字，叫得很用力，彷彿把內心最親愛的東西掏了出來，眼神裏面有一個新世界，是我這個老餅看不清楚的。那是二〇一九年社運之初，大家仍未知道往後持續半年的風暴。

前天深夜在Netflix看Beatles紀錄片，一九六四年發表新曲*Can’t Buy Me Love*，在美國、英國巡迴，青少年都發瘋了，他們在迎接一個新時代，而成年人「擘大個口得個窿」，完全摸不着頭腦，問Paul McCartney：「為什麼當你們shake your hair，他們就歡呼狂叫？」鏡頭一接，台上Beatles高唱：「Can’t buy me love, no, no, no~no!」披頭四，shake, shake, shake，猛搖頭髮，台下的少男少女，着魔似的扭動身體……跨代的感知世界，就這樣出現一道斷崖。

那夜我在大會堂旁邊的停車場天台，下望密麻麻的人群，大台上青年義工用日、德、法、意、韓等多國語言喊Free Hong Kong。現場沒有披頭四，沒有狂迷，但青少年叫Free Hong Kong 喊得很認真。他們突然在迎接一個上一代感到陌生的香港，

「斷代感」鮮明又強烈。

Inception植入上一輩人腦袋

上週瘋傳的一條短片，黃衣青年說：「你父母根本冇愛過你。」上一代不停苛索、在子女身上榨取利益。金毛仔對住手機裏的父母狠狠的說：「你收X啦！」有廣告人撰文，說看到標冷汗，指短片直闖上一代的潛意識，煽動恐懼與敵意。我想起導演Christopher Nolan名作《潛行凶間》（*Inception*）裏的陀螺，轉轉轉，在腦袋的深層。電影最吸引之處，是意念可以植入別人的意識，高級的煽動，被惑者看似自發行事，其實是「外置於內」的inception。

「黃衣青年短片」其實難以煽動年輕人，金毛仔太生硬，感情上connect唔到。我認識的港青不會如此批鬥父母，就算知道港爸港媽勢利、實際、要面、講一套做一套，都唔會拍片責難，亦唔會叫老竇阿媽陪上街。後生仔知道父母未必「好愛惜」子女，但一般都知道，唔畀你上街、阻頭阻勢，係出於關心。朋友上街去，阿媽問去邊，「去打邊爐！」佢梗知你去政總，補一句，「咁小心啲啦！」大家心照、心領。

上一代為口奔馳，疏於陪伴，對兒女有所需索，無論在感情上（孝順）、物質上（家用）、價值上（望子成龍、唔好羞家），父母自知有少許理虧、少許罪咎。他們不滿下一代的行為（打機、炒散、拍散拖），對少年人感到陌生和不安（衝擊、講粗口、擲雞蛋）。短片觸動父母的焦慮和恐懼，一句「你收X啦」，就輕易令情緒倒向仇視的對立面。我相信香港大多數的父母都重視親情，不會仇視自己的子女，但這種inception的操作，能煽動上一代，一刀切地論斷上街的年輕人，一想起遊行示威的場面，就湧起強烈的負面情緒——後生仔搞事、失去理智、粗言穢語、目無法紀、反父母、反權威、生活唔檢點……

公民黨鄭達鴻親身上鏡，拍了條「愛香港」的短片回應，說無論藍絲定黃絲，大家都想保護香港這個家。鄭拍片係「真心膠」，並不像「黃衣青年短片」那樣攻心計、玩inception，他清心直說，可取得同路人讚好，但親建制的上一代，應該不為所動，鄭口中那個善良溫文的青少年形象，與媒體中那些衝突畫面落差甚大。而事實上，遊行隊伍中，部分青少年大罵警察，極盡侮辱，表情囂張，並不善良。

多次的大遊行，大量跨年齡階層參與，當中有同情年輕人的父母，也有較中立的溫和派。政總衝突那天，則有大量溫和柔順的青少年，當然亦有粗口橫飛的野貓機動部隊。這個混雜又龐大的複合群體，以青少年為「箭頭」，以勇毅及靈活的戰術，把香港帶進新時代。他們不見得是「鬼」，也完全不是老社運那種和理非，而是本土青年血肉的一小部分（美麗的、暴躁的、理想主義的）。同是香港近年滋長出來的「社會身體」。而在此以外，不參與遊行的，有不少老派港人，仍然深信今次是外國勢力介入煽動年輕人，勇武「收佐錢做嘢」，是「黑手」；被煽惑的少年學生和平集會，是「白手」。

世侄女與男友拍拖三年，遊行後身水身汗，上男友家梳洗，在沒有準備之下，第一次見男友家長。世伯、伯母快六十歲，高學歷，意識深藍，學識豐富，非一般藍絲。世侄女當然識做，談起社運，沉默是必要的。事後她跟我說，邊吃飯邊看電視，世伯有說話畀佢聽，「當晚你哋班後生仔圍警察總部，深夜劉慧卿出嚟話撤，黃之鋒又提議公投，是否和平散去，一睇就知，佢哋收佐錢，幾時衝，幾時散，有晒部署。」說的時候，對示威者充滿鄙視，對「外力論」、「收錢論」深信不疑。他說西方多年來到處策動顏色革命，今次國際局勢凶險，那些純熟擲磚者是誰？源源不絕的頭盔口罩從何而來？說的時候，好似掌握什麼機密的黑材料。伯母比較軟，問一對小情侶，「都唔知啲後生仔為乜，博出位？博上鏡？有乜好處呢！」世侄女如坐針氈，心裏面反晒白眼，但笑笑口沉默是金；見家長的飯局，唔想變做城市論壇。

世侄女深入連登討論區，深知當中的自發行動，很難有外力策動。世伯一定不會相信，物資是連登仔女自掏腰包，從十八區的五金舖買來的。六月二十六日晚的G20集會，是港人想得到國際社會關注，而非有一種食古不化的想法叫「西方策動干預」。各國爭奪資源是事實，香港長年有外國力量介入也是事實。但說什麼西方在香港搞「洋紫荊革命」，旨在害得香港民不聊生，這個低級inception，正是親建制媒體的主調，頗成功地植入老一輩港人的頑固腦袋。

仇恨不是年輕人動力

這篇文章寫得很辛苦。原意是用「代入法」，為了世侄女的幸福，我嘗試進入「世伯」的思維，以增進對立雙方的溝通與諒解。最後放棄了。我無論如何豎起手指念心經，也無法以同理心代入世伯的角色。正如世侄女所言，青少年社群之中，最大的動力並不是「你收聲」的仇恨，也不是收咗錢、抽水、發洩、博出位，而是對香港的愛惜、對公義的追求、對是非黑白的辨識。這也許是注重功利的老香港人感到陌生的。

五十多年前Beatles搖頭高唱：「Can't buy me love! Everybody tells me so! For Money can't buy me love!」今天青少年經過社運的洗禮，身心感受到不一樣的香港。新時代要來了，世伯，我尊重你留在舊社會的意願。自由法治、民主公義，是新世代奮力的追求。

兄弟爬山考心力

二〇一九　七月十四日

在社運仍未跌入暴力的惡性循環，有個不滿示威的「撕紙男」，在九龍灣拳打連儂牆義工，左右勾拳，一拳、兩拳、十三拳，青年倒下，再站起來，不還手。1 拳頭重，一拳一驚心。承受暴力，正常人自衞還擊，暴力生暴力，仇恨拼戾氣，火上加油。但跆拳道黑帶青年義工沉得住氣，打不還手，想必動用了強大的心力。

香港社運，多年來研究選戰策略、社區動員、攻守模式，大家驚歎：「萬人空巷」、「維園萬點燭光」，確實舉世無雙！汗流浹背、日曬雨淋，這樣的遊行代價，港人畀得起、不計較。如今社運殺到埋身，代價沉重，拳頭、監獄，有排你受！愈年輕，就愈奮不顧身。

日前，二十年沒見面的學生 Sunfai Chan，來我家小聚，說到今天香港，時代把我們帶進幽谷，不得不思考，人如何活得像個人？尊嚴、韌力、人性的美與醜，呢啲老土嘢，以前港人不習慣面對，如今擺在眼前，扣應良知，心念、心力，不止是個人的，也是集體的。

《重返天安門》（*The People's Republic of Amnesia: Tiananmen Revisited*）的作者 Louisa Lim，在《金融時報》撰文，說她帶十一歲的女兒參與七一遊行，小女孩寫了首詩，舉牌示威：China is red/ Violence is blue/ Tear gas is black/ Bruises are too。紅色、藍色、黑色，瘀傷與聯想，引來微笑與讚賞。Lim 說，曾經訪問過創作勁揪字體的 Kit

Man，問了個無關痛癢的問題，Kit Man突然語塞、沉默，手掌握面，肩膊抽搐，眼淚奪眶而出：這個政府並不是香港人的政府，they don't work for Hong Kong！他每想起香港種種，淚就忍不住流下來。遊行之後，Lim收到Kit Man短訊，他又辭去正職，投入運動：「I can feel the power of the people again.」

情緒決堤
掀動人心

今天people's power，跟二〇〇三年不同。當年遊行「曬馬」，畫面壯觀，力量來自人數。今年後生仔「孭重飛」：食拳頭，被打到口腫眼瘀，紅藍黑三色，開晒花，五癆七傷。Kit Man自創勁揪體，蒼勁自強；大男人一名，竟為苛政，哭成淚人。連儂牆倒下，社區再站起來。這樣的抗爭力量，發自內心，來自雷氣與底氣。

社運暴走，情緒決堤，因而掀動人心。

有人輕生自殺，家人肝腸寸斷，聞者憐惜傷感，逝者不可追，社會平添愁緒。對社運中人而言，自殺案例，正是心力大考驗。較脆弱的朋友，容易被悲情感染，想到「政權逼死青年」，死念萌生，鬱結變死結。自殺者內心，必定有個複雜的世界。

人走上絕路，個人困境，縈繞心頭，苛政只是輕生的最後一根稻草。不少人把他們稱為義士，這是危險的惡性循環。悼念、追思、惋惜，恰當已足夠。但冠以義士之名，天秤上，生抑或死，增加了一塊死就死罷的注碼。跳樓邊緣，選擇生存下去，需要強大的勇氣與心力。沒有人想推波助瀾。你願意扶他們一把、給力一點嗎？放下拯救者的姿態，分擔他們複雜的、孤絕的困境，生死天秤上，會加上一塊活下去的注碼。

面對自殺新聞的你和我，抗拒義士悲情，防止自己借他人的死亡，挪用自殺的強大情緒，來投射自身的憤怒與控訴。我在遊行中看見街站，擴音器大控訴：政府殺人填命！這控訴有多少扭曲的憤怒？我們需要強大的心力，令自己的「義憤」用得其所，不強稱義士之名，不為自殺念頭加持。最初有人稱自殺者為「死士」，抗爭者很快棄而不用，是明智之舉。

我在二〇一二年反國教到二〇一四年雨傘運動期間，情緒低落，不敢看政治新聞，每想到香港逐步淪落就心痛。其實當時的我，撇開政治悶局不談，本身做人已經做到好鬼死攰。對自己不誠實，孤立自己；感情上自絕於家人、朋友，內心枯萎，失去了生活的意志。社會敗象，觸發失落感，只是表面的一層浮光，並不是重心。

在波瀾洶湧的大海上安定自己

這幾年修心、修身，自己清醒了，與家人、朋友，重新建立穩穩陣陣的安全網。我很投入這場運動，情緒自然有起有伏，但仍然可以保持心境平靜。有個年輕巴打向我訴苦：「很難受啊，這個無恥政府，在不停污染我的心靈。」我給他發了個短訊：「我能感受到群情洶湧，但內心有更強大的感受，覺得自己活着，好好的活着，在時代的巨潮中，I keep myself afloat。」

那天下午，Sunfai Chan來我家，他在這幾年，也在思考內在的力量對社會有什麼重要性。我說，「心念」、「心力」，在香港的脈絡和語境，往往被視為New Age、個人化、禪修之類，小資情趣，無傷大雅（亦即冇乜實效）。我很難想像「老正」的社會學家，會認真討論「心靈力量」如何構成社運的關鍵一環。

想不到Sunfai認真的說：「大概是因為大家現在都太受運動的發展所牽扯吧。小則每天狂碌手機、刷看最新消息而廢寢忘餐、荒廢工作，大則情緒失調。在這意義下，如何意識到自己的狀態、予以調整關顧，如何在波瀾洶湧的大海上，安住自己的身心，大概是我們都需要的心力吧。」

「內在力量的培養，讓我對自己的身心狀態，有更敏銳的覺察。當我累了的時候，我知道我累了；當我憤怒的時候，我知道我憤怒了。有了這種自覺後，我們就可以更及時調整自己的狀態，避免自己掉進負面情緒之中。」

他所說的，也是我這幾年的深刻體會。他還說到一個嘉道理農場舉辦的「自然能量」工作坊，學習與大自然聯繫，從中得到平靜的力量。我退休後每週行山，經常看到如畫的風景。其中一條拾級而上的山路深印腦海，每次想起，都能給我力量。於是把它畫出來，一塊石一塊石頭慢慢畫。遠的石級，模糊一點，小心安排視點與佈局。近一點的，就要多一點細節，明暗有對比。畫中的路很遠，行行重行行。走好每一步，總能走出幽谷。

1 二〇一九年七月十一日凌晨，一名黃姓四十六歲男子，企圖破壞在淘大花園外的連儂牆，先後襲擊另一名六十五歲老翁，以及十三次揮拳毆打意圖阻止他的男子。十月，黃姓男子被控兩項襲擊致造成身體傷害罪罪成，被判即時監禁五個月兩星期。

「內在的世界與外界（社會）的改變，並不是截然二分，反而是相互連結、互為表裏。我們想要一個更公正公平、健康幸福的社會，我們同樣需要公正公平的對待自己的身心。」

Don't be surprised by Love

二〇一九　七月二十一日

這篇文章本來的題目是，don't be surprised by evil，是Henri Nouwen神父的人生體驗。我腦海裏的「惡」，是警民雙方的暴力，我們歌頌年輕人奮不顧身，但我在沙田衝突現場，也看見了獸性，警員的、示威者的。而令我最不安的醜惡，是特區無視警民的血與命，道貌岸然的譴責，不理市民死活。心情沉重的中午，到大埔街市買菜，首次走進連儂隧道。雖然早聞memo紙氣勢強勁，到現場仍覺震撼，那五顏六色的留言，「香港人加油呀，香港人！」一石牆在說話，幾百把聲音，背後有幾千幾萬人的心聲。這時，隧道的中央，樂隊傳來歌聲清脆：「大雨灑，不需要害怕。他朝會習慣，人生的變化。」走近一看，都是廿歲不到的年輕人，歌聲柔潤，一曲既終，銀髮婦人走過，笑着說：「錫晒你哋！」我忍不住流下淚來，突如其來的暖意，love, caught me by surprise！

　一問之下，原來樂隊叫Boyz Reborn。上月，主音歌手Ben在臉書透露，自己患抑鬱病兩年，在七月一日走上天台，絕望啊，不如了斷。心念一轉，決定活下去，走更遠的路。他在七月五日媽媽集會中剖白，其實我有看過短片的，但在大埔隧道那天，沒有把他認出來。膽粗粗相約，就在當日下午，到他們在火炭的band房見面。當時還未知道他是個情緒病患者。

　Ben的病主要的外因，是香港的政治環境使然。他初中已參與傘運，經歷傘後的挫敗感。家人不諒解，政見不同，令他十分困擾。在學校，別人眼中他很活潑開朗，但他內心孤獨，陽光男孩其實係「灰底」。我認識不少情緒病人也是如此，係冇樣睇嘅，開朗是角色扮演，底子深沉幽暗。社工Eddie是獨立音樂人，伴着Ben成長多年。有個下午，收到Ben電話，他在學校天台，說承受不了一切，很沉重，很沉重。Eddie嚇得半死，狂打電話，叫他身邊的同學老師急往救人。說起這一段，Ben笑了，一臉茫然，「我都記唔起嗰次係為乜！」

唯有活着 才能見證香港

服用情緒藥兩年，壞情緒仍然不時來襲，但他現在較知道如何應付。有時不想見人，不想出門，賴在牀上，他不想一直沉下去，於是用氣力爬起牀，走出門，正常上學。今年六月社運來勢洶洶，他參與

深，家人強硬阻止，甚至說要經濟封鎖。加上當時輕生新聞令他悲從中來，參加完上水自殺女生的悼念會之後，他就萌生強烈的死念。跟Ben一樣，天台對我自己來說，也滿滿是恐慌。Ben死唔去，想起朋友、戰友，想到唯有活着，才能見證香港，才能與大家走下去。

情緒病的特徵就是反復。七月一日Ben沒跳下去，但社運暴力升級，危機愈陷愈深。他內心那黑暗的陰霾，是否又在蔓延？還有沒有心力，面對那醜惡暴戾的困局？上週日，Ben參與沙田遊行，入夜後，到大會堂百步梯集會。不多久，商場血戰，而不在現場的Eddie，預感災難將至，馬上打電話給Ben：「你快啲走！」說的時候聲淚俱下。經歷如此暴戾的黑色星期日，Ben如今內心是明是暗？

我笑着問他：「你唔好耍我，仲係話自己好有力量喎！」Ben苦笑，「我唔會耍你，其實我都係好灰，但消極之中有希望。」他為了保持情緒安穩，這幾天沒有看商場內的短片。他知道路難行，但有band友、有Eddie、有陌生但親切的朋友，走一

步算一步。那次媽媽集會，Ben說，很多朋友為他打氣，有個婆婆真情投入，錫咗佢一啖。身在獄中的邵家臻，寫了一段話給他：「別忘（記）這個洞同時也有能量、不少寶藏在其中：憂鬱的人對世界的苦難特別敏感，特有共鳴。希望你可以用這份同情心、同理心，為香港多做點事。」

Eddie在運動期間，創作了一首新歌《夏愨道》，主唱的Ben演繹時，腦海充滿傘運的畫面。他說，很感動，充滿回憶，思前想後，又想起當下六月的夏愨道。

雨傘抵擋彈雨和路障，
戰友隨即追趕上。
如此色彩鋪設的街道，
權勢散佈恐慌迷霧。
明天怎抵擋，誰能預告？
……
多想他朝與和平漫舞，
堅守多久會達到？
……
變革已在現場，散佈自由勳章。[1]

他稍微閉眼回味，他只有二十歲，已經走過滄桑歲月。我完全能感受到他的心情，那悲觀中的希望。傘運一去五年，那些在水泥地上躺臥看夜空的日子，如風而去不留痕，而今年六月，卻又如夢如潮，湧回這條高速公路，幽幽下沉又微微上揚的抗爭險徑。Ben說，很嚮往香港得到民主自由的一天，但千山萬水，很遙遠很漫長啊。好像永遠都不能戰勝現實。回憶、願景、天與地，我們在僵硬的公路上，樂隊的歌聲裏，有一面自由的勳章，在空中漫舞。

當messenger鼓勵過路人

那個中午，在大埔連儂隧道，透過Boyz Reborn的歌聲，一刻的驚訝，深深的感動。我問Ben，你唱的時候有何感受？他說，唱的時候，他把自己放下來，重點不是自己，而是個messenger，把自己的感受傳出去，鼓勵路過的人。Ben最喜歡的那句是：「下雨天，都可給小草赤土滋潤。」曲詞的創作人Eddie也說，很喜歡副歌第一句「當你淚要掉下來，痛傷也是精彩。」那天當我路過千百張memo紙，色彩繽紛的小貼紙，好像在合唱「香港人加油！」聽到Ben的歌聲，內心就有力量。

Henri Nouwen提醒我們，人世充滿殘酷不仁，人性使然啊！紅塵俗世，免不了惡浪滔滔。接受人世醜惡的事實，並不是妥協認命。知道惡之頑強，更要選擇善良，以寬恕面對仇怨，以希望戰勝憂傷。

我以為，寫一寫惡的必然，可以給痛心的你，有個心理準備；局勢險惡，我們可能目睹更多傷亡。當「醜惡」仍然瀰漫街頭，「善良」卻出其不意的活現眼前。這是人生可愛之處，當你以為走到山窮水盡，don't be surprised by love。Eddie說，生於憂患時代，缺陷令生命更精彩。我們可以做到的是，embrace our time, be a better person。

1 《夏慤道》，何振賢作曲、填詞，Boyz Reborn主唱。

此年此月，此時此刻，香港

二〇一九　七月二十八日

社會動盪，每週拾級而下，香港一步一步走進陰暗的幽谷。民情異變，隔天就有新的傷口、意想不到的憤怒。算一下，破了多少底線、創了多少紀錄？——百萬行、衝立會、淚彈硝煙、聯署如雨後春筍、青年人為社運而輕生、連登衝出國際、示威年齡見新低、商場浴血、牧師神父上前線、民憤烈火燎原……

我在香港生活了五十多年，未見過如此急劇的社會變化，常有斷崖free fall之感。在憤怒、悲傷眾多情緒之外，恐懼以暴戾的姿態，闖進全港十八區。茶記阿姐問，着黑衫會唔會畀人斬？

七月二十一日那天，遊行終點在灣仔，然後群眾就進入uncharted land，無人駕駛。以為endpoint是金鐘政總，然後是中環、上環，交通混亂，汽車打蛇餅，完全冇警察指揮。走到西環，氣氛詭異，然後是掟黑漆彈。[1]在中聯辦的天橋，冇口罩，我是行人道上的觀察員，不怕拘捕，但心裏有強烈的焦慮。觸碰中共政權，打老虎，香港有排捱，會有更多更深的傷害。年輕時參與六四遊行，今次感覺迴異。恐懼直接而埋身。

精神折磨較肉體之苦更難受

回家看元朗直播，黑幫暴打市民，怵目驚心。但令我最心寒的，是那拍膊頭的一幕，防暴黑手套，輕輕搭在白T恤之上。[2]香港醜惡的一面，赤裸暴露出來。

一走了之，閃念心頭。幾個月前《眾新聞》訪問我，文章剛出街，我還說留港不移民。最惡頂的不是暴力。肉體之苦較容易接受，精神上的折磨太辛苦了，官員滿口正義，內心一窩蟲蟻，陰暗卑污。舊同事李立峯說出了大家的心情，幾個weekend，每次衝突都O晒嘴，evil caught us by surprise，過兩天，消化了，驚愕之後，又有新體會。

女兒在加拿大出生，問我和太太，「都可以考慮我先到加拿大，再申請你們過來……」我們認真想了一下，還是覺得，安身立命，香港是我們的家。太太很清醒，恐怖衝突即時令人震驚，但事件過後，人們總得找一個生活下去的方法。這兩個月，善良與邪惡，幾乎是沒有遮掩地呈現在港人面前。以前，正邪善惡的言詞，只會出現在周星馳的笑片裏，以戲謔的笑臉出現。港人不習慣愛與關懷，唔會講呢啲「老土嘢」。我們面對大量無恥謊言與惡毒暴力、但我們也大量聽見、看見了善良的好人好事。社工在街上「執仔」，餐廳借出後門，市民捱打救人，公務員發聲，報社員工反高層，屋邨住戶從窗口拋出物資。

有次遊行到金鐘，有個街站招募「銀髮守護隊」，七人一小組，走到警民衝突的前線，企圖降溫救火。我站在旁邊半小時，心郁郁想報名。但知道每個銀髮族，要手握鮮花上戰場，我覺得太「娘」，沒參加。當晚真的見到一個白頭佬，在催淚煙漩渦之中，高舉鮮花，解不開皚皚白煙，但那受煙的痛苦面容，拼上鮮艷的紅花，肥皂劇的畫面，細說勇敢與關愛的心聲。柳俊江血流披面，心仍然冷靜堅強，傷勢不輕，卻沒有仇恨。[3] TVB攝記拖起跳橋少年，又身護被毆雜差，超越派系陣營，旨在救人。

善與惡共生

這幾年，我常常在思考，如何體現人文精神？人之為人，最重要的是什麼？什麼對我的生命最重要？這些看似遙遠、離地的問題，其實就在你我生活之中。柳俊江平靜地向太太、向外界報平安；少女哭着對記者說，要回立法會救死士[4]；救傷隊搶救心臟病發的「飛天南」[5]……這些無數的瞬間，不就是人性在黑暗中閃亮的微光？人性是什麼呢？善與惡共生，老實講，你我都有自私、退縮、好勝、求名求利的一面，透過惡，才看見善良。我們當然渴望香港脫離困局，保住既有的法治與自由，有一天得到全面的民主。但你認真想想，就算今天香港與世界最民主的國家看齊，但貧窮、欺詐、政治醜聞、暴力襲擊……種種人性使然的社會問題，只會被約制而不會完全化解。用佛家的說法，人活一場，因為我執，苦是主調；基督宗教的人世，也盡是苦罪；愛，不是免於苦，而是在苦艱中成全。

愛是在苦艱中成全

社會充斥恐懼與悲情，更要努力如常生活。我幾乎每晚都與女兒在城門河畔散步。她經歷了六年有多的焦慮症，走過十分艱難的日子，近年好轉了，能夠在平凡的生活裏，找到滿足與意義。我近年才明白，做教授的女兒並不容易，自小她就對自己要求嚴苛，希望闖出一條與別不同的路。最近她公司來了個新丁，好肯做，女兒就很用心的幫小師妹計劃工作、撰寫建議書。「I see some great potentials in her.」她熱心的說。但奇怪的是，她對大老闆有一種莫名的憤怒，「當佢妹仔咁，執頭執尾，完全冇尊重。」

識咗我個女咁耐，我梗係知道呢個係misplaced rage。與人為善的她，知道小師妹很努力，fresh grad，傻下傻下好正常，如果幫下佢，她更能發揮自己。我同阿女講，十個老闆，九個半都會當小工係螺絲釘，你老細係一個正常的老細，你對他的rage是不正常。記唔記得，你幾年前情緒崩潰地對我說，「我浪費了六年，寶貴的六年，後生女有幾多個六年！」因為情緒困擾，她有很多年生活綁手綁腳。我對女兒說，「所以你特別愛惜小師妹，希望她有一個快樂又有成功感的工作環境」。天空晴朗，新月掛在樹梢，城門河銀光閃閃。我想起女兒多年來承受的壓力，很感慨地對她說，其實你能夠這樣關心小師妹，已經是莫大的成就，比起你拿什麼薪水得到什麼職銜，更有意義。我們在追求一個怎樣的社會？怎樣的人生呢？對自己，對別人，愛與尊重，能成就人生。太平盛世可以，亂世更加可以！

星期四駕車送女兒到機場。東鐵故障，沙田大塞車，為了及時趕到，我改了三四次路線，左穿右插，終於駛上青馬大橋，高速往機場。前面貨van慢駛，停下，我狂按警號，安全停下，背後私家車也及時停下。不到半秒，幾聲巨響，車廂內雜物飛舞，我們在慘烈的車禍現場，四車相撞，後面的士衝前，完全沒有落brake，一百公里撞過來，的士車頭盡毀，乘客浴血！這是我遇過最嚴重的車禍。奇怪我心情平靜，沒有半點why me的怨氣。過去半小時，我做了起碼五個改變路線的決定。此時此刻，在這個specific spot，如何避免呢？如果改變任何一個決定，都不會無端被撞。父女平安萬幸了。馬上截停一輛已經有個鬼佬乘客的紅的，把女兒送去機場。沒有把慘烈的炒車畫面傳給老婆，免她擔心，只說人沒事，in a good mood。老婆傳來兩個心心emoji，我心情更好。

女兒說，上機了，說十年前，我第一天送她到港大上課，也被撞尾。還記得當年我的嬲怒，那時我太忙，車禍阻住我做研究，勁忟憎。那時我和女兒、太太的關係也很疏離。前後對比，明白到，之前是怨怒，現在是溫暖在心頭，因為身在一個互相扶持的關係裏。人生避不開種種不幸的遭遇，在困難中站起來，自有源源的生命力。每一次遇到挑戰，都是一個「做人」的機會，可以放下怨怒，選擇關愛與寬容。

1 二〇一九年七月二十一日，民陣舉行第六次反修例遊行，警方指因有人鼓吹當天在金鐘一帶集結，故把遊行終點定為灣仔盧押道與莊士敦道交界。示威者到達指定遊行終點後，繼續前往西環的中聯辦，有人向中國國徽投擲黑色墨水，與警方發生嚴重衝突。

2 二〇一九年七月二十一日晚上，多名白衣人手持木棍與藤條，在元朗港鐵站大堂，以及月台車廂無差別攻擊市民，多人受傷。有兩名警員到場後，轉身離開，直至事發後三十九分鐘，白衣人離開，警察才到場。二十二日凌晨，警察離開後，十多名白衣人回到港鐵站，拉起捲閘入內追打市民。襲擊發生後，有傳媒直播鏡頭拍到，數百名白衣人手持棍棒在元朗站旁的南邊圍村聚集，警方調查後稱現場並無發現有人持有攻擊性武器，亦有網上片段顯示，有警察指揮官拍其中白衣人的肩膀，引起爭議。直至二〇二〇年四月，僅七人因七二一襲擊被控暴動罪。

3 七二一襲擊後，前無綫電視新聞主播柳俊江到現場義載市民，途中被白衣人用鐵通、木棍打頭，頭破血流。

4 二〇一九年七月一日，示威者在晚上九時半佔領立法會會議廳。接近十二時，警方開始在立法會外驅散示威者。數十位已經離開的示威者重返會議廳，把四位留守的示威者帶走。《立場新聞》記者訪問他們，其中一位示威者表示，雖然害怕無法離開，但更怕明天無法再見到留守的示威者。

5 飛天南，被指與七月二十一日白衣人襲擊案有關，疑於襲擊他人後倒地昏迷。在場的救護人員發現他心臟停頓，進行急救，並送他去醫院搶救，後康復出院。後來，被警方拘捕，與另外六名人士一同被控以暴動及串謀有意圖而傷人罪。

殘酷青春，難得夢一場

二〇一九 八月十一日

（攝——曾梓洋）

集體的七情六恨，現在式進行，下筆好像從風浪中活生生捕上一條跳動的鮮魚，我不單在說故事，自己也掉進海浪中浮沉，努力掙出水面吸一口氣。暴力衝突高峰期，港九新界毒霧怒放。我是決定留在香港的，很有決心，但走進令人窒息的死胡同，完全看不見出路。靜夜在城門河邊，新月初上，貼近得幾乎伸手可摘。通透的淡黃，月勾尖，可刺破喉嚨，月彎有如鐮刀，可斬筋削骨。一轉念，新月又如荷里活電影的標記，有個小孩坐在搖籃似的月心，安靜地垂鈎釣魚。我試着在鮮血與眼淚之中找到這個安靜的小孩，周邊卻只聽到霹靂的槍聲與憤怒的髒罵。

朋友曾梓洋這幅照片把我內心難以言

說的情緒凝固在一個迷幻的球體內，從中可窺探香港當下正在形成的集體潛意識。

梓洋還寫了一首詩：

每一縷綠光
都是一個不服從的靈魂
把月亮拉到地表
以荒謬回絕荒謬
以夢境實現夢想
難得夢一場
革命不老

暴力星火燎原，警察爆發，黑道斬人，示威者縱火掟磚。評論文章盡出，分析的火力與功力，近年罕見。可說的話說盡，民意要求獨立調查，清楚而強大，政府就是不聽。

社運成功很重要 忠於自己更重要

令人憤怒的事例多不勝數。政權卸責，還滿口法治，稍有是非心與正義感的市民，五內翻騰。論述好像到了盡頭，說理完全沒有出路。另一方面，勇武升級，示威者滑進暴力的螺旋，講一百次仇恨生仇恨，都是對牛彈琴。過了七月，勇武升級，向警署掟石縱火，和理非勸止而不得。好比一頭「爆肌」的馬，馬力十足，策騎的位置懸空，怎樣跑？向哪一個方向衝刺？大家各說各話，不知爬上哪一座山，好像只能相信一個神秘黑洞，叫「連登智慧」。道理說盡，眼淚流乾，絕望是一塊黑不透光的棺材板。

我一直有讀容格的學說。他的神秘主義傾向很難懂，也很迷人。我只是皮毛的認知，最初是熟習他的一些關鍵詞，似懂非懂。最不明白就是他的「集體潛意識」，但上個星期太空館「激光匯演」，讓我明白容格多一點，也讓灰暗的情緒稍為緩和了一點。

容格說：「完成一個人的命運，就是人生最大的成就。」他所說的不是宿命，而是在歷史脈絡中，將意識中的我，與潛意識之中的我，在矛盾之間統一，最後成全自我（他所指的individuation）。

在生命的旅程之中，我們往往被無名的、盲目的力量牽着鼻子走。當人漸漸成長而有所啟悟，意識、自覺社會加於己身的期望，並探索被壓抑的七情六慾，從而忠於自己，做自己。這是容格所說的成就自己的「命運」。

我快要六十歲了。慶幸不再被社會角色牽着鼻子走，而能尋回內心那個愛哭愛笑的小孩子。我想，大多數香港人都希望調查問責，找出真相，希望香港有自由、民主、法治與人權。

對於今天的我而言，社運成功很重要；但更重要的是，無論成敗，我們能否如容格所言，完成「個人的命運」，在歷史的高潮與低潮，盛世與亂局之中，體認自己、忠於自己，站在善良正直那一邊。在這個標準之下，就算香港淪落為威權社會，大批異見者被關在牢獄，如果我們追求的不是仇恨、權力、破壞，而是在敗瓦中努力不懈地守護公義、自由與關愛，只要忠於善良的召喚，生命會在苦難中成全。

媒體所見，不論是親建制或是自由媒體，最搶鏡的就是暴力衝突，血淋淋的苦情故事，輕易成為頭條熱話。但暴力背後，那些是什麼人？我有不同的機會，在勇武現場以外接觸勇武派。當頭盔脫下，面罩解除，我直接感知的年輕人，大都有一顆赤子之心。大陸的價值觀與生活品味，他們不接受。香港大陸化，來勢洶洶，他們不接受。經濟上的甜頭與自由人權，如果必須二選其一，他們會選擇後者。香港的核心價值有別於大陸，「本土」是他們安身立命之本。他們可以清楚告訴你，遊行、說理、參選、靜坐、絕食、聯署，路路不通，他們哭了，上前線，受暴打，也會瘋狂還擊，但有誰願意流汗、流淚、流血呢？他們覺得香港橫又死豎又死，選擇同你死過。

在一個研討會上，我問八間大學的學生領袖，他們是否想過最壞的後果？是否真的願意吃子彈，是否願意受牢獄之苦？他們清楚地說，願意。政府如果以為經濟繁榮、搵到食、上到位，青少年就不會「搞事」，大部分上過街、爭取過的，都不會滿足於「財爺派糖」那種安撫手段。

青少年既有和平遊行的乖乖豬，也有視死如歸（不過又淆底）的勇武派。我的老朋友大都是五、六十歲的銀髮族，好心不要用自己的世界觀，套在年輕人頭上。無論你喜歡不喜歡，世界不是你的，不是政權的，世界是年輕人的。被控暴動罪以及他們的兄弟們，二十歲吧，還有五、六十年在香港。就算他們在獄中，都會在香港活下去，活到二〇四七年之後。林鄭月娥在記者會說出新論，其實是老掉牙的舊論：拚經濟、求穩定，大家乖乖聽話，可以混一口飯吃。對不起，這樣的舊思維，青少年喝不下這杯茶。

左腦寫評論，右腦搞創作。香港人左腦發達：和理非，功利效率，四四六六「拆掂佢」。容格學說轉到右腦：直覺、感覺、情感、喜惡、聯想、創造。我覺得，今次社運，左腦的理性論走到盡頭，理智還是管用的，可加深了解「自由香港」面對「威權中國」的困境。但這兩個月，非理性（沒貶意）的感情力量，是社運主要的驅動力。

心理學一〇一，意識層面的理智活動，只是社會民心之中的一小部分。冰山頂尖之下，有很大很深的潛意識與創造力。容格其中一個創見是「集體潛意識」。個人的深層情感與情緒，與社會有共通的根脈連結，他說：「夢是個人的神話，神話是集體的夢。」

抗爭與快樂
可瞬間展現眼前

浸會大學時任學生會會長因身上有多支雷射筆而被捕。翌日，在尖沙嘴太空館，大批市民帶laser pointer集會。激光中，火加光，等於我。所創造出來的巨蛋、熒光、老歌、重唱、嘉年華，是個多月暴力衝突之後的情緒大爆發，星光下，新月前，*Star Wars*情懷，管他生生死死，今晚我唱盡我歌，施展我一身解數，在投影機前跳出自由舞步。羅文老歌之外，有Beyond的社運金曲，一生不羈放縱愛自由，懼怕一天會跌倒。

過去與現在，舊酒新瓶，感情再次結盟。樂隊RubberBand名曲《發現號》，千人合唱，有老鬼，有十三四歲的新丁：「撞進了冰山，捲上了急灣，一秒從未想折返。」在暴力升級的八月，萬萬想不到，意外的叉頸拘捕，創造一場如夢似真的幻彩射香江，沒有攻擊性的殺傷力，卻有奇妙無比的創造力。容格說，製造象徵的能力，是心靈能量最奧秘的潛能。而這種在香港急速累積的符號與象徵，驅動社運，將會成為一代人的神話。

六月、七月、八月，香港的集體，湧現多種能量十足的景象：催淚煙有如「仙境」、警察的長盾有如冥頑不靈的步步進逼、頭盔口罩雨傘是弱者的盔甲……這一切，形象與情緒，都會滑進青年示威者的潛意識，左右他們下半生的觀感與行為。

除了帶負面情緒的符號之外，我們更需要善良的符號。和理非集會依然可愛。情侶被控暴動，在風風火火的時分，共證婚盟，赴湯蹈火，在所不辭，他們的婚禮，會收藏在抗爭者的心裏。太空館的逆權派對，是罕有的快樂抗爭，大家必須銘記，良知、抗爭與快樂，可以在你我不能預知的瞬間展現眼前。這是困苦勞累的小休，這是笑對風雨的能耐。年輕人唔buy「繁榮穩定就是一切」，他們的神話不再是李嘉誠，他們的神話是盛夏的瘋狂舞曲。

行公義，好憐憫，核爆唔放手

二〇一九　八月十八日

被控暴動的情侶，證婚時套用社運的口號說，「核爆都唔割席」。夫妻山盟海誓，可以理解，但若應用於「和理非」與「勇武派」，永不割席，我不能理解這種冇底線的互相認同。我不上教堂、不拜佛堂，但有信仰，歐斯底里的仇恨與暴力，我只能堅定地說，行公義、好憐憫，這兩點，核爆都唔放手。

特首高官、建制中人，基督徒多不勝數，眼見黑社會暴打市民、斬斷手筋腳筋、有女子眼睛疑被布袋彈射中、多個少年骨折、警察不依警例、睜大眼講大話，竟然視若無睹。為了權位，「行公義，好憐憫」六粒字，掉進了他們良心的櫃桶底。

道德良心成迷魂丹

機場禁錮事件之後，建制派跳出來大肆譴責，甚至上綱上線連到恐怖主義。被欺凌的是一個《環球時報》記者[1]，引起海嘯式的文宣譴責，完全不成比例。道德良心，只不過是政治鬥爭的一粒迷魂丹。作為有公義心、憐憫心的人，看見勇武青年的暴戾，覺得可怕、可惜、可厭；但看見有人利用市民的同情心，咬住禁錮事件貓哭老鼠，對警暴絕口不提，矯情扭擰的所謂「義憤」，更令人氣憤。

這本書不論政，只想談一談仇恨如何把人變得面目猙獰。那晚，扭開電視，撲面而來的，就是機場喊打喊殺最激烈的半小時。正如很多看現場直播的市民，馬上被捲入情緒漩渦。《環球時報》記者被五花大綁，頹坐在行李車上，I♥警察的藍Tee、證件一地都係，近百人把他團團圍困。圓圈中心是《環球時報》記者，內圈是「護着他」的郭家麒、張超雄、一個牧師和一個外國記者，有示威者推壓上前，外一圈是一眾舉機的記者。當時殺氣激昂，隔住鏡頭也感受得到。那一刻，他們已被仇恨俘虜，無論勇武兄弟願不願意承認，他們確實火燒心，目露兇光，哪怕只是一瞬間。

一頭憤怒的野獸

大家只能在自己良知認可的價值觀之內，決定參與或不參與運動。核爆不分離？談情說愛可以，若說到良知的認同，有底線的綑綁，說不通。我當晚在臉書寫了一句，「仇恨會把人變成野獸」，馬上被網友批評：「你們的道德真係好高尚，道德殺人，專殺自己人。」道德高尚會累死人？若沒有道德，我已經是個死人了。和理非核爆都唔切割的，不是什麼政見立場，而是「行公義，好憐憫」，作為一個人的價值，死人冧樓都唔會放棄。

說回來，機場勇武的戾氣，我不認同，但可以connect，因為我認識那一頭憤怒的野獸。我大半世人都超級溫馴，遇衝突只會息事寧人，不對他人懷惡意，就算真的看不過眼，懷恨在心，也會自責內疚，要求自己善待對我不好的人。但世間上的凡夫俗子，有誰心底從沒有過仇恨呢？別人對你的單單打打，惡意或善意的批評，你在職場食過的死貓，被家人朋友出賣，甚至是自己的私欲與惡念，種下的種種恩怨與誤解，仇怨是普遍的人生體驗，只是程度有深有淺。

很多善良的老好人，「超我」好勁，可以壓制「自我」的仇恨心。過去一段很長的時間，我時刻警惕自己，我係一個好好老師，唔應該發脾氣！然而，如果我一直做好人做到死嗰日，我完全不會看見自己也有一個「獸心」。喂，老友，發嬲好自然啫，我半世人都唔發嬲，係好唔自然。我說過很多次，過去幾年，我和自己相遇，內裏有個可愛的童心，也有一個不甚可愛、自私小器的野孩子。理智上的自我形象，與七情六慾的自我，有很大的反差，兩個我相遇的時候會感到驚訝，乜我係咁嘅咩？然後恍然大悟，原來壓在內心那些細眉細眼的仇恨，可以累積成瘀血腫瘤。放下壓抑，坦然面對自己，我發現連十年前某某教授給我一個藐視的眼神，我都記得清清楚楚。那時他穿橙色polo，撥起衣領，不可一世……近年我有幾次情緒大爆發，有如野獸怒吼，把太太嚇得哭了，事後連我都害怕了自己。

憤怒不解，滋長仇恨

半生經歷的仇恨，小兒科，濕濕碎，壓抑久了，爆發時，也可以去到好盡。我十分明白抗爭者的憤怒。憤怒不解，屈辱累積，仇恨就滋長。這兩個月，社運前線的兄弟，目睹慘事連場，罄竹難書，市民有冤無路訴，反被視為恐怖暴徒、no stake in society、廢人。

若捉到對家的臥底，還被困我方，他死梗。歷史裏太多冤案，被鎮壓的一方，仇恨無法透過公義程序疏導，層層積壓，有人被捉，血海深仇，立刻投射到呢條友仔身上，群眾同仇敵愾，仇恨有如野獸奪門而出，打破理智良知與惻隱之心，以暴易暴，以眼還眼，也是「理所當然」。仇恨可以令本來正直的人，獸性大發。大家不要掉進暴戾的漩渦。行公義，可以發怒，可以咆哮，但不要容許自己變成野獸。好憐憫，明白他人之痛，諒解那些追求公義的鬥士，也會被仇恨俘虜。

不論大家有沒有信仰，「行公義，好憐憫」這幾個字，緊緊抱在心懷，存謙卑的心同行，這是我們不割席的基本。

1 二〇一九年八月十三日晚，《環球時報》記者付國豪沒有持記者拍攝機場的示威，示威者質疑他的身分，襲擊並將他以索帶綁起。

公義不彰，和解只是偽裝

二〇一九 八月二十五日

警察在拘留病房虐打疑犯，閉路電視錄影公諸於世[1]，病房酷刑慘不忍睹，施施然搣疑犯腳毛，抽打其下體。被揭發後，沒有人認錯道歉，冠冕堂皇的警方記招，睜大眼講大話，投訴不追查，還推搪說，不知道病房有CCTV。

不禁想到，新屋嶺拘留了五十四人，及後三十一人送院，六人重傷。[2]禁室內，叫天不應，律師不聞，他們是怎樣渡過被拘留的時間？當種種病態畢露眼前，如果公義不彰，敗政不改，一味說寬恕、和解，要不是卸責，就是邪惡的偽裝。

若連道義都放手 還剩下什麼？

心靈雞湯只是溫吞的止痛藥。修心不單和理非，還必須有擇善固執的勇氣。過去幾年，人生苦難的磨練，讓我可以挺得過這場社運狂瀾；情緒常有波動，但花一點心力，就可以平靜下來。靜觀其變，不至淹沒於憤怒與悲情。心靜反而能看清楚，什麼需要放下，什麼需要堅持。仇恨報復，沒完沒了，何不放下？但道義、良知，不能不堅持。若連道義都放手，人作為人，還剩下什麼？你斬我筋骨、穿我肺腑，然後不去正視促成悲劇的暴行，反而空談聆聽與和解，掩飾諉過，逃避責任，讓毒瘤繼續敗壞香港，這種沒有真相的「愛與寬恕」，看起來溫柔婉約，骨子裏是驕妄偽善，比暴力本身的邪惡，更有過之而無不及。自己不「行公義」，反而叫受害人「好憐憫」，豈不有如武則天，一邊開殺戒，一邊開設「和解平台」；黃台之瓜，任君拮摘！

對公義的堅持，是個人的，也是集體的。那一天維園擠滿人群，再溢滿周邊的街巷。綿綿風雨，大半天沒停，大家寸步難移，漫無路線，「遊魂」而不是遊行。雨聲人聲淅淅瀝瀝，路面水灘可見浮光倒影。人在傘陣之下，小空間有如秘密的夢境。我走上行車天橋的高處，外望維園數以萬計、色彩繽紛的、鼓脹又飽滿的傘海，雨霧似夢迷離，承托你我對夢想家園的嚮往與追求。香港之夢，是私人的、也是你我共享的。

這時背後有把熟悉的聲音，「Hey Eric!」竟然是廿多年前的學生。Jane與我話不多，但有深厚的默契。中大畢業後，她到美國讀書、工作、結婚，帶着兩個孩子；幾年前舉家移居新加坡，從事IT工作。這個夏天，她已經是第四次飛回香港參與逆權運動。「I desperately want to be in HK...」

「我們這個家」

我們在行車天橋上，在人群中，在滂沱大雨下，談過去、談現在、談香港這場「完美風暴」的未來。Jane在大陸出生，兒時來港，在香港生活了十五年，然後在外地生活了十七年，丈夫是美國人，不懂廣東話，是什麼原因，Jane還是熱情的把香港視為最親近的家園？她一九九六年入中大，一九九八年畢業，與幾個同學，拍攝了一個橫跨九七回歸的紀錄片，還找我做指導老師。Jane令我印象深刻，非關勤力，而是她的懶懶閒，做什麼事她都不上心。有次拍攝訪問，她遲到兩小時，說睡過了頭，只是傻笑一下，不當作是一回事。外表愛理不理，其實她對香港很上心。在外邊生活這麼多年，幾乎每次香港危機，她都念念不忘，跑回來積極參與。

其實我十多年沒見過她，第一次重遇，是二〇一二年反國教運動期間，我在政總絕食四十八小時（真係小兒科）。燠熱的晚上，我躺在小帳篷內休息。絕食區有圍欄，路人隔在幾米以外，不能直接探望示威者。那夜我身體狀況很差，血壓高至一百六十，腳步虛浮。偶爾外望，竟看見了Jane。她站在圍欄，街燈蒼白昏暗，我只能隱約認出是她：尖面、瘦削、高挑，愛理不理，卻多了沉重的神色。我緩緩走上前相認，隔着及腰的欄杆，輕輕的擁抱，到今天我還記得，她背門緊貼黑色T-shirt，汗水濡濕，體溫灼熱。十多年不見，我倆竟沒說話，默然的，給對方感情上莫大的支持。那是本土意識高漲的二〇一二年。

今天是七年之後，在雨中，我們倚在馬路的欄杆。她細說，在新加坡每天追香港新聞，無心工作，一有機會就隻身跑回香港。她說話總是抽離，都係嗰句，盡人事啦，香港將來會點？冇乜所謂！但她是如斯投入，遊行時，主動搬路障、叫口號。她說，「沒什麼貢獻，香港岌岌可危，我很想站在港人這一方！風雨同路，一起成長！」她到過大埔連儂牆，認識了一個極瘦弱的中學女生，示威現場每當看到人漸散、勇武被打，小女孩馬上走上前線，踢走催淚彈，或試圖淋熄催淚煙。Jane說，自己若見到同樣的危險，馬上會尋找退路，但小女孩卻挺身上前，支援兄弟，令她敬佩。

黃昏時分，烏雲重重壓下來。銅鑼灣大廈林立，灰銀色的玻璃幕牆，反映陰雨的憂鬱。但天際線下的無邊傘海，給我們強烈的差異感。在政權的威嚇之下，香港人站出來，風雨中抱緊自由。中港大不同，大陸民眾，十四億的龐大人口，在官方報導下，普遍視香港為暴徒之都。我們不是暴徒，唔好屈得就屈，這是香港！在這個同化的過程，香港人一次又一次，站出來

二　港殤疫潮

其實，在我眼中，Jane也有點像這個瘦弱的小女孩，為香港這個家挺身而出。Jane說，「雖然我在海外生活的時間，比香港還要長，但香港的destiny，好像是我自己的destiny。我知道香港人有很多缺點，but, as cliché as it is, this summer really gives me a lot more reasons to love this city of mine.」

保護家園。林鄭口中的「我們這個家」，其實內有乾坤、不可盡信。她心目中的家，與港人的訴求南轅北轍。若不談公義，只求和解，對不起，港人所爭取的，是公義、正直、自由、問責，以及最終得到中共承諾的民主。有所堅持，才能和解，這才是港人的夢想家園。

Jane趕晚機返新加坡。那夜，我寫了這一段，送她：

Hong Kong / China
Two systems
Right before the eyes
Respect our differences
Stand by what we believe
Even if we are beaten
Times and again
Bone broken
Eye shattered in blood
They can't kill us all
I hope one day
China can become more like HK
Free and fearless
818, summer of 2019
Under the rain storm
Million umbrellas
Yellow, Blue and Red
Chanting in unison
The beating of the hearts
The beacon of a brave new world
Around the corner of history
When the faceless
Off their masks
Sing in tears
Hoi Foot Tin Home

1

二〇一九年六月，一名六十二歲老翁涉襲警被捕，在獨立病房涉被數名警員以拳擊下體、警棍塞口等。事主兒子向投訴警察課報案調查一直杳無音訊，直至八月中在立法會議員林卓廷陪同下，公開病房的閉路電視片段。事後，警方以涉嫌「襲擊致造成實際身體傷害」以及「串謀襲擊致造成實際身體傷害」，拘捕三人。

2

二〇一九年八月十一日，多區有警民衝突，多人被捕。有大量示威者被送到新屋嶺拘留中心。有被捕人士投訴，即使受傷仍不獲送院接受治理。組織罪案及三合會調查科高級警司李桂華後在記者會表示，當日新屋嶺拘留中心的五十四名被捕人士中，有三十一人到醫院診治，當中六人傷勢較重，有骨折等情況。

同溫同氣，偏見溫牀

二〇一九 九月一日

Spike Lee電影成名作 *Do the Right Thing*，女兒看後馬上強力推介，「套戲好似講緊香港，好到肉！」

一條街的一天，混雜黑人、白人警察、意、韓、墨裔，互相仇恨，電影每分鐘爆兩句 fxxK you！戲肉高潮，黑人與意大利餐廳老闆口角動武，警察制服黑人，看得出警察緊張慌亂，竟把黑人箍到氣絕身亡。種族怒火爆發，被遷怒的意大利餐廳付諸一炬。

Spike Lee長年在仇恨充斥的社區成長，狂躁的鏡頭下，對人性有深刻的洞察。長駐社區的白人警察，平日食雪糕、打牙骹；今次錯手殺人，同事掩飾罪行，馬上變成警暴鐵證。

對弱者來說，fight the power，總是對的！黑、白、意、韓、墨，互相侮辱，是對的！對立各方，往同溫層裏鑽，同聲同氣，可壯聲勢。Spike Lee退後一小步看，道德高地之下，有複雜的人情世故。最好的因，可成最壞的果。

四散一邊的拼圖

荃灣二陂坊鳴槍，就是這樣的複雜故事，拼圖四散，掛一漏萬。警方與民眾、黃絲與藍絲，都傾向選擇同溫層的一小塊拼圖。當晚我參加親人的百日宴，BB眼大大，好鬼可愛。吃燒雞中途，手機躁動，彈出軍裝鳴槍的消息，不到半小時，臉書洗板，都是類似的GIF：中佬跪求警察不要開槍，差佬唔聽你支笛，一腳踢開，槍指記者，失控怒吼……我吃不下燒雞，悶悶不樂，百日宴的歡樂氣氛，不相干了，眼睛只盯着手機。一位朋友告知，跪地求和的，是他認識的傳道人。另一個朋友PM我，「警察瘋了，點收科！」這一塊仇警的拼圖，支持運動者，理應耳熟能詳。

那夜我回家沒睡，直播片段看了又看。腳踢傳道人的畫面，揮之不去，耿耿於懷。但慢慢一層一層去了解，心才靜了下來。警方很快就稱讚同事「克制」、「英勇」，記者招待會播出開槍之前的一幕：黑衣人追打警車，圍打幾個下了車的警察，鐵通長矛，勇武強衝，警員敗退，慌失失跌倒，然後拔槍。那開了的一槍，向天而不是射向人群。單看前段，示威者強攻，警員搵槍，你話係唔係「英勇」？黃絲聽落刺耳，藍絲聽落順耳。是砌辭？是同仇敵愾？要看究竟聽在誰的耳裏去。

如果將事件再往前移，示威者襲擊麻雀舖、機舖、食店，玻璃爆破一地。這一塊拼圖，政府拾起來做文章：嚴厲譴責暴徒破壞市民私產！我的「藍朋友」，咬牙切齒，「呢班友，狼過華秀隻狗，一定收佐好大嚿錢！」另一個家庭主婦說，「街市平日唔少蠱惑仔出入，近排鬼影唔見一隻，梗係收錢做嘢，跟肥佬黎搵食，今次係食大茶飯！我諗直接收美金添！」

事件再往前推，這些黑衣人孭起一單血債、一份沉痛的屈辱。早前荃灣有白衣人與藍衣人四出打人，和理非左膠勸阻勇武追打「落單」白衣人，「放生」之後，一個屈尾十，白衣人回頭再斬斷一個示威者的手腳筋肉。被斬的年輕人不敢就醫，腳掌感覺全失。勇武兄弟切膚之痛，入心入肺。公權不能伸張正義，有冤無路訴，私下打擊二坡坊被指與斬人案有關的店舖。此舉並非林鄭所言，乃示威暴徒胡亂破壞市民私產。

踢拖傳道人的「如果」

事件一環扣一環，黑、警、官、民、

藍絲黃絲，各方手執一兩塊拼圖，在同溫層尋找佐證，強化自己的悲憤與敵意。同溫同氣，偏見溫牀。而最神奇的一塊拼圖，來自《端傳媒》訪問傳道人，他以軀體擋槍，若擦槍走火，他馬上命喪當場。我十分敬佩呢位「踢拖」傳道，他那件「大露臂」背心，尤其麻甩市井。作為教會傳道人，「行公義，好憐憫」，唔知講咗幾多次！恕我直言，唔少老油條牧師，都係得個講字。麻甩傳道卻身體力行，難得仁勇，講得出做得到！他誠實指出，警員搶搶可以理解，見到佢哋好緊張，不必苛責。事實上，鏡頭所見，差佬真係「一仆一碌」。我想起*Do the Right Thing*中警察誤殺黑人那一幕。如果閃念之間，警察開槍，那張血腥畫面，將會擴大而成社運符咒，仇恨與暴力將更深更烈。而這個「如果」、這個悲劇，真有可能發生！

同溫層愈往深層裏探，你可以看見詭異的陰謀，不可思議，沒有證據，卻深入民心。這些流言蜚語，加深彼此偏見，不同陣營，都有偏頗陳述。但必須強調，偏見有scale，一級到十級，小錯不是大錯，大錯不能化作小錯。

「答案」自動跳出時 請停一停

社會對立升級，偏見也會升級。偏見帶有強烈的仇恨，仇恨會指揮腦袋，同溫層愈往深層裏鑽，在不斷升溫的漏斗尖，仇與恨，可怕的驅動力，連被驅動的當事人也不自覺。都說，今天香港沒有中間派，淺藍淺黃，各自歸邊，溫和的聲音收窄，鷹派目露兇光，鴿派低調支援。然而，多元聲音是健康社會之本，激進與溫和互相連結，社群才有自我更生的活力。勇武派有勇武的理由，義憤驅動，良心召喚，齊上齊落手足情深。溫和派也有溫和的理由，不認同暴戾復仇，但一定認同伸張公義的赤子之心。

日前嘉道理家族發表公開信。猶太望族，落戶香港一百四十年，家傳智慧：「My late father often spoke about the uniqueness of Hong Kong」，截然不同 ideologies，在香港可以和平共存！

這幾年，最能助我走出偏見的是 changing lanes、shifting gear 的能力。在個人生活、很多我接觸的情緒病個案之中，與自己的七情六慾對話，每當自己火燒心、或沮喪到不能自已，你會發現，滿腔情緒都給你確實的答案，都是你已經習慣了的答案：我係一個廢人，我上司係一個賤人，暴徒係廢青，黃絲受CIA擺佈，藍絲係腦殘……對於這些自動跳出來的答案，請你同自己「頂下頸」，talk back to the "answers", asking questions instead，問自己，為什麼仇恨？為什麼沮喪？手執一塊事實的碎片，退一步想，換個角度看自己，可能找到更多接近真相的拼圖。

離開風暴，不時走出自己的同溫層，並不會讓你找到香港的出路，卻能靜心看見善惡糾纏的人生。

少年浪蕩，勇武也有落寞時

二〇一九 九月八日

九月，開學月。有三個中學生自殺。中大百萬大道，十間大專院校學生齊集，幾萬人，由烽火台到「飯煲底」，黑壓壓滿是人，叫口號，響震天。這樣的場面，老實講，二〇一四年已經見識過。

更青春的，是一間中學的開學禮，條片viral到英國*Guardian*大報。阿叔我年紀大，已經忘記中學係點。原來校長老師進場咁大陣仗，背景播交響樂，好似皇帝登基。

台上學生MC行孖吣，一中一英，司儀tone，乖巧伶俐。我才回想到，中學係一個規行矩步的超穩定結構，順者昌，逆者記大過、冇運行。呢班中學生竟然夠膽死在嚴肅的開學禮叫口號，唱國歌時反唱*Do You Hear the People Sing*！

最後，禮成，刻板的司儀tone，突然充滿柔情，「大家謹記，兄弟爬山，各自努力，大家有不同的崗位，不論遇到任何困難，都要勇敢面對，望一下身邊的同學，回望我們一起走過的路……」在保守的中學，說出這番有情有義的話，搞喊不少剝花生睇片的成年人。

幾月下來，我們愈來愈認識少年勇武。被捕的，十二、三歲都有。中學生的icon：頭盔、眼罩、防毒面罩，就算不是最勇武的，也一定不是「散水和理非」。十五、六歲上「戰場」，太後生了吧。他們很多還沒有投入過傘運。媒體中慢慢透露少年人的故事，武裝係威係勢，面罩背後，是一顆顆幼嫩的心。有個故事，勇武孩子只是十四歲，一生人未去過港島，勇武後，唔識返屋企，問路時有個姊姊請他們吃飯，仲話請埋佢哋friends，竟來了手握鐵枝的，把餐廳的人嚇傻。

當少年勇武回歸學校體制

《鏗鏘集》訪問了一男一女，都是十五歲，為了正義與自由，真誠投入勇武抗爭，幾個月不言倦。言談間，一聽就聽出他們還在夢幻少年時，不怕世途兇險，naive又simple，純真得令人心痛，說預咗被捕坐十年，出監嗰陣二十五歲，接受得到。他買gear的心情，我特別上心，掏盡了零用錢，四百幾蚊，在鏡頭前一一展示。上文被陌生姊姊請吃飯的孩子，不肯把gear留在餐廳，因為沒錢再買多一set，但風頭火勢，回家路上可能被搜身。最後，餐廳老闆送錢給他們再買，才肯留下裝備上路。Gear，貼身，「出生入死」，化為今次運動的強力象徵。對成年人來說，在香港生活多年，集體象徵多一個唔多，之前已經有黃傘、獅子山、洋紫荊、東方之珠……但對於一個少年來說，在他價值觀形成的重要階段，抗爭回家，在鏡前看一下自己的倦容，把「豬嘴」好好收藏。勇武look，將會一生難忘。

勇武少年開學，香港社會清楚看見，他們不是一小撮極端分子，而是vocal的一大群。開學禮，全體學生合唱。係合唱！我看完開學禮片段，再看看示威罷課拉人鏈，半垂頭女生，以筆代手，與身邊「擰歪面」的男孩連成一線；警察圍校門、搜學生書包、把男生撲跌地上。有些學生帶頭盔、黑口罩、黑衫，進不了個別學校的校門。有被捕學生被開除學籍。有父母透露，孩子哭問，我仲可唔可以返學？

中學生暑假上前線，九月回校，身處於兩個不同的社群系統。學校，conforming、保守、避談政治、有規有矩、師長是權威、有晒syllabus、「out-sy」等同嘥時間、上台要用司儀tone、品學兼優先可以做領袖生……抗爭社群的組織系統幾乎完全相反，逆權者有名你叫，本質乃non-conformist。政治訴求是核心，行動如水，現場演繹，傳統權威靠邊站，在街頭學習而得的價值與知識並沒有syllabus，上街叫口號、講粗口，都出自肺腑，有別於示範辯才的朗誦腔。校長老師大方得體的鼓勵學生「獨立思考」、恪守社會良知。但係問心嗰句，最重要的，是主流社會的功利價值，中學最威水的招牌就係「摘星工場」，幾多個5**、幾多個尖子、幾多個讀醫學院、入Global Buisness……而今次逆權所爭的，是正義、自由、民主，而在爭取的過程，很可能犧牲學業與事業。

暑假漫長，時間表打開了，學生前線游走，催淚煙飄揚。九月回校，兩個價值系統正面衝突。對學生來說，學校、學業是生活的主體（家庭生活只是次要，下課回家仍在溫習，家長最緊張兒女是否學業有成、搵到食）。把街頭抗爭帶入學校，那種勇氣與壓力，不是成年人可以想像得到。中學的上課時間表與syllabus，像鐵籠一樣堅不可破。時間表裏面麻麻密密的方方格格，包含學校的榮辱、父母的期望、教育局的微觀管理、一個一個學生的前途。社會生產「有為青年」，依靠這個高效運作的機器。今年的非常九月，頭盔和眼罩，插進機器來，齒輪摩擦血肉，皮外傷一定有，更慘的是內傷。少年心事，必有痛傷。

軀體還未完全發育，心智仍在成長，卻要抵擋以暴力為專業的警方。不要高估罷課的力量，最終學生還是要回到那個高效的上課時間表之內。記大過的後果不大，但若被革除學籍，失學的後果很大。一個能力不錯的學生，脫離了那個時間表，變成一個失學的遊魂，而失學的標籤有刺，政治罪行的案底有疤，影響深遠，學生人生將會改寫。今年夏天，勇武少年都豁出去了，這是青春的權利，丹心柔情，do the right thing，沒有太多成年人的顧忌。

抗衡傳統學校的功利縮影

過去幾年，開學都有或多或少的學生自殺，而且中產家庭、成績優異、資源豐厚的，竟也會一跳喪命。我們都在問，為什麼學生變得如此脆弱？今年我們情緒支援小組的朋友，都害怕九月又會有學生自殺潮，但似乎那些走在前線的學生，無有識死，死都唔怕。表面上，他們似乎表現得比較硬淨，但小心後續的沮喪與絕望會追上來。

學生自殺，按照我有限的案例觀察，大部分跟self-esteem有關。家長要求高，就算成績不錯的子女，也會有low esteem，覺得自己唔夠好。反而很接受自己失敗的學生不易輕生。感覺「被愛」是兒童、少年，甚至成年人的基本感情需要。苛刻家長與教師，以成績高下來「施愛」，又或不曉得「示愛」，會令香港這個高壓社會中的孩子容易走入窮巷。今個暑假，少年人上陣，朋友結連朋友，稱兄道弟，手足齊上齊落，巴絲情誼義氣深，遠勝校內爭考第一的明爭暗鬥。甚至不認識的戰友，faceless，並肩於槍林彈雨，同為爭取政治訴求。這個浪漫化了的抗爭社群，甚至可以打散學校／家長那個功利至上的意識形態。巴絲之情，互相肯定對方。淋熄一個催淚彈、救出一個兄弟、紮好一個鐵馬，彼此默默欣賞。看上去，老師與家長的功利讚賞，顯得八股冷漠。開學自殺潮，關乎怪獸家長、怪獸校長、令人窒息的「生涯規劃」，打鬆了，有所謂公義的追求，良心的呼喚。學生逆權，不單單是「反送中、反警暴」，也在抗衡傳統學校那個大社會的功利縮影。

情緒病不是一朝一夕，而是長年累月的自我否定，被愛／被肯定的需要，長期無法滿足，借開學的情緒起伏而踏上絕路。本身已有情緒問題的，抗爭可能暫時寄託身心，但遇上挫敗，既有的絕望及無奈更容易爆發。

沒有情緒病史的勇武少年開學，面對保守校長與暴力警察，若加上家人的不諒解，情緒亦有可能出問題。早前有個勇武青年，父母政見不同，有家歸不得，最後跳樓身亡。勇武少年仍在學，衣食住行仍靠父母，學校是生活的主場。若果他們的抗爭行為不被諒解，甚至被打壓，將會面對怎樣的情緒危機？罷課最後無論「成敗」，學生還是要上課。而什麼是成、什麼是敗，也很難說。被捕的手足愈來愈多，家人望子成龍夢碎，子女更要承擔父母的憂鬱。出生入死的情誼，是理念，是抗爭的熱情，而不是延綿於生活的友誼，也不是自殺者可靠的安全網。少年良知清純，勇往直前。在可怕的痛苦與屈辱之下，少年浪蕩，能否挺得過去？

我想得很現實，香港這場仗，持久戰的機會大，換句話說，勇武少年畢業幾年後，我們將會仍在抗爭。請不要期望clear cut的成功，也不必沮喪於一朝的失敗。能活着，就是最勇敢的抗爭。因抗爭受挫而出現輕生念頭，一時想不通，與那些長年累積出來的情緒困擾不一樣。身邊的手足、師長，一個體諒的眼神，一雙聆聽的耳朵，放下政治批判，感受一下對方的困擾，一定能紓解勇武少年的鬱結。

長期的情緒病要花很大心力陪伴。我相信，一般的勇武少年，本身有堅強的底子，成年人的體諒，有需要時拉一把，他們會勇敢生活下去。少年人抗爭，需要莫大的勇氣與毅力。身邊的朋友、家人、老師，對他們的行為未必認同，但接納他們仍是你的學生、你的兒女，他們會好過一點、堅強一點。父母師長，政見是身外物，最寶貴的是生命、親情。路漫長，我們一起走下去。

Believing is Seeing. It's a yellow object!

二〇一九

九月二十九日

常言道，seeing is believing。我做多年ethnography，深知believing is seeing才是常態，人都傾向相信自己的眼睛，目擊為證，但往往都見到自己想見的。撐警市民，專注示威者的暴戾、警察的英勇。反過來亦然，黑衣人一些歇斯底里的極端行為，巴絲理解，網開一面。

近日，直播片段中，有警員在後巷腳踼黃衫義工，講英文嘅外籍差人話，那是「yellow object」。唔一定係人，它可以係背囊、背心。警方不讓記者到後巷拍攝，又用射燈，閃呀閃，閃到你暈，堵截「真象」，模糊現實。直播斷正，就用千奇百怪的言語辯解。大家都在想，除了講大話之外，差人係乜嘢心態，可以一邊施暴，一邊自圓其說？

一廂情願
看見自己想見的「現實」

我不是念心理學出身的，但年來深入觀察，明白自我否認、合理化、偏聽、偏「見」、抹黑、物化、醜化，種種心理機制，由情緒病患者，到正常生活的你和我，其實都會有不同程度的wishful thinking，想當然、一廂情願，看見自己想看到的「現實」。

警方發言人宣稱，他們極之重視人的生命，並以克制、誠實、專業的態度維護治安。我們如何理解這種官方陳述？警方的觀點，與我們看見的，實在相距太遠。這是不是單單觀點與角度的問題呢？我的「藍朋友」常常說，換了在美國，早就開槍！我方眼中的警暴，也許在他方眼中，佢哋真心覺得，警察冇開槍，都算幾有良心㗎喇！

黃與藍，撕裂雙方，嘈交嗰陣，往往有強烈的衝動，想要說服對方、「拗」贏對方。我覺得，將這種衝動hold一hold，轉一轉念，多一點好奇心，反而明白多一點人性，知道什麼叫「一廂情願」。我們看見，警方在大埔暴打少年，佢冇gear、急步走、冇反抗，棍打頭，血流如注。最惡劣的情況是，警方習慣掩飾過錯，撒謊而不愧。如果變成新常態，墮落的斜坡，一跌冇回頭。

曾有警官說，稱示威者曱甴，不理想，要改善；但大家在示威現場，都知道警方上上下下，均以「打曱甴」描述追捕行動。流出的內部對話，開口埋口都係「曱甴」，對警而言，非人化的昆蟲標籤，已經生根入血。這種明言暗語，在潛意識發揮作用。

信念的力量扭曲事實

當然，將仇恨與暴力合理化，警民雙方都有發生。但警方與示威者的暴力，傷人的比例太懸殊。我親耳聽到，藍朋友說，八三一太子站，她見到警方狂性大發，亂打市民，她一時接受不到，自圓其說，認為那些暴警，是暴徒假扮的！暴警與暴徒，只相差一個字。她是個虔誠基督徒，典型的穩定派，「社會安定大晒」，深信警察止暴制亂。但她的善心，不能調協眼見的警暴，撐警的信念，力量大到可以扭曲事實。

深刻的信念，可以引導我們大量「蒐證」，以證明自己是對的。挑戰信念的反證。一，視而不見；二，貶為偽證；三，扭曲現實，令自己的信念與感情協調，減輕矛盾所造成的不安。社會撕裂，公眾情緒有如火藥庫。對陣雙方，believing is seeing的情況十分普遍。不少精神與情緒病患者，都會有扭曲的信念，導致他們看到一個扭曲的世界。我不是說今天香港出現「集體精神病」，這說法，花生指數高，大家不必濫用。但我相信，情緒「病態」與

「常態」之間，有豐富的聯繫。「病態」與「常態」背後，都是有血有肉的人。

抑鬱病者普遍都相信自己「廢」、「爛泥」、「樣衰」、「失敗」、「陀衰家」、「累街坊」。但真係好頹、好廢嘅人，其實「闊佬懶理」，心理都不知幾健康。而不少depressed嘅人，一啲都唔廢，其中有high achiever，只不過因為拿不到滿分，就覺得自己「一文不值」。成功的人，自視為失敗者，可想而知，make believe的力量有多強大。

make believe 迎合偏見

五年前認識Peg，當年她二十五歲，患厭食症，骨瘦如柴，眼睛深陷眼窩，外貌嚇壞人。但相熟之後，我不能不相信，在她自己眼中，她瘦得很「美」。外人覺可怕，她自覺「可愛」。美是主觀的，但客觀的指標，她可以任意扭曲，以迎合自己的偏見。當年病重，生命受威脅，她同意增加食量，心理治療也見實效，人漸開朗；體重、身形回復正常，雙眼炯炯有神，我才發覺，原來佢係一個靚女！

有趣的事發生了，當我們覺得她美麗，她照鏡時，卻覺得自己又肥又醜。我對她說，那是錯覺。她對我說，鏡中那個醜女，對她而言，是千真萬確的！她的營養師、精神科醫生和臨牀心理醫生，三個專業人士，是她信任的人，都說，你的BMI、脂肪比例、各種指數，好「靚仔」。營養師還告誡她，BMI不可跌低過雙位數。但Peg不同意，她心目中有個數字，她搜尋各種資料，以證明她的三位醫生都是錯的。儘管醫生說，「你想BMI降到17，係專業運動員嘅數字，搏殺十年八載，都要回到正常的數字。有啲女運動員，仲搞到冇M嗝……」

當她心理病慢慢康復，她照鏡仍然覺得自己肥，但看自己的「倒影」，竟說，「其實睇我個影，唔肥，瘦瘦哋，ok嘅。」亦即是說，她能局部接受現實（倒影，看不清面容），但心理還是扭曲，鏡中清晰的自己，仍然係個肥妹，「看見的」與「現實的」仍未協調。Peg說，那不單單是信念

（BMI 17才理想），背後還有很強的情緒。當她觸摸自己的「麒麟臂」，她會生出強烈的厭惡感。我只能笑說：「你雙手臂好fit喎！」

Peg是病態案例。其實，正常人也會「想當然」、make believe、一廂情願。近年，中共成功把人民包圍在一個ideological bubble，民族主義高漲，仇港情緒激動。香港警察投身入甕，接受大陸同胞的喝采，但同時被香港市民唾棄。不要驚訝於點解有些警察以如此暴力這樣對付示威者，上述的make believe的心理機制，可以在他們心裏發揮作用，其實也可以在你和我心裏發揮作用。

和／勇憤怒互通

二〇一九 十月六日

朋友介紹，BK是荃灣勇武。腦海中，馬上浮現荃灣的中槍事件[1]，而且係十倍慢鏡的畫面。其實，我對勇武的認識，就是看短片，頗為片面。身邊不少善良的藍朋友，星期五看見區區有縱火破壞，覺得勇武係爛仔。我聽到這些想當然的片面理解，很無奈，他們跟不上民情變化，香港實在變得太快。老實講，我自己做田野考察出身，但對勇武仍然太多簡化的印象——兇、狠、勇，充滿仇恨，有強烈的正義感。從朋友得知，衝前線有西裝友、初中生、banker，乜人都有。坐在我眼前的BK，並不符合我的勇武想像。

BK十年前有過情緒病，如今在戰場，他冷靜，幾calm，知道勇武的代價。荃灣熊貓酒店happy hours，我上了一課，勇武「冇譜」，不能想當然，佢哋係有血有肉的個體。你甚至很難分割勇武與和理非；三個月前可以，今天不可以。我是一個死硬派和理非，不喜歡暴力，但這三個月的「磨練」，我對勇武的感覺變得很快，變得和勇難分。

BK今年快三十歲，物理治療師，人工唔錯，生活安穩。他手瓜起腱，大件頭，頸項有紋身，是個簡單的新月圖案。他說，若有空，大都會上街，豬嘴面罩係basic，不過他大近視、厚眼鏡，full gear都會催淚煙入眼，戰鬥力唔係好猛。我問，「前線食gas，咪好金？」BK輕描淡寫，肉體的痛，不算什麼，他捱得住。就算盲左眼，阿Q

的想，仲有隻右眼嗎。他不是最前的，負責送物資，傳消息。朋友從台灣買來裝備，他會親自帶到最前線，送給「件頭薄」的少年人。他們冇錢買gear，得個外科口罩，死得啦！

為了正義驚也出來

十月一日，BK在荃灣租了酒店房，方便換衫儲物資，也可以方便兄弟。風聲緊，朋友被爆房，好誇張，警察打爛酒店房門，入房大搜查。他說，身邊少年勇武，心血盛，沒有太多顧慮，未必懂得充分評估後果，衝得比他更勇。他和朋友們，三十歲上下，開始明白，對家庭、女友／太太、父母，總有責任。他最怕被捕，若定罪入牢，三年、六年、九年，如何向伴侶交代？外邊有不少評論說，指勇武預咗死、預咗坐十年，係，有人係咁勇，但勇字背後，更多是焦慮與不安。BK的一個戰友結婚三年，已有一子，老婆又大咗肚，上前線好苦，掙扎良久，入心入肺，還是去做清道夫，掃走催淚彈。若坐十年八載，出獄之時，兒女已經長大，情何以堪？

有次在荃灣，首次出動水炮車。BK知道水炮的衝力，可以擊倒示威者。那天，街上幾百人，發足狂奔，當中還看到一個老婦，水炮張牙舞爪，真心驚，但為什麼驚也出來？他說是一種正義感，看到不公道的事，覺得太離譜，心裏難受。他也曾是個和理非，在傘運之初，佔領金鐘，本住甘地精神，公民抗命任你抬，唔會「還拖」。當年也是「四條差佬夾埋嚟，抬你走」，嗰陣以為粗暴，依家回頭看，當年其實好斯文。「今時今日，都係四個警察衝過嚟夾，不過跪到你痛不欲生！」

和理非是如何升級的

本來和理非的BK，是如何勇武的：遊行唔得，十萬、一百萬、二百萬，喂，政府一直都視而不見！公民抗命又唔得，咁大家氣上心頭，七一便發生了佔領立法會。我比BK大三十年，自己也記得，七一是第一個突破點，「暴力破壞」，不傷人，在會堂內拉直幡、讀宣言。香港人O嘴，你唔好爆玻璃啦，不足二十四小時，接受咗。然後是七二一元朗白衣人襲擊事件，公權不能伸正義，打九九九警察又唔應，白衣人打人你又唔理……大家都幾乎可以一級一級的數算，和理非是如何升級的：破壞公物、堵路、堵機場、擲磚、擲汽油彈、警民對打、破壞藍店、地鐵，進而私了。一步一步升級，和理非起初有質疑，慢慢理解、同情，不一定同意，但警方盡失人心，和平市民便一步一步理解勇武的憤怒。

BK說，這是簡單的logic，政治制度不公平、不公義、內地化；林鄭用警察過橋，以求解決政治問題，市民眼見警方以公權壓市民，狂妄當克制，歪理當專業，民憤就這樣每月升級。市民吞不下這口氣，和勇合流，是很容易理解的。幾個月前，我對擲磚、擲汽油彈都是十分抗拒，覺得沒有必要、亦可能傷人。這些日子，相比起來，勇武之暴，真的暴不到哪裏。

為什麼勇武人數激增？在荃灣，警察槍打心口，一哥說成是打膊頭附近。每一次的不公義行為，都會激發更多和理非，一步步同情勇武，甚至連自己都勇武起來！BK也是這樣走過來的，他的義憤令他走上前線，正如不少勇武者，市井直率，每有俠義精神。BK讀歷史，讀武俠小說，正義心重。記得初中之時，經常流連在二坡坊，那時機舖多，邊青多，他見過差佬把一排少年逼到牆邊，警告盤問，掌摑不合作的。他也經常打機，那時早已感同身受，覺得差佬有權，就自以為可以欺凌市民弱小。這幾個月，看到差佬情緒每每失控，但又有恃無恐。

懂得與壞情緒做朋友

十月一日那天，由於群眾分散，BK與朋友都只是行行企企，冇乜做到嘢，只能干擾到社會運作，以表示唔屈服，「你話可以做到乜？我哋都唔清楚！」我問他收到健仔中槍的消息，會不會很憤怒。他說，認識健仔，見過面，是前線的兄弟。

但不算難過，後來救得返，是高興的。他預感遲早會死人，預咗。我對他說，在前線，我看到的勇武都比較激動，殺氣很大。也許我並沒有好像今天那樣，脫下mask與BK面對面交談。他說，在現場，他也會盡情侮辱警察，言辭激烈：「喂，我只係死剩把口。」但BK是相對上比較平靜的，懂得平復自己的情緒。十年前他念理工大學時，患過幾年情緒病，自殺的念頭經常湧上心頭。他家住十七樓，多次站在窗邊企跳。情緒病走過來，倒讓他在亂局之中，保持內心平靜。他這些年，懂得與壞情緒做朋友，「黑暗」湧出來之前，他已經可以預感得到，預先想辦法避開情緒洶湧。

他會用打機的口頭禪，鼓勵有尋死念頭的戰友：「死人冇輸出，係game入面死咗，冇晒分，托X咩！」反而拚死都要活下去，才有機會看到轉機。BK訓練有素，知道情緒來自某些刺激、某些身體上的反應，刺激與反應是會過去的。對他來說，憂鬱的情緒，可以被他接受、被他容忍，然後慢慢被消化，然後是退卻的。他問我睇過Russell Crowe主演的《有你終生美麗》（*A Beautiful Mind*）沒有？我說看過，我仲知道BK想講咩添！電影中，諾貝爾數學大師John Nash患精神分裂，經常看見一高一矮的「朋友」，告訴他什麼世紀大陰謀。最後主角沒有完全康復，那一大一小經常出現、絮絮不休。但數學家的心裏，容得下這兩個朋友。BK深明此道。

黑暗不會完全與人生割離

他記得，十年前，他病入膏肓，仍在看《挪威的森林》，其中有一句很深刻：「如果你掉進了黑暗裏，你能做的，不過是靜心等待，直到你的雙眼適應黑暗。」那時BK很絕望，覺得永遠在黑暗裏。畢業後，他好過來，不單適應了黑暗，同時與黑暗交朋友，不會再完全掉進黑暗裏，並相信黑暗的情緒來來去去，總會見到光明的時刻。人在光明中，又不會太久，黑暗是不會完全與人生割離。他也是用這樣的心態，面對香港當前的困局。他說，就算運動失敗，也不想移民。但他不會適應黑暗、不會麻木，有需要的時候，仍然會勇武起來，不論成敗，只求對得住自己。

1 二〇一九年十月一日，中五學生曾子健在荃灣，被一名警員開實彈擊中左胸，情況一度危殆。康復後，他被控一項暴動罪和兩項襲警罪，指他在荃灣緊地坊襲擊兩名警員，包括開槍的警員。

靜觀三景：湧念、悲喜、港殤

二〇一九　十月二十日

在集體的悲傷與憤怒之中，我努力在學習如何使用內在的力量。

幾年來經歷情緒風浪而樂活至今。我以文字與朋友分享過超越絕望的經驗。但每天面對暴力畫面，是考驗心力的大挑戰。第一步是要抒發悲傷。如果看見這麼多青少年與市民頭破血流、屈辱受苦，仍能「克制冷靜」，才是違反人性。中大校長由最初poker face，到後來聽到學生的經歷而眼濕濕，那是同理心駁通了的自然改變。這些年我訓練自己的，是如何讓情緒易於表露，同時不被情緒所困。

怪石，青草地

第一個例子，可簡單說明如何靜觀湧念。我與山友每週行山，那天一眾出發，由春坎角爬上「佛地魔石」，整個山頭怪石嶙峋，又似猩猩，又似Snoopy。山友在石林休息，吃水果、欣賞怪石。我在不遠處，在平板的大石躺下來，cap帽蓋臉，做了一節Focusing。與Mindfulness差不多，就是把心思感受，都回到眼前這一刻，過去的過去了，不必追悔；未來的未來，不必憂心。把感知安定，肩背感受到岩石的粗糙表層，微風輕吹，微微有草青的氣息。每一個當下，都有豐富的生命力。我聽到不遠處，山友發現了一頭「骷髏石」，興高采烈的爭相拍照。我心的「靜」，很容易靜觀內心的「動」：一陣強烈的好奇心，驅使我張開眼，甩開蓋着臉的cap帽，「彈」起身，看一看那塊鬼石頭有何「把炮」，然後打卡拍照、在Facebook分享。這一連串的動作，只是湧念，完全沒有實際發生。我看到一個有強烈好奇心的自己。「我」在靜觀另一個「我」。這個簡單的心理，大家很容易明白。「定於當下」，看見自己內心湧出好奇心，若要靜觀而不動，就需要慢慢練習。我躺下來沒有動，內心有寬心和愉悅之情，看見自己像一個小孩一樣被好奇心牽動，很amusing呢。單一的情緒比較容易分辨，但人往往要處理更複雜的情緒。

第二個片段我要先交代一下背景。反修例運動未發生之前，我和老朋友十多人，相約到台灣，一來參觀我有份參與的畫展（搵老師衫尾的師生展），然後遊台東一週。機票酒店都訂好了，但運動開始，我愈來愈覺得「唔對路」，Facebook留言已經「燶燶吔」。我是「藍朋友」中唯一的黃，對警暴萬二分氣憤，若旅途中有誰說「暴徒」抵死，警察抵撐，我一定「火都嚟」。辯論起來，誰都不能說服誰，一時激動，講大咗，無謂。掙扎了好一段時間，本想退出台灣之旅，錢當跌咗啦，咁佢哋就可以同聲同氣、暢所欲言。朋友分道揚鑣，是可悲的。

最後忐忑成行，君子協定，不談政治。途中朋友很節制，偶然發洩一兩句，也是人之常情。到畫展會場，只有我們一伙，包晒場。我本以為自己只是玩票性質，但朋友熱情討論畫作，輪流邀請我合照。退休前我很古縮，又扮謙虛，喜怒不形於色。現在放鬆了，而且完全沒有預計，畫作得到大家欣賞。

擾擾攘攘就上車起程，到台東名勝鹿野。開揚的山脈遠望廣闊的平原。我獨自在草坪散步。Focusing不必一本正經的閉目靜觀，在相對安靜的地方散步，效果也不錯。走路的步伐有節奏感，尤其大自然環境，自有輕柔的感應，可以很快進入「臨在」狀態。幾個小時前，在畫展的感受沒有充分消化，甚至未經大腦就擱置一旁。現在心靜下來，朋友對畫作的評語，一句一句冒出來，他們的欣賞，不是畀面，而在於友情。畫作是可以的，頗悅目，水平及格啦，但十多二十個兒時朋友，識於微時，由香港來台灣看我的習作式畫展，我才意識到一份遲來的感動。「馬仔，快啲過嚟，單獨同你合照……」溫潤的友情背後，緊隨而來政見不同的緊張與不安。在鹿野，腳下是柔軟的青草地，群山環抱的平原，壯麗如畫。當下靜心的我、被友情感動的我，以及對藍朋友撐警的惱怒，三個「我」，三種互相衝突的情緒，此刻可以共存。因為這種自覺，我對朋友，尤其是對政見不同的朋友，和而不同，有了較大的寬容。我坦白自己，也希望朋友包容。

第三個Focusing的例子是關於屍體的。由台東到花蓮的路上，我追看十五歲少女離奇死亡的懸案。眾多疑點之下，警方說沒有可疑。[1]還有幾十個自殺及屍體發現案，也是「沒有可疑」。一想起就悶悶不樂。疑慮、不安、恐懼。強烈渴望真相大白，對警方片面之詞極不信任。多少生命喪失，令人內心刺痛。對困局的悲愴與無力感，聚集在一個個灰飛煙滅的生命之上。Now TV記者被施暴的可靠見證[2]，令人聯想到更可怕、更廣泛、更慘不忍睹的警暴。香港快要掉進深淵，或者，我們都已經在痛苦的深淵裏。

一行禪師說，洗碗時，我們都想快一點洗完。但洗碗就是洗碗，專心的洗。不要心急跑到「完成」的階段。這道理，看似沒有深意，但正是訓練「臨在」的好道理。經過長途車程，由花蓮到了宜蘭，下榻山谷內的一家溫泉小館。我喜歡清晨到戶外風呂獨處。天初亮，沒有人，在戶外一個私人又開放的空間，白煙輕飄，人安靜坐在溫水裏，很容易感受當下，溫水與皮膚的接觸，把感知帶回身體，一兩下的水滴聲，有如聽到靜修的鈴聲。

最困難時刻，享受……

當我進入狀態時，屍體與死亡的糾結，都浮現出來。香港背負很多未解的謎團與痛苦，面對不可測的將來，極權壓境，水浸眼眉。如此死結，病入膏肓而完全沒有解藥。直播的暴力場面風風火火，嘶喊謾罵，槍火癲狂。然而，這都不是我此刻的當下。腦袋裏的思想，看真一點，是一隻過度活躍的甩繩馬騮，always jumpy，跳回過去，跳進未來，就單單不能停在當下。當下那泉水溫柔，白煙緲然，清晨寧靜，充滿愉悅，充滿生命的力量。心愈靜，就愈能夠靜觀一浪一浪湧出來的意念：你係港豬……不負責任……只顧個人享樂……或者你可以寫一篇評論……評論在極權之下毫無用處……幻想民主戰勝歸來……

這個清晨，在戶外風呂的半小時，我找到當下活着的力量。簡單，就是一種力量。在最困難的時刻，享受片刻的寬容。這種安靜的臨在，可以看見湧現心頭的悲情與憤怒。紛擾的心念都在。它們不是生命的全部。生命中仍有一個感知當下的我，仍有快樂的可能。這個我，千絲百念，而不被百念所淹。不困於情，而能知情、用情，化悲傷為力量，用憤怒增勇氣，借痛苦練剛強。

1 二〇一九年九月二十二日在魔鬼山對出海面被發現的赤裸浮屍，證實是香港知專設計學院的十五歲學生陳彥霖。由於陳生前是游泳健將，加上曾參與反修例運動，警方調查後稱其死因無可疑，引起社會廣泛關注。

2 二〇一九年十月十四日凌晨，Now TV 車長在旺角警署外前往採訪車途中，後腦懷疑中布袋彈受傷，及後被多名警員押入警署。兩個小時後，警方確認他有合理原因在現場才獲釋。車長事後報稱，在警署遭警員暴力對待，右邊面下顎骨裂，需動手術。

一個寬闊的籃子寫給溫和的中大朋友

二〇一九　十一月十七日

這篇短文，是寫給溫和的朋友。我較難理解勇武示威者，與他們有一點心理距離。但我很明白和理非內心的無奈與悲憤。和大家一樣，看不見出路，鐵腕牢牢的扼住我們的頸項。活在香港這麼多年，從沒經歷過這種令人窒息的精神折磨。六四是他者之痛，如今是切膚之苦，入心入肺，很多朋友徹夜難眠。我們都迫切地希望為香港「做啲嘢」，卻驚覺暴力的巨輪輾過來，所有的付出，都變得杯水車薪。運動初期，我經歷過情緒繃緊的警號。慶幸適應過來，在最艱難的日子，內心平靜，有足夠的力量，一步一步走下去。希望多一點溫和的朋友，可以保住自己的初心，也許能對當前的人道災難，匯聚而成一股穩定人心的力量。

上週一中大發生衝突，一直想回校，但車子駛不進去。星期二下午五點，把車泊在大學站外，步行入校已是戰場模樣。往二橋主戰場的路上，看見很多熟悉的校友、同事。V是廿年前的學生，多年的同事，親近的朋友，五個多月來，她全天候在示威現場，直擊衝突，記錄所見所想。今天，校園變成悲壯的歷史現場，中大是我和V思想啟蒙的家鄉，有如災難電影的異域，親切又陌生的二號橋、迴旋處、晚風中隱約的催淚煙，在如此surreal的時空與V四目交投，沒說什麼就想哭了。

心胸如池塘
寬容悲、喜、愛、恨

我這幾年易哭易笑，這種感覺起初很陌生，妻子和女兒也不適應，以前喜怒不形於色，永遠一條死魚咁，自以為好cool，其實係扮晒嘢。感受的暢通表達，是我由抑鬱康復過來的轉捩點。有幸認識張家興老師，他的workshop有一個比喻很受用：心胸有個清明如鏡的池塘，寬容各種悲、喜、愛、恨。心念起，不排拒，不陷其中，收容在池裏，池塘愈寬闊愈好，風浪相容，化作漣漪；漣漪相容，歸於平靜。壞新聞令我們悲憤，讓壞情緒發出來就好了，收在寬闊的池塘，就有空間留給好情緒，池水漾溢，悲樂共存。

入中大時，正好校長來了，與警方談判，傳媒追上來要畫面、要sound bite。校長、議員、調停的成年人，logic好簡單：學生在橋這邊，警方退往橋那邊，學生不擲雜物堵吐露、鐵路，deal。校長溫吞的好意，係唔想學生送頭、受傷、命仔都冇埋……校長把這個deal帶給學生，現場卻是一片憤怒之聲：唔信警方、唔肯放棄橋頭優勢、追究警暴、要求校長保護已被捕學生……老鬼如我，聽到學生的嘶叫，雖然已經習慣，但仍然覺得格格不入。這也是我們和理非的困擾。我在場看見一個全身迷彩軍服的青年，高呼衝刺，「輸咗咁耐，今次一定要贏！」面對暴力，尤其是火燒人、磚擲頭之類不能接受的暴行，和理非經常有糾結，不認同以暴力易暴，但眼前警察狂轟，學生死守，我站在頑抗的一方。

張家興的池塘比喻，也可以想像為一個很大很闊的籃子，可以收集內心湧起來複雜的情緒。和理非在這場大運動之中，主要是支援、調解的角色，堅持和平、非暴力的價值取向，行公義、好憐憫，敢於譴責暴力，敢於表達自己的立場，同時理解勇武的邏輯。我把迷彩勇武兇悍的戰叫，放在籃子內，不爭辯，也不被暴力說服，單單在籃子的一個小空間，容得勇武，就足夠了。我們共同的目標正是，不屈於強權之下，保衛中大作為思想自由的壁壘，就足夠了。

一九七四年，流亡法國的一行禪師還未「成名」，他寫信給仍在戰亂越南的Brother Quang。禪師創立了社會服務學院，他們不支持暴力對峙的任何一方，儘管學生被殺、被捕，仍然堅持以愛與體諒，服務被暴力蹂躪的農村。一行的書信，鼓勵在戰火之中的兄弟，以平靜的心境，面對暴力的衝擊。那批書信後來被譯成 *The Miracle of Mindfulness* 一書。

星期二的晚上，中大暮色四合，滿月初上，段校長第二次走往警方防線，再作談判。我走在防線前方，大聲知會警方「校長行緊過嚟」。萬想不到，催淚彈如爆米花，校長都冇面畀！我心生起一陣強烈的憤怒，警方對公民社會一切文明和善的力量，完完全全的disrespect，完全不在意請大學校長吃催淚煙，警察們，你對得住港人一磚一瓦砌了幾十年才砌出來的文明香港嗎？

憤怒是保持良知醒覺的力量。我把憤怒收在籃子內，不讓它完全主導我的心思意念。校長離去，到警署跟進被捕學生的下落。此時二號橋催淚彈連珠炮發兩小時，火光熊熊，攻防戰慘烈悲壯，同學死守，火與煙，衝上五層樓咁高。

兄弟見我冇gear，塞了豬嘴與眼罩畀我。這幾個月，我在示威現場不下十多次，拒絕上gear，我係和理非，唔會衝擊，只作支援。今次第一次，有gear保護，不致眼淚直流，還可以靠近武者前線。自願的，想知情，想做人肉backup。中大是我母校，是孕育我的家鄉。走到催淚狂飆的前線。槍聲卜卜不絕於耳，目下有若怒火焚城。這時我看見副校長，瘦弱的一個中年教授，努力在電話與有關方面周旋。我參與的老油條群組，也如驚弓之鳥，焦急如焚，在跪求高人叫停警方的狂攻。這時見一個學生「中頭獎」，血流如注，他卻叫身邊的陌生人，「唔該幫我影吓傷勢，唔要見樣！」

副校真勇，與學生走上催淚煙有如磨菇雲的前線。我的好朋友們知道我在中大衝突現場，都很擔心。我很平靜，真的平靜。在嗆鼻刺眼的煙火中，看見了滿月，看見了浮雲，看見了中大的理想主義傳統。我和太太都六十歲了，在香港，就算是強權脅迫之時，慰問一下有需要嘅人，就算在最可怖的小說《一九八四》裏，我們都可以幫下手。在我城最悲慘的時候，可以做一丁點微小的支援，已經足夠令我們覺得生命滿有意義。我在槍聲不絕的二號橋邊，寫了這幾句真心話：

Full moon it is tonite
TG canisters showering
Hundreds puffs of hate
Hundreds spears of dare
So much suffering, and love
And ruthless bravery
The CU legacy of dreaming the moon
To its FULL

容得下悲情
容得下義氣

四十多年交情的藍朋友，看見這段留言，指我「浪漫化暴力」，學生的暴行危及別人性命，老師唔可以教壞學生！我乃是把那個寬闊的籃子拿出來，接收這種強權trickle down的平亂陳述，回一句，我們良知的尺度不一樣，理解的。對於銀髮族而言，餘下的生命，不必浪費在唇槍舌劍的爭論中。

星期四再入中大，氣氛大不同，蕭瑟蒼涼。傳聞不絕：大鎮壓、大撤離、氣油彈兵工廠、暴徒全城放火……星期二守護山城的說法，很快又與現實不符。然而，對於和理非、銀髮族，無論在太平盛世，抑或是悲慘亂世，無論中大山城能否渡過難關，有意義的事多着呢，做完一件就算是一件事，在最惡劣的環境，只要我們心中有個大池塘，有個大籃子，就容得下悲情、也容得下義氣。香港來到二〇一九年，有深深的痛苦、有厚厚的屈辱。溫和的朋友們，可以做些什麼呢？這幾個月的經驗告訴我，分擔共感，那沉重的痛苦，那時代的苦難，不在乎有沒有happy ending，堅持站在正義、文明、快樂那一方；也不問係唔係endgame，只在乎行公義、好憐憫，守護良知，盡心活好每一天。

孤獨素人過千山過千海

二〇一九 十二月一日

素人司徒港燊（Vincent），參選葵青大白田西，得二千一百零六票；對手民建聯郭芙蓉，得二千四百四十九票；民主動力推薦的何卓威，得五百四十四票。V以三百四十三票敗選。全港區選結果公佈後，泛民大勝歡呼，V卻協調失敗而飲恨。[1]何卓威、司徒，素人相爭，是誰鎅誰的票？兩邊的支持者網上激烈爭論。兩人的票，若加起來，可以勝過「成日唔見人」的郭芙蓉。一看這局面，已知戰情複雜：「建制地膽」v.s.「完全素人」v.s.「民動認證」v.s.「前線手足」（何選前在理大附近被捕）。我的直覺是，紛爭在今天炒得熬焓焓，過一兩星期，就會被拋在腦後。大社會，烽火血淚；而大白田，有這麼一個從未想過參政的記者，幾乎每早、每晚，站在街頭派傳單，承受鎅票的指摘，他心裏想爭取的，是什麼？

V中大哲學系畢業，從事媒體工作十多年。二〇一四年參與傘運，正如不少年輕人一樣，經歷傘後的失落，漸漸遠離政治。然而，反修例運動卻又燃起了V的熱情，與女友經常在示威的人群中，齊上齊落。我女兒是他倆的舊同事，七月一伙兒六、七個朋友，到日本看Fuji Rock 山區露天音樂會。返港前買紀念品時，還在想，是否可以多帶「豬嘴」回港？那時V應該沒想過，他和女友竟在競選期間分手。

不只五大訴求 還要深耕細作

V的參選，港人不會陌生。他土生土長，三十多歲，一直都住在葵涌。香港是他的家，葵涌是他的家。逆權運動來勢洶洶，V覺得在街頭，他只是支援角色，送送物資，行行企企，作用不大。其實香港人，真係個個都好想「做啲嘢」；他就想到參選，連結居民，在具體的社區生活中體現民主。

他的團隊，同學、同事，不同行業都有。我參與了他們的謝票活動，看見V的戰友，都是三十歲左右的香港仔、香港女，完全沒有社運人士那種叫口號、衝前線的氣質。感覺就像一班舊同學一起打邊爐，港式公民社會，平凡而又親切。

V一心服務社區、實踐民主，我很清楚，他有單純的初心。但打從報名開始，由於已有民主動力的另一人選，V被視為鎅票黨、分化L，一落場就感受到巨大的壓力。眾所周知，今次選舉是政治表態，有不少選區，只要是黃色，乜都唔做，都可以贏。V的想法不一樣，理念政綱，深思熟慮；選舉工程一絲不苟，聯繫居民，深耕細作；否則當選後，單靠五大訴求的口號，不能做好地區工作。

大白田西三個候選人，他是最勤力的一個，每天早晚「企街」，與選民接觸、打招呼、派傳單。佢努力認識居民，不過網民未必接受佢。V記得有個留言好mean：「鎅票鎅到你咁，為咗三萬蚊議員人工，仲辛苦過隻狗……」V站在路邊派傳單時，下班人潮，熙來攘往，他反問自己，是否真的想做區議員？那陳義甚高的政綱，是否自欺欺人？吹到咁大，係唔係扮嘢、講大話？他的正職人工不錯，為什麼要投入吃力不討好的社區工作？V很誠實的面對自己，很早就反問，是否可以在競選期間，試下實踐理念？於是他發起聯署，提議在區內設立寵物共享公園。又相約幾個街坊執垃圾，這個看似徒勞的活動（食環會執），過程又有發現：劏房區的業主，完全不理垃圾問題；住客唯有把大量家居垃圾，放在滿瀉的街邊橙桶旁，影響街道衞生。

強大團隊

艱苦作戰

日間有正職的V，勤力投入社區。不要以為他有一個強大的團隊，不錯，他們確實很熱心，但係，個個有正職㗎！V在中段已是艱苦作戰，很難找戰友協助，大部分時間，都係一個人企街站。從早到晚，一個人，站在路邊。我本以為有不少街坊，會停下來，與他談論區政。V說，大部分時間都沒有什麼交流，街坊就算肯拿宣傳單張，都係急急腳走（你知香港人行路有多匆忙！）

我和V談了兩小時，「孤單」兩個字，是出現最多的關鍵詞。坐在他身旁，很能感受到他的累：每天站在路口，背後有個易拉架：「踢走保皇，更保民生」——八個字，幾「口響」㗎！但他完全不知道，匆匆走過的選民，腦袋裏想的是什麼。

團隊各有生活，不能每晚並肩走上街頭。十月，V意識到女友完全沒有參與……V沒有講述分手的經過，我也覺得沒必要。

感情呢家嘢，一瓢飲，冷暖自知，心照不宣。V只說，女友對他很好，在生活很多方面，無微不至。在選戰期間，頓然回復單身，他深深的歎一聲：「好孤單、好空虛！」他經常一個人擺街站，感到頗為氣餒。與女友分手之後，他有一個深刻的體會，就是別人對你的好，不是必然的。他想起一部日本電影《夢之花嫁》，裏面的便利店阿姐，對客人微笑，「人工唔包㗎」；給你微笑，是她的好意；木無表情，是她的自由。V想通了，團友的義務幫忙，不是必然；女朋友的關懷，不是必然。得到了支持與愛，格外感恩；種種原因令自己孤獨一人，也要安然接受。放開懷抱，一個人站在十字路口，做好選舉工程，每一個隊友抽空來街站幫忙，V都感受到窩心的支持。人就這樣放鬆了，釋懷了，常存感恩的心。

當然，最令他忐忑不安的，是他與何卓威的競爭。何的競選，在於社運，是抗爭，是五大訴求。何在街頭被捕的當晚，V舉行了誓師大會。兩個完全不同的戰場。訪問期間，歉意與不安，仍然不時在折磨着V。我很明白他的心情，抗爭手足，講的是立場、義氣、風險；區選講的，是政綱、民生、票數。手足很容易就可以指摘：前線在冒險，V在撈選票，在吃人血饅頭。我私下覺得，鎅票風波很快會被遺忘，但V是素人參選，他的心路歷程更有意思、更值得被港人記住。

在最緊急的投票前夕，V仍要承受極大的壓力——網民公佈了一個民間調查，基數三百多人，有七成多人支持何卓威，只有兩成多人支持V。結果出爐，引起激烈爭論。V說，感覺好似死咗親人咁恐怖。理性一點來說，所謂七成人，其實是二百個政見強烈的網上表態者。但驟眼看，V不退，就是鎅票罪魁。退選的壓力，令V透不過氣來。開票時，V雖然為落選感到內疚，但也發現他這兩個多月來的努力，並沒有完全白費。我也在謝票活動的現場，深深感受到街坊由衷的支持。有對小夫妻，抱着BB說，一開始就收集各方資料，知道V如何努力、如何認真思考區政，才投票支持他。有對兄妹，開朗的對V說，「父母一直支持民建聯，看見你的工作，都轉投了你。」有個三十多歲的男子，緊緊握住V的手不放，「你示範了一個成功的競選工程，應該是這樣的……」親身感受到街坊互相凝聚，形成一種社區力量，V才意識到，抽象的政治理念，透過努力實踐，有血有肉的孕育成有機社群。

原始形態都是孤獨

選舉結束，經過兩天沉澱，V說，整個感覺，好像他喜歡打的一個Death Stranding遊戲。裏面只有一個人，在孤獨的旅程上，過千山過千海，在山嶺、在幽谷、在曠野，建一條橋，開一條路，其他打機的人，不知身在何方，遙遠的她，覺得你做得好，會給你一個讚。一切都在孤獨中進行。

失戀的V，打了一場慘烈的選戰，學曉了坦然面對孤獨。V說，你不可以打開選民的腦袋，分析他們在想什麼、支持什麼。人與人的connection很神秘，我只能盡力做好自己所信的。直到最後，才知道有二千一百零六人支持我，而且收到很多鼓勵的短訊，在謝票期間熱情的問候……熱狗店Oh My Dog老闆高聲說：「喺我心目中，你贏咗喇！」

我想起他是念哲學的，想起自己深愛的存在主義：存在先於本質，孤獨的決定，成就獨特的自我。V背負勞累的身體，但心思意念，仍然是活躍的。努力在回顧那異乎尋常的兩個月。我對他說：人的原始形態都是孤獨的，一個人面對自己的存在，確認、接受、擁抱這種存在的孤獨，旅途中遇上的每一個笑容、善意、關愛，都值得感恩。

謝票當晚，我感受到V團隊強大的友情，以及街坊熱情的肯定。V說：「在心中，永世難忘，感謝大家的支持與愛。」我說，個「愛」字，好肉麻喎，你肯定嗎？V說：對，係愛。

1 二〇一九年十一月二十四日，區議會選舉。今屆投票率高達百分之七十一點二，是歷來最高。泛民主派在多個選區大勝，四百七十九個議席中，共取得三百八十九席。

LMF放下廿載成全當下

二〇二〇　一月五日

廿年前，LMF爆紅，我沒有申請一毫子研究經費，跟他們喪玩半年，出版了兩本普及書，幾篇學術論文，既滿足又滿意。當年董建華時代，政治低迷，社會怨氣深，恰巧接連LMF強大的次文化能量，地下狂野分子打入主流，化身流行樂隊，觸發保守中產與「粗口廢青」激烈的控訴與辯論。二十年過去，今天LMF大懶堂二十祭，MC仁帶我入後台，站滿了幾十個地下band友，眼前的氛圍，熟悉又陌生。阿庭上前擁抱，我內心無以名狀的躁動，在瘋狂的二〇一九年，LMF與群眾之間，情緒互相衝擊，但那是一種怎樣的情緒？是LMF鼓動歌迷，還是反過來，社會的不安，為演唱會注入強大的力量？帶着期待，我走進Star Hall蠢蠢欲動的人群。

兩晚表演，十隊樂隊暖場，後起之秀向LMF致敬，交棒換代。交棒，這是「二十祭」原本的設定，但現場所見，情緒的高點，完全與當下社運有關。重金屬樂隊「逆流」，高唱名曲《六呎之下》；舞台上的背景大幕，剪影示威者跪地，歌詞大大隻字投射眼前：「頹垣敗瓦」、「血流如注」、「身首異處」。此刻剪影倒地身亡，重金屬怒哮，會場充斥悲情與憤怒。

新歌舊作呼應時代

晚上九時正，LMF出場，新歌《二

零一九》，一班中佬，依然走在潮流尖峰，無論設計、音樂、歌詞，冇得彈！Chorus：「用十年換十年，判十年坐十年」、「極權製造混亂，制度混亂，完完全全，極度偽善。」台上台下，街頭巷尾，都在呼應時代悲歌。快歌三巡，慢歌《返屋企》，大幕跳出數字，隱喻失蹤人士，MC吟唱：「無論你去到幾遠，記得要返屋企……」整個Star Hall瀰漫招魂的神傷。

壓軸一曲《揸緊中指》，是二〇〇九年的舊作，不但沒過時，而且擊中當今的世道人心——「一、二，兩隻手指，意義就只有自由兩個字，一無所有嘅鬥士，揸緊中指，唔係你想咁易！」整個表演，群情洶湧，示威口號此起彼落。

兩天後，我到MC仁鄰近新屋嶺的家，敍敍舊，談了一個下午。原來二十祭，本是個退休farewell party。新歌原意輕快，跟朋友say goodbye，「今宵多珍重」嗰種。運動爆發，什麼都不一樣了。LMF的歌詞，一般由MC仁寫副歌，然後四個MC（肥、傑、仁、華）各寫一段，互相比併。華哥在逆權運動走得很前，他已是銀髮族了，火猛情深，第一個吹雞，話一定要為運動寫番隻新歌，意念先行，煲底相見！

新歌定了在十月四號出街，到近死線交稿，華哥第一句就係：「生如同死……」MC仁歎道，「華哥你第一句，就唱到咁絕，我哋點跟呀……」華哥最後話不多，只寫了四句，充分表達一個中年港佬的悲憤：「生如同死，難尋找人生哲理，人生可不可講清楚，謊言掩蓋真理。」

唱不盡荒唐現實

廿年前，我貼身做近距離研究，當年民怨累積，大家頂住條氣。記得老師陳韜文說過，真想呼籲大家，搵一日一齊打開窗，大嗌老董下台。當年LMF的地下音樂，正正打開民憤的窗口，即係通坑渠，LMF大嗌《X家拎》，篤穿個缺口，民憤爆發，唱完聽完，大家一齊破口大罵死X街。今天，全城陷入瘋狂狀態，要幾癲有幾癲。MC仁說，今次把示威口號、街頭所見，寫入歌詞就夠了。我們一定比不上現實的瘋狂。

LMF新歌不是鼓動民眾，而是收納社會已經十分強烈的情緒。歌詞寫了一半就交給大飛Davy作曲，本來編一首八三一太子站的安魂曲，多個version之後，如今出街版本，沉穩有力，徐疾有致，前奏令人聯想到劉國昌導演港產片《五億探長雷洛傳》的配樂，我亦想起Brian De Palma導演《義膽雄心》（*The Untouchables*）的配樂，沉實而堅定：行軍的節拍貫徹金曲。中段結他，LMF老臣子Jimmy，用上了Pink Floyd名曲*The Wall*的旋律。整首歌，在旺角警署附近的a-room混音錄製。MC仁說，小說都有部《一九八四》，新歌就叫《二零一九》吧！

出街後，在沒有主流媒體宣傳下，歌曲很快就有百幾二百萬點擊。他們以音樂回應社會，但這個時代，這種回應，代價是沉重的。運動之初，演唱會的夥伴與贊助商開始pull off，就算留下的，都不敢出自己logo，連T-shirt都沒有人敢贊助。阿仁笑說，未試過割席割得如此深。LMF的成員都知道，經此一役，所有與建制有關的商業機會都會被封殺，完全唔可以返大陸搵食。

不少後台工作人員，台、燈、聲，都要隱名，否則自己冇工開，也可能拖累全team同事冇運行。開show前幾天，警方仍未發臨時娛樂牌。能否成事，到最後才能確定。面對商業的全面切割，MC仁笑嘻嘻，「今次真係獨立音樂！」多年來，他先後多次說過，商業贊助幫補下，係好；純獨立，仲正喎！台前幕後，拍片的、設計的，不少是義務幫拖。門票收入，大鑊飯平均分配，保母都有銀碼相若的一份。大家都係「薄酬」，志在參與。

二〇一九年之前，LMF也有淺藍朋友、入場睇live show也有大陸人，今次完全沒有國內粉絲，藍朋友不相往來。全場都是黃色的，「黃到金！」MC仁睇大眼說。以前有大陸客並不明白歌詞，睇LMF騷，純發洩，甚至係暴力發洩。今次反而是最斯文的一次，喊口號，也有人搖旗。

後台有段小插曲，頗有深意。LMF早年出show，老友司機叫莊文龍，及後轉做演員，做過《警訊》的案件重演，後來又轉職港台新聞部的外判司機。六月十二日運動第一次嚴重衝突，他後腦中彈昏迷，停止呼吸廿秒，死過翻生。廿年祭，文龍到九展捧場，在後台與LMF老友重逢，大家眼濕濕，唔知講乜好。MC仁說，你先至係我哋嘅英雄！大家唔使講嘢。MC仁話，可以即時叫佢在表演期間上台，好兄弟，相逢如隔世，一定好感動，即時賺人熱淚。但這個show不想煽情，只想揸緊中指，回應社會，敢於表態；前線手足更慘情，LMF撐自由、追求自由，知道自己是什麼角色。

吸收社會情緒 沉澱轉化昇華

大懶堂，土炮樂隊傳奇。二十年轉眼過，意義傳承，也作總結，但社運橫空爆發，時間停頓，香港跨過了歷史斷崖。行到這一步，LMF好清楚，無論過去二十年他們有什麼可以自豪的往績，都可以寬心放下；當下，才是香港人的命運，是艱苦抗爭的開始。

我有十多年沒看LMF的live show，但不時與MC仁碰面。坦白說，他老了，頭髮鬍鬚斑白，平日似個叔父，健談、親切、energetic。今次再目睹台上的他，戴黑超，腰間掛上一個防毒口罩，外套有個hood，蓋住白髮，好似星球大戰中的武士，cool得很。他的一舉手一投足，充滿情緒能量，rap到憤怒處，七情上面，有驚人的感染力。其餘三個MC，阿肥、華哥、阿傑，也不遑多讓！打鼓的KB、彈結他的老占、阿庭、大飛，在台上都係「上行電」，全情投入。台下觀眾有幾投入，台上的LMF就雙倍奉陪！現場所見，台上台下，情緒跌宕，both are feeding each other！

聽他這樣說，我彷彿也多一點明白現場的感受：廿年前，LMF超前於社會，撕破達官貴人的偽善面紗，反抗中產那規格化的沉悶生活。廿年後，廿年祭，放下LMF的legacy，社運前線手足，比起社會整體，都走得更前。LMF坦白敢言、忠於自己，不妄想搖旗吶喊，老老實實，站在兄弟背後，沉實聲援。大懶堂、屋邨仔，傲氣長存，香港人仲未死得！

我對這種情緒的結連，一直深感興趣。追問MC仁：「為什麼台前的你，情緒大爆發，與台下的你，完全兩個人？」這是個「白癡」問題，搞舞台都知道，stage persona可以判若兩人。但我知道MC仁信仰藏傳佛教，經常修行打坐，我的問題是另有所指。他答道：他可以好像另一個外人，觀看台上的自己，情緒、動作、快慢、節奏，都預先想好，現場控制自如。他說，憤怒是人性的一部分，不避諱，直面它、接受它、轉化它。他覺得今次演唱會，他們不是在釋放憤怒，而是吸收了香港社會的強烈情緒，企圖把它沉澱、轉化、昇華。

殘局當前，一個護士的摯誠問候

二〇二〇　二月九日

Sam在伊利沙伯醫院外科部任職護士，下班後，和我在西貢吃拉麪。一貫滋油淡定的他，說今天不特別忙，卻因罷工[1]，服務彈性縮減，比平日少了工作。下班時，有一個急症等待手術。另外，一具遺體等待收進殮房，時間比平日較長。我回想，身邊的醫護朋友都很激動，嬲政府不封關；也有一些是反對罷工的。我問Sam，你的心情如何？為什麼如此平靜？今天香港，政治死結愈拉愈緊，面對如此殘局，絕望嗎？Sam沒有正面回應，卻說了一個自己的故事。

有一年冬天，他老遠到法國參加靜修營三個月，他與六個中年男士同住一間木屋。他是long stay，其他人只是短住，很快各不相讓，發晒脾氣，共處斗室，火藥味濃。夜幕低垂，南半球的澳洲佬怕冷要關窗，加拿大佬要開窗透氣；越南佬要關燈才能睡，法國佬怕黑燈不可關。各不相讓，deadlock！

在不同之中
接納體諒

他跑去問法師如何擺平？法師叫佢試下「開茶會」跟大家聯誼下。咪玩啦，佢哋六國大封相，個個四張幾嘢，自有主見，大纜都扯唔埋。他為茶會一事，煩惱不堪，而且冇得拖，晚晚焗住六個躁男，好易爆煲。他無奈地到附近「曠野」散步，百思不得良方。他最後真心投降，放棄思考，把問題「交返出嚟」，攤大手板，冇計。畢竟呢個世界，唔係所有問題都有答案。

回到當下身心的感受，他靜心「投降」之後，在曠野之中，只得自問 why am I here? 我坐在他旁邊，聽他複述七年前的那個情境，無端端在六個中佬的糾結中間，懊惱愁煩，唯有獨自避靜於灰濛濛的「荒山野嶺」。在旁聽故事的我，也很能感受到 Sam 那一刻，「救命，點解自己會喺呢一度！」當他心靈放空之際，靈感閃過，決定在茶會叫那六個中年男人，分享一下大家為何到寺院靜修吧。

Sam 先表白自己愛惜父親，但父母的互相爭吵和仇視，令他長年受困於愛與痛之中。A 說他因為未能如老父所願做運動員，只差少少未能達標，後來酗酒、破產。B 是醫生，車禍之後，臉上留下一條大疤痕，家庭和事業也困難重重。C 患了嚴重抑鬱，家人離散，個樣一睇就知——生人勿近！D……。大家都過了半世人，人生悲苦，各有解不開的死結。明白、體諒、溝通，老生常談，顯淺的道理，如果真的有勇氣坦白分享，往往能打開死結。開窗關窗、開燈關燈，「訴求既真實，又對立」，冇得轉彎。但茶會之後的那一晚，奇蹟發生，怕黑的，自願關燈；怕冷的，自願開窗。互諒相讓，原來窗可以半掩，燈可以半關。灰色地帶，因為連結，可以親和。Sam 有所感悟——開心學做和事佬，當中好吃力，尤其要自己不 take side，原來打開心結好重要，減輕生活之苦，覺得寬心、滿足。

在醫護宣佈有所行動的前後，我的老友們傳來手機短片：邊境口岸，人潮過關入境，爭先恐後人頭湧湧。旁白是一串粗口，「咁樣湧入嚟，香港今次死L梗……」這些「殺到埋身」的影像，令我坐立不安。自此，我小心「隔離」負面情緒，不讓自己掉進情緒漩渦。

Sam 也收到類似的短片和公開信等等，各自堅持，互相指罵，給 Sam 觸發「條件反射」式的嬲怒、煩厭和驚恐的情緒。當刻他發現身體裏面好亂，明顯是雙腳「發抖」，胸膛一陣「寒意」和「重壓」，絕不平靜。因此，他從媒體取得不同資訊的同時，更小心留意身體發出的信號，避免一不小心，掉進漩渦影響生活。

我和Sam同屬一個群組，上星期六收到朋友傳來某醫生的公開信，呼籲同事緊守崗位，但語帶說教和譴責。同日，又看到一些社會人士，指摘罷工是「搞政治」、「乘人之危」、「放棄救人天職」、「置市民大眾生命健康利益於不顧……」我和Sam沒有參與討論。Sam則在群組分享了一封他寫給醫護同事的信。

他用平靜、體諒、接納的語調，體會罷工同事的壓力與掙扎，大家都是香港市民，市民當中必然有你、有我，醫護在高壓辛勞的香港醫院工作了這麼多年，都是工作盡心的。你、我、他，沒有分別。

「用心」聆聽
共感回應

修行多年，Sam敏感於人的生活之苦。讀他的慰問信，令我更感受到醫護的壓力。

他說，寫這些文字時，他不是「用腦」下筆，而是「用心」聆聽自己，從具體的體驗，選詞用字，浮現出來的字眼，是「超標」、「高壓」、「不能出錯的環境」、「一起工作多年」……這些回應，都不是從腦袋即時跳出來的抗爭與指摘，而是醫護能共感的切實經歷。Sam說，現代醫療系統愈來愈先進，好sophisticated。醫護是駕駛一艘超巨型的精密太空船，不能絲毫犯錯，生怕搞出人命。醫護長期都是付出、服務，「唔會起飛腳」、「根本冇位走」，不要說罷工，連自己請病假，每每都有愧疚感，不好意思為同事加添工作壓力。可想而知，要到罷工抗爭呢一步，內心的掙扎有多難受。罷工延遲治理病人、上司指摘他們是逃兵，其實，每一句指摘，夭心夭肺！政府不能回應同事的感受，他們極之憤怒。罷工醫護的內心，各自背負一個情緒壓力煲。Sam的體諒與問候，因此也更加貼心。

發出那封問候信，他樂於見到身邊支持和反對罷工的朋友都一一受落，至少沒有令朋友增添煩躁。字裏行間的共感，並非在腦袋運作的政見對錯，也不是道德判斷的條件反射，而是在具體生活所經驗的善意與共鳴。Sam說，多年來，他面對過不少走投無路的殘局，每一次都給他增添生活的感悟。當下的香港困局，他相信有更深的功課，讓他學習如何在此時此地成全自身的意義，感受照顧與被照顧的真誠笑臉。

認識Sam已經有四、五年，但從沒有深入了解他的經歷。今次約他傾談，談罷工之外，也想知道多一點他不太「尋常」的工作與生活。

我倆不抽煙，但很高興可以在餐廳半戶外的抽煙桌上，安頓下來。他說，「我唔會『碌手機』，疫症消息看得多會頭痛。」Sam做全職護士十多年，二〇一二年決定轉為半職。這是一個不尋常的決定。他本來熱愛護理工作，但資歷深了，醫院的運作愈來愈多規條，處理事務的壓力大增，照顧病人的滿足感反而減少了。他不想生活的主軸全是這類工作；半職之後，騰出更多時間給自己。二〇一三年更停職一年，與任職大學講師的太太，以及一位醫生，入住法國梅村，跟一行禪師學習正觀修行。

起工作多時，實在感謝你支持到『今天』。為有你同行感到榮幸。相信我，任何時候，當你感到有力量可以回來，我也是滿心歡喜。祝你平安健康，正如我祝願傷病者平安，沒有分別。目前，一如既往，按我的條件，提供能提供的服務，不用掛心，我會小心。隻字片語難盡訴此刻心情。

僅此，送上摯誠的問候。」

「我給親愛的醫護友人，就明天的罷工，送上摯誠的問候。

我們一直在醫院生活，大家朝夕相對，好像家人一樣。見部分成員逐漸承載不了當下情勢的壓力，我自然甚覺憂心，怎麼不想你不要勉強，先照顧自己，即使這話可能惹來街上朋友的誤會。請你不要為暫時的退下而悔疚，我們一直照顧市民健康、平安，我們同而為人，當中也必然包括你、我。回想我們在高壓、不能出錯的環境一

回港後，半職工作，一直到現在。起初也有掙扎：香港中產階層，一般都追求穩定收入，沒有了長工，往往不安、恐懼。Sam學習與心中的恐懼對話，有時也會想，返多一日工，就搵多一日錢，我為搵錢返工？我為什麼返工？經過很短的適應期，他找到了平衡，生活的主軸是生活，工作只是生活的一部分，不是全部。半職不會壓得透不過氣，可以用心照顧病人。Sam說，最喜歡餵飯、洗傷口，見到病人開心，自己也開心。Sam雙眼炯炯有神，樂在其中。有病人話背脊痕，他會為病人抝痕，甚至會試用新的方法，為病人洗頭。做出這些沒必要的事情，有時令他的同事驚訝。

放下身段
體會別人的掙扎

我們笑說，有朝一日，隨時也會是病人。今天悉心照顧人，或者明天被人悉心照顧，同樣是福分。諗深一層，人生的意義為何？有需要的人，被關愛，那一刻的笑容，不就是生活裏一幅美麗的圖畫。

放下身段、放下聰明才智、放下我啱你錯的對立，感受自己內裏的聲音，體會別人當下的掙扎，生活就會多一點愛與包容。都是最老套的人生智慧，卻能減輕人世的悲苦。過去我撰寫不少社會文化評論，政論交鋒，不會有閒情跟你開茶會、說苦衷。一個活力充沛的社會，有戰士，有議士，也有身先士卒的義士，更需要分憂解愁的治療師。除了時事評論員、KOL之外，若果多一些人像Sam，默默扮演一個復和舒困的角色，在香港這個殘局之中，會多一份活下去的力量。

擱筆之時，醫護擱置罷工，情緒綳緊，覺得敗陣、沮喪。面對排山倒海的攻擊，以及可能出現的秋後算賬，內心掙扎一定更深。個人覺得，罷工已對政府施加壓力，入境人流壓縮了，只是官員口硬，不肯承認政策收緊與罷工有關。大家緊張客觀的成敗，但「成敗」還有其他更重要的價值考量。醫護為公眾利益付出代價，承受巨大的壓力，內心也許覺得挫敗、無助、無奈，但撫心自問，罷工的訴求，是為了更有效防疫、更好的保護香港，這個善良的初衷，任誰都不會不認同，何況封關也是大多數人的訴求。香港正正需要你和我，有勇氣站出來說誠實話。世界變得愈來愈殘酷荒誕，在苦難中堅持正直善良，本身已經是一種可貴可敬的成全。

1 新工會「醫管局員工陣線」，於二〇二〇年二月三日開始，發起一連五日的罷工，爭取政府向各口岸全面封關、要求局方保障員工有足夠的防疫裝備、在醫院內提供足夠的隔離設施，並承諾不對罷工同事秋後算賬。數以千計醫護參與。

不尋常死亡真相

二〇二〇　二月十六日

記得中學時，獨自乘晚上九時半的油麻地渡輪，到大澳已是午夜。整條村都睡了，月黑風高，沿海岸的山腰小路，走向東涌，半夜睡在一個大墳墓的石屎地台上。那時的我，孤傲自信，不信鬼神，把死亡用哲學的語調來玩味。獨睡於墳頭，自命不凡，今天回想，只是少不更事的愚妄行為。這幾年，自殺事件擦身而過，在死亡面前，謙卑是必須的功課。

個人生死，畢竟是私事，但由逆權運動，到肺炎爆發，死亡直闖公眾眼前，自殺及不自然死亡，以至近月由武漢傳出的疫症死亡影像，貼近生活，大大拉近生死的距離。對我自己而言，這大半年最縈繞胸臆的心結，就是那些不明不白的死，真相難以接近。懸念在心頭，直到與伍桂麟（Pasu）接觸傾談之後，才把鬱結稍為鬆解。

合乎人道的告別禮

我與Pasu任教同一個課程，久聞其名，直到上月才碰頭。翻查大量關於他的訪問，他多年修復遺體，經驗豐富；發起「無言老師」遺體捐贈計劃，取得重大成功，幾月前更獲選十大傑出青年。他半年前在社交媒體表明，願意為社運中死亡的朋友義務修復遺體。起初找他傾談只是出於直覺，不太清楚自己真正的意圖。

見面當天，有一具遺體捐贈到中大，

他辦妥接收後，帶我參觀了解剖室及殮房門前的紀念小區。出身藝術設計的他，這些年為無言老師悉心安排最後一程的每個細節。運送遺體的入口，裝修佈置得雅致安靜。我進去時，剛收的遺體還留下一幅面帶微笑的遺照。在樓層的走廊，有逝者紀念名牌，有各種各樣留言與紀念物品。

無言老師在解剖室「任教」兩年，火化後會有一個集體的送別儀式。Pasu手握特別設計的撒灰紙盒，說，親人撒灰後，把紙盒燒去，感到圓滿結束。我一邊聽，一邊覺得舒坦，苦樂人生，完結時，有這樣的rite of passage，是逝者的尊嚴，是生者的撫慰。而當下這種舒坦之感，令我頓然明白，半年來為什麼我內心總有放不下的心頭石。看見不尋常的死亡，香港急升的自殺及屍體發現個案，到近月，武漢傳出的影像與消息：有人在醫院及街上drop dead，有人未確診就在家死去，有死者被緊急火化，有病倒的患者未能照顧家中親人而先後死去……天災人禍，人道災劫，都令我感到不安。這些不尋常死亡的人，無論在香港、在武漢，能否得到一個合乎人道的告別禮？

看慣生死
不看慣枉死

Pasu日常工作就是生死、教育，我膚淺的想法是，他應該比較看得開、看得淡。但他說，一如你和我，看見暴力畫面，情緒有很大的波動。運動一開始，警察就用上極大的武力。去年六月十二日，他看直播，警察打頭射頭跪頸，包抄示威市民，迫往中信大廈門口的死角，看見人踩人的死亡危機隨時發生，悲憤五內翻騰。雖然看慣生死，但若有人如此枉死，他覺得不值得。七月一日衝入立法會大樓那個晚上，他也莫名的緊張，生怕那是甕中捉鱉的死亡陷阱，雖然部分示威者已寫遺書，他真的不忍青年人喪命。

第一個直接與運動有關的身亡的是梁凌杰，六月十五日穿黃雨衣，在金鐘太古廣場平台，掛上「反送中」標語後墮下身亡。他是否自殺不是重點，Pasu說，大部分自殺者都不是馬上跳樓或上吊，都會思前想後，最後墮進死亡。梁凌杰明顯已經有犧牲的準備。

Pasu很快就決定義務復修遺體，不想梁的死被政治勢力據為己有，只想讓家屬順利地辦好喪事，有個了結。他亦意識到將會有copy cat，不希望自殺異變而成抗爭手段。他憶述，當時內心掙扎，擔心高調介入政治，會影響家人；另一個較自私的猶豫，就是他競選二〇一九年傑青，事件曝光可能影響選情。但他最後堅持回饋社會的初衷，榮譽得失不多計較。

為梁凌杰復修遺體，並協辦身後事，他提議選擇香港殯儀館，因為可在外邊渣華道遊樂場另設公眾告別禮。他說，一般後事，他是為親屬而做，今次更為香港社會而做，讓市民有一個公開的平台和一個得體的儀式，表達哀思，打氣安慰，而後安頓、安息。

運動的早期，Pasu仍會覺得，公民力量強大，政府若肯面對民意，有可能讓步。結果大家都清楚，政府企硬，傷亡慘重，及後出現大量的屍體發現案，以及高度曝光的可疑死亡事件，其中最引起民憤的是少女陳彥霖裸屍海邊，以及科大學生周梓樂離奇墮地，傷重身亡。可疑死亡，警方說沒可疑，封鎖真相，令民眾的憂慮與憤怒愈來愈深入骨血。

疑點重重 真相無期

與Pasu傾談的過程中，我慢慢自覺，這種可疑死亡的懸念，有多大破壞力與後遺症。我很熟悉都市傳說與謠言傳播的理論與案例，半年前也寫過一篇頗受歡迎的評論文章。當時我指出，不要輕易讓憤怒與焦慮，令你相信沒有證據的傳聞。但由於可疑死亡實在太多，我認識的知識分子青年學者，以及參與社運的朋友，愈來愈多人相信，有手足被姦被殺。鄧鍵一團隊的調查亦顯示，有百分之八十示威者相信，有人被警察強姦、殺害。有朋友住新屋嶺附近，他說村民都實牙實齒的在說先姦後殺的可怕故事。

本來重視實證的我，也陷入焦慮之中，明明看見警察失控打人，陳彥霖、周梓樂的死，疑點重重，真相卻遙遙無期，林鄭死口不容獨立調查。我參與一個游說林鄭的小組，接近林鄭團隊的朋友說，「真相」兩個字，他們談之而色變，完全不能碰。正正因為「真相」是眾人之所渴求，卻難以追查。這正是民憤不解的癥結所在。

Pasu說，死亡五步——否認、憤怒、討價、憂鬱、接受。這半年的離奇公眾死亡（有別於私人的不幸），大家怎會否認，屍體就在眼前。但因真相不解，猜疑肆虐，懸念高掛，大家在不安與焦慮之中，永遠達不到接受、化解、了結的階段，不停在憤怒與抑鬱的輪迴中，承受政權的折磨。我的情緒還好，但心底埋藏了這個不解之結。

近日疫情佔領了輿論的舞台，看見警民衝突的畫面，已經不想多看，快速跳過，以免陷入不安情緒不能自拔。與Pasu談了兩天，在過程之中，我慢慢了解自己深層的欲望：我希望透過Pasu，接近一點社運死亡的遺體，想在疑團陣陣之中，安頓一下忐忑不安的心。而這個自覺的過程，對我有明顯的「療效」——我透過Pasu的經驗，更清楚社運不明死亡事件的可為與不可為。

疑神疑鬼
因失去信任

Pasu說，他努力轉介專家，讓公眾明白，太平時期，每天也有一、兩單自殺。好一些「可疑死亡」，其實不可疑。公眾對政府失信任，每每疑神疑鬼。有很多可疑之處，例如屍體的手勢，血水的多少，有常態，也有疑點。這些專業意見，可以把公眾的懸念scale down。當然，確有一些可疑死亡，若大家集中在這些明顯案例，不安與焦慮會減輕。

Pasu小心謹慎的，透露了一些社運死亡事例。他說，不尋常死亡的家屬，每每孤立無援，自己承受政治壓力。父母可能本身是藍絲，就算淺藍也好，更不想談及子女之死，也不想與社運牽連。對他們來說，是禁忌、是恥辱。他也遇到一些案例，家屬希望他向公眾澄清，外邊的陰謀論調與瞎猜，並不符事實。不少自殺的抗爭者，本身有情緒病，並不是被自殺。Pasu復修遺體，安撫家人。孤立的家屬，有個了結，減輕痛苦，功德無量。他更說，有些不義之死，在當前的高壓政治，他有心理準備，當事人可能無法沉冤得雪，永不能翻案，但讓死者與親人有個closure，也算安心。

也有一些年輕抗爭前線，請Pasu教寫遺書。他覺得遺書不是重點，最重要是與當事人交談，不要老是想提意見，要尊重他們拚死抗爭的意願。Pasu會問一問對方如何走到這一步，談一談他的成長、他的家庭，如果沒有這場社運，他們的理想生活是怎樣。把焦點抽離抗爭，想法寬闊一點，會想到抗爭成敗以外，還有家人、朋友、生活。說到最後，Pasu會告訴對方，按照他這十多年面對自殺家屬的經驗，自殺不是一了百了，對家人親友，百分百造成負面後果。有親人在同一個窗口跳樓，有人會患情緒病長期食藥，有人會事業生活翻天覆地的轉變……

真相不解 仍有可做的事

兩次長談，令我明白多一點自己深層的不安，接近了一點不明死亡的案例，真相仍然封死在密室，但我接受得到，就算真相不解，我們仍有很多事情可做，令香港人的死亡傷痛減少。Pasu百足咁多爪，這篇短文只能道出他的社會服務的一鱗半爪。可能他有所不知，他的融融之談，也開解了我。

訪問到了尾聲，Pasu談到了自己。半個月前，因為生活上的其他問題，觸發他的情緒小爆發，抑鬱的症狀湧現，覺得不安、焦慮、委屈，半年來接觸很多青年抗爭者，他們的付出、他們的眼淚，一下子湧上心頭。他拿水杯時覺得手震、心悸，馬上找社工朋友幫忙，抒發一下，把自己的鬱悶訴說一遍，也就走過來了。

我問，疫情嚴峻，會否加深香港人的情緒病。他反而說，疫潮令他開朗了一點，焦點轉移了，有事可做、有力可出，他找物資，送給獨居長者、送給親友，很有滿足感。他說，政府失效見底，大家「預咗」。自力更生，自助助人，抗爭者可以透透氣，與淺藍連結，修補家庭關係，尤其是在社區層面，深耕細作，休養生息，為長期經營作準備。香港崩壞，但總會有貢獻自己的地方。

層出不窮的情緒勒索

二〇二〇　三月一日

詐騙電話，恐嚇長者，「你個仔喺大陸出咗事！」老人驚恐慌張，乖乖匯錢入數。大庭廣眾，小孩扭計嚎哭，喊到透唔到氣，不過一滴眼淚都冇，就係要勒索父母嘅關注。父母一句老掉牙的恐嚇，讀唔到書，你大個一定做乞兒！十幾個人，連儂牆貼海報，警方指「老師帶學生犯罪」，未經法庭，先行定罪：為人師表，導人向善，你卻誘人犯罪[1]！請市民大眾道德譴責之！

情緒勒索，比想像中普遍。有權有勢的人，可以向你勒索；弱勢的人，亦都可以反過來苛索於你。父母、子女、夫妻、戀人、政權、百姓，到處有操控的痕跡。

我近年關注情緒問題，十分留意內心變化，也留意身邊的人與事，如何觸發不同的反應，彷彿戴上明亮的眼鏡，看到身邊的情緒勒索，經常在個人及社會層面發生。

情緒勒索的四種情況

一、社會政治

明顯一例是醫護罷工，他們的訴求，不是升職加薪，不是謀取個人福利，而是要求封關防疫，嚴控病毒輸入。你可以不同意他們的手段，但不能否認他們的訴求，封關正是當時的主流民意。到了罷工最後幾天，大量攻擊醫護的言論出籠，每每是情緒勒索——罷工即係擅離職守、危害ICU病人，尤其是惹人憐惜的早產嬰孩。醫護「天職」救人，罷工就是失職、缺德、不理病人生死。凡此種種煽動性的道德指摘，挑動市民情緒，也可以令罷工的醫護質疑自己、內疚不安。

情緒勒索，又名FOG：恐懼（Fear）、義務（Obligation）和罪疚（Guilt）。FOG這個縮寫，語帶相關，情緒迷霧，模糊了視線。香港有合法罷工的權利，但事後，政府整治異己，醫管局執行任務，為「缺勤」定性，追究「失職」責任。秋後算賬的恐懼（F）、失職失責的指控（O）、可能危及病人及同事的內疚（G），公與私，瀰漫情緒迷霧，令人看不清合法罷工的權利，也模糊了抗疫護城的初衷。

我參與的一個幾十人的舊同學群組，一早約法三章，不談政治。怎料罷工的樽頸時刻，班長帶頭，以權威的口脗說：我不談政治，談的是專業操守，醫護失職，是無恥無德。指摘之聲，在不同的群組此起彼落。那幾天，有組織的政治攻擊，輸出大量的訊息，用詞遣句，來自相似的template。而可悲的是，加入戰場的人，forward轉述，自以為那些「腑臟之言」，發之於個人真誠的道德良知。情緒勒索，施與受者，環環相扣，仇恨、恐懼、罪疚，似是發自內心，背後卻有更大規模的操控與角力。過去行之有效的工具理性與程序公義，俱往矣，我們進入了勒索與報復的年代。

二、職場政治

權力不對等，往往造就情緒勒索。當然，老闆聘員工，做唔到嘢，炒佢，手起刀落，不必勒索。但現代社會的勞動力，勞力也要勞心。醫護、老師、演員，甚至保險經紀，要擺個心出嚟，先至可以做好呢份工！精明老闆深明此道，訓話、照肺，有求於員工，就不時操控員工情緒。Kit在廣告公司任職，上司唔係奸險小人，但情緒勒索有一手。為了榨盡Kit的精力，會咁樣講：「呢個客係你個BB，你一手湊大佢，你無理由睇住佢死！」「依家搞成咁，係你嘅責任！」「一個市咁差，我哋唔進取喲，你同我都冇運行㗎！」個客不停提出不合理要求，Kit滿肚牢騷，帶住投訴入老細房，被佢情緒勒索完一輪，出房門嘅時候，頭耷耷，入房前明明理直氣壯，出房後覺得自己做錯、做得不夠，繼續為老闆OT賣命。

三、職場性侵

電影大亨Harvey Weinstein性侵罪成，審訊三年最終入獄，相信不少關注 #metoo 絲打，稍為放下了心頭大石。最早舉報的Rose McGowan說，「I can breathe now!」幾個苦主，勇敢的控訴者，被性侵後肯站出來，承受二度傷害，複述與審訊，再三折磨。而性侵案入罪率奇低，過程口同鼻拗，口供前言不對後語，色魔自言被老屈，苦主被抹黑，變成搏上位的淫婦。最弊係，苦主與色魔，事前事後仍是「友好」，究竟被迫上牀？還是你情我願？控辯律師，毒舌攻擊，自尊心千瘡百孔。

荷李活全行都知，Weinstein是性侵老手，情緒勒索軟硬兼施。硬的恐嚇：「你乖乖瞓在牀上，否則注定不能在影視界生存！」軟性勒索，Weinstein相約女演員到酒店房「試演」，要求做愛不遂，竟然跪地哭泣，自言又肥又醜，冇女人鍾意，你可否讓我一親芳澤？他玩弄女人的同情心，帶淚強姦，心裏陰陰嘴奸笑，明日還會送花道歉，「恕我昨晚太唐突、太進取，謝謝你的愛！」

老狐狸，勒索手段了得，一時咆哮大叫，一時苦苦哀求。呢位仁兄位高權重，身形「大件頭」，壓晒場；女演員一踏進酒店房，三魂唔見七魄。受害人被推入情緒迷霧，一時驚慌，一是內疚，一時自責，總之，畀佢搞到暈陀陀。Weinstein團隊事後威逼利誘，奀星寂寂無聞，不敢舉報，私下壓抑創傷，內心有一部分的自尊與自信，死掉了。Weinstein 奇案，是情緒勒索的極端教材。

四、男女角力

事實上，情緒勒索多在私人生活中出

現。最為人熟悉的「一哭二鬧三上吊」，刁男怨女耍花槍，升級至你死我活的大龍鳳。是否有效，看當事人造化。讓我說一個悲哀又真實的故事。離婚的**Ben**失意多年，遇到同樣失婚的**Crystal**，熱戀半年後，**Ben**發現**Crystal**跟前夫去了一次美國旅行。

一哭：**Ben**流下了失意男人的眼淚，有很大的感染力。二鬧：眼淚不奏效，**Ben**口出惡言，責罵她三心兩意、欺騙感情、水性楊花。哭完罵完，**Crystal**被情緒勒索，依然下定決心，不為所動。最後，**Ben**有意冇意，發出自尋短見的訊息，希望**Crystal**回心轉意。憐惜、自責、罪疚，都實實在在的令**Crystal**難以招架。但感情不能勉強，**Crystal**只想走自己的路。本已厭世的**Ben**，最後自殺身亡。我把情節大幅修改了，以保護當事人，但情緒的拉扯，是我所能確實感受到的。令人惋惜的悲劇，但**Crystal**沒有就範，也是一件好事。就算**Ben**勒索成功，只是一個委屈、遷就的惡性循環，雙方也不會得到真正的快樂愛情。

覺得唔好意思 也不要違反本心

什麼人較容易被情緒勒索呢？盡責、與人為善、不喜歡衝突、看重別人的評價……我正正是這的人，忍一下，「將就」一下，多一事不如少一事，對方開心就好了。勒索是什麼呢？你本來不願意的，對方搞到你唔好意思，你覺得好似對唔住人哋，於是乎遷就了，違反了自己原本的意願和喜好。如果你是這樣的人，就要格外小心。

長久遷就下去，我告訴你，你的自我會一天一天萎縮。懇請你，訓練一下自己，細看內心的情緒起伏，看清楚別人刺痛在我們身上的恐懼與罪惡感。我現在學會了，不隨便委屈自己，自覺、自重，生活上大大小小的，都用得着，具體貼身，有如以下發生的小故事。

志偉和我，相識幾十年，是少年教友。去年反修例運動還未爆發之前，他主動相約吃飯，說有重大的事情要商量。他在社福機構任職多年，如今自立門戶，做青少年輔導工作。起初個多小時，談到這是上帝給他的召命，並且分享了不少感人肺腑、浪子回頭的故事。最後到戲肉，他說，只會找十個八個「信得過、有承擔的老朋友」，邀請大家每人每月「奉獻」(教會用語)一萬元，為期兩年，令他無後顧之憂。問心嗰句，我不願意捐錢，也不認同他的空泛計劃。我和他已多年沒見面，也沒信任。

「老朋友」、「有承擔」，是輕度勒索；若然我拒絕付款，即係冇承擔，唔夠朋友。他見我猶豫，再落重藥：「咁多年嚟，我都以你為榜樣！」「你記唔記得，當年你係我嘅團契導師。」見我冇反應，最後釜底抽薪：「做咗教授咁多年，一個月一萬蚊，唔係畀唔起呀嘛！」說出這句 make or break 的話來，他也有點垂頭喪氣。

以前的我，會半推半就應承了，然後後悔，最後刻意忘記，當無事發生。今天我十分清楚，志偉把我說成榜樣，給我壓力，如果我不支持他，會令我覺得好似做錯野咁。「畀唔起一萬蚊」，他正希望令我難堪。「畀得起」，他希望我有虛榮感……正正是利用這些情緒進行勒索。我清楚告訴他，我不太認同他的計劃，退休後沒收入，生活可以，但不富裕。志偉沒有黑面，但明顯收回他的熱情，很有禮貌的說再見。

敏感於這些情緒操作，才發現，日常生活，俯拾即是。那天母親跌倒，在疫症感染的威脅下，入急症逗留大半天，照X光、照腦、打石膏，忙到一頭煙。九十多歲的母親，一生人，仆心仆命，照顧子女，有時用自己的方法，將愛心強加於家人。出於好意，她堅持要我穿上她牀邊的羽絨褸，我熱到飛起，口罩貼面，焗咗幾個鐘，她還要我穿羽絨，生怕我着涼染病。臥牀的她，無計可施，竟然反復說：「阿偉，如果你係孝順我嘅，如果你想我開心，就着返件褸！」對不起，我都算孝順，但我不會讓你的勒索得逞。孝順與屈就，兩者有距離。我笑笑口，行埋一邊，佢冇我辦法。

有天到東大街一間洋酒美食小店，選了三支氣酒。Sale屎熱情推銷：一千元，三支法國紅酒，今日半買半送，六百元；一邊說，一邊把前後六支酒搬到收銀處，未等我同意就放入小木箱。我猶疑了一會，覺得很便宜，但我只是來買汽酒的，就不要了。Sales馬上改變語調，說：「都已經pack好，六百蚊好抵喎。」他拉長塊面，表情在說：unpack好煩，你唔領情，你好孤寒……

I found it quite amusing，彷彿看見以前的我，會覺得唔買六支要unpack、煩到人、唔好意思，Sales不過好心推介……我買晒佢。

今天我笑笑口，「夠喇，三支，thanks!」

1 二〇二〇年二月二十四日，十五名年齡介乎十四至二十九歲男女，在葵涌連儂牆張貼文宣，而被涉嫌刑事毀壞拘捕。被捕人士當中包括一名老師，以及學生，警方因而指「有老師帶住學生去犯法」。《立場新聞》後與跟進事件的葵青區區議員梁錦威了解，他說涉案的老師與學生並不相識。

安靜一分鐘，細看亂世百味

二〇二〇　三月八日

香港面對嚴峻的道德危機，種種敗德劣行，大半年來嚴重違反港人的信念與價值。天大的艱難，如果有解決的希望，咬緊牙關，就捱過了。但今天港人承受精神折磨，看不到公義有伸張的一天。移民、暴民、順民之外，還有沒有自救的選擇？下文介紹一個傳奇人物，也許能給港人一點溫馴的啟迪。

阿女係超級影迷，大卡士、小製作，戲裏戲外，熱話與冷知識，如數家珍。幾天前向我推介一部紀錄片和一部奧斯卡提名電影，主角是美國電視名人Fred Rogers。阿女話，「你喺『七情上面』講嘅嘢，佢五十年前已經開始講，好前衛，你遲咗半個世紀！」

我馬上在HBO看了二〇一八年的紀錄片*Won't You be my Neighbor*，再到戲院看電影《在晴朗的一天出發》（*A Beautiful Day in the Neighborhood*），由Tom Hanks飾演Fred Rogers。他處理情緒的方式，正是我近年認識的那一套，他先知先覺，身處社會急變的六、七十年代，主持長壽兒童節目*Mister Rogers' Neighborhood*，是美國戰後新生代的集體回憶。

積壓的感受
可以平和共存

Rogers 一生致力幫助小朋友善待自己的情緒，陪伴孩子們走過越戰的殺戮與死亡、種族隔離的仇恨與衝突、開放社會的破碎家庭、校園欺凌的創傷（他小時候因肥胖而身受其害）……社會忌諱老、病、死，他坦坦白白與小朋友分享討論。他的名句：If feelings are mentionable, it is manageable! 積壓的感受，無論喜、怒、哀、懼、愛、惡、欲，拿出來分享、描寫、表達，七情六慾，可以平和共存。這正正是我近年學習自覺的功課。

節目裏，Rogers有隻布偶小老虎，起名Daniel，深受觀眾歡迎。跳跳虎，有玄機。Rogers的太太說，Daniel就是他。他聲演內心的嬲怒、不安、恐懼，借布偶投射出來。Rogers在訪問中也說，他借用布偶的聲線說：I want you to hug me，脆弱的感受，就比較容易說得出口。這個distancing，clearing a space的技巧，也是本書常常提到的。例如，怒不可遏的時候，我們可以跟自己說，我感到「憤怒」，或者說，我內心有一部分覺得憤怒，當「我」描述「有一部分憤怒」，「我」與「憤怒」之間，就有一個可以調節的距離。

Fred Rogers是傳奇人物，但有血有肉，並非「可望不可即」的聖人。他身邊的人都說，電視裏那個Mister Rogers，與現實的那個Fred，是一模一樣的人；他不是在演戲，有時甚至借布偶跳跳虎說：「Most of the time I'm weak and I'm mild. And I wonder if I'm a mistake...」他需要透過節目中另一個角色，向他細心肯定：You're not a fake, you're no mistake. You are my friend. 別人的關懷和肯定，這種脆弱小孩的渴望，其實是人的本性：Long to be loved, capable of loving and worthy of being loved；成年人也曾經是小孩，長大後仍有一顆小孩的心。他不羞於表達這種渴求，也慷慨地關懷身邊有需要的人。

It's you I like

在紀錄片裏，他為一個殘障兒童唱了首歌：It's you I like, It's not the things you wear, It's not the way you do your hair. But it's you I like. The way you are right now. The way down deep inside you...Rogers與這個坐輪椅的小孩結伴同行，保持聯繫，直至小孩長大，三十多歲逝世為止。他在節目經常向小孩子們確認：There's no person in the whole world like you, and I like you just the way you are。他相信每一個人都是獨特的。他喜歡你，因為你是一個獨特的人，重要的不是外在的膚色與成就。也許你會說，這信念太理想主義了！喜歡一個人，大都因為可愛可親，才華出眾，但Mister Rogers關愛他人，不問身世、地位、膚色。

這個信念，源於基督宗教，相信人性之中，有善良的種子，相信人有內在的價值。而這個簡單的信念，在漫長的歷史裏，無論在亂世抑或盛世，總會令人類社會接近美善一點、遠離邪惡一點。

Rogers的人文關懷，對我來說，有一份特別的力量。在我情緒最差的那些年，提不起興趣做人，深陷死蔭的幽谷；那時讀Henri Nouwen神父的著作，最打動我的正是善良的信念。他說，無論你如何泥足深陷，你是彌足珍貴的一個人。

我情緒好過來之後，慢慢學習陪伴有需要的朋友，親眼目睹那些抑鬱得死去活來的病者，走過漫長的幽谷，有朝一日展露笑容。我慶幸這半年遇到志常老師，他令我印象最深刻的，正是跟Rogers、Nouwen所講的同樣的道理。志常老師身經百戰，陪伴多少迷途失落的朋友，但他卻說，每個人都是獨特的、寶貴的，以前多少成功的經驗，都不一定適用於十字路口的你。他尊重每一次的相遇，耐心又謙卑的，陪伴每一個獨特的朋友，尋找自己的出路。

《在晴朗的一天出發》，講述名牌雜誌*Esquire*記者邀約Rogers訪問。他們四目交投那一刻，Rogers已感到記者身負沉重的創傷。訪問Rogers的記者，反過來被「訪問」。記者年少時，父親離家出走，剩下他照顧患病及後逝世的母親。小小的脆弱心靈，獨自承擔喪禮的哀傷。他對父親的怒火，多年藏於心底。Rogers悉心引導他，慢慢接觸隱藏內心的創傷，完全沒有功利的目的，單純出於對一個受傷孩子的關懷。

Rogers說話緩慢。Tom Hanks自言，要費九牛二虎之力演出，才能拖慢言談舉止，進入默想、靜觀的狀態。安靜、慎思、慢言，騰出空間，聆聽自己，也聆聽別人。這正是為什麼Rogers可以聽得出，記者倔強的眼神背後，有一顆憤怒的心。Rogers常常邀請朋友安靜一分鐘，想一想，有誰在你的人生之中，幫助過你，令你變成今天的模樣。電影到了中段，他與記者到唐餐館用餐，也作出同樣的邀請。記者起初覺得不自然，慢慢腦海裏就浮現出人物，心裏就冒出濃濃的情意。

安靜一分鐘
想起感恩的名單

看完電影，在家人睡去的深夜，安靜地想一想，在我最艱難的時候，讀到Henri Nouwen的著作、受教於張家興及志常老師、識於微時的朋友分擔我的家庭危機、妻子與女兒在困難中同行……一分鐘的安靜，這些啟發過我、幫助過我的面孔，一一活現眼前，內心充滿關懷與接納的力量。我相信，讀到這裏的你，也一定有師長朋友，伴你走過高山低谷。請你找個安靜的地方，細意看一看上天送給你的禮物。

Rogers退休之後，美國遇到九一一恐襲，多少生命葬身火海，舉國陷於震驚與仇恨之中。災難深重，仇視外敵，恐襲陰影驅之不散。Rogers站出來為國民打氣：「無論你在哪一個崗位，在這個時勢，我們都被徵召，*tikkun olam*——人世的修復者。」希伯來文*tikkun olam*指的是復修社會、關愛他人，尤其是家國危難之時。他說：「無論你身在何方、所做何事，請你為鄰居，為自己，帶來喜悅、光明、盼望、信念與寬恕。感謝你的努力。」

寫到這裏，我必須把Fred Rogers加到我自己那份感恩名單之中。這兩天看他的

You are the Beloved, held safe in an everlasting embrace。愛與接納，是信仰「大愛」「大善」的基礎。我半世人，走過不少歧途與歪路，被接納、被珍重之感，確令我感到無比寬慰。我的家人、朋友、指點迷津的老師，這些真誠的關懷，裏面有無比的療癒力量。

電影，翻查他的生平與言行，擇善固執，就有力量面對困境。

香港，我們心愛的地方，隨處可見，一張張醜惡猙獰的臉、一個個明目張膽的謊言、一次又一次踐踏港人尊嚴的暴行、一浪接一浪的互相攻訐……時局艱難，改革更難。死結當前，更需要「修復者」。也許我們未有足夠的愛心與包容，寬恕那些囂張跋扈的政客與施暴者，但身邊愁苦的朋友、被委屈而易怒易哭的青少年，我們要努力學習愛與接納的功課，不要老是定睛於惡人惡事，請你把心力轉到身邊有如雲彩的善良的朋友們，我相信，時窮節現，最難堪的時刻，總有愛相隨。

無名火起，含血噴人

二〇二〇 三月十五日

情緒這回事，有借有還。最好久唔久清咗條數，否則連本帶利，黑社會上門追數，一次過嘔返晒出嚟。憤怒、憂愁、創傷、嫉妒，收埋櫃桶底，長久壓抑，傷身傷心，也傷及家人。廣為人知的是創傷後遺症，但一般生活上的情緒瘀血，亦會在風馬牛不相及的處境，不成比例的宣洩出來。若你遇到這些unproportional rage / sorrow / resentments，情緒爆發，是一個邀請，讓你看看心裏的密室，究竟收藏了什麼難言之感。

最近我女兒Nat有個開心大發現。家貓差哥五年前病死，牠生前殷勤照顧女兒，好似大阿哥一樣，晚晚睡在她身旁，早上叫她起牀返學，還會招呼Nat的朋友。我們一家人，她與黑貓最親近，但貓死了，她只流了兩滴淚，反而我兩公婆，哭得死去活來。今天Nat也學會一點Mindfulness，從各種情緒困擾走出來，漸漸明白自己內心的感受與焦慮。這兩星期，Nat特意找回差哥的照片，重溫她倆「相依為命」的一段深厚感情，才明白，差哥死了，一段美好的回憶破碎了，她害怕得要死，為了保護自己免於過度悲傷，她把悲情鎖在保險箱內，冷靜處理，逃避grieving的過程。

封存情緒，傷心傷身

Nat做人一直如是，難受的情緒，一一

封箱寄存。上司下屬眼中，Nat是個冷靜的吉祥物，有她在，就可以平和處理危機。她是problem-solver，也是「惡名昭彰」的大喊包。所有朋友都知道，十部電影，有九部會令她流出眼淚，notoriously sentimental。連《國產零零漆》的結局，周星馳退出江湖，也可以令她哭哭啼啼。其他更多的電影，比如《龍貓》、《無間道》、《復仇者聯盟》，更會哭成淚人，把身邊的朋友嚇了一跳。到了這個星期，她有所領悟：日常逃避的悲傷，積積埋埋，在虛擬的電影世界裏，不成比例地宣洩出來。她現在人到三十，才想到要誠實面對生活中的悲傷，有血有肉做一個人，經歷無可避免的悲歡離合。

上星期我失控的罵了母親一頓。近年母子關係改善了不少，這一次「爆粗」，萬分無厘頭。我和媽媽最疏離的那些年，都沒有如此不孝、忤逆。事緣她在家跌倒了，手腕骨折，打了石膏。佢老人家半世人，奮力孭起成頭家，好打得，九十多歲仍然行得走得。畢竟已到晚年，不敵歲月的追趕，四肢乏力，心理上接受不來，今次跌倒，自理能力大減，自尊心大受打擊，性情更加急躁。我在醫院所見，她對醫護十分強悍，高呼「我要出院！」好比一個唔肯聽話嘅老頑童。

她有傭人照顧。從醫院回家不到一天，女傭傳來手機短片，母親左手拿剪刀，想剪開右手石膏的封口；場面驚險，工人慌失失大叫，「唔好呀！」手機影像失焦……母親發火，一定要撬開石膏套住拇指的封口。我馬上致電勸止，母親憤怒的說，「你用鎚子掾爛我隻手啦！」我急忙上門安撫，打開門，母親擰歪塊面，責怪女傭「告發她」。傭人一臉委屈。事實上，老人家四年換了三個工人，目前這一個，已經最懂得老人脾性，算是相處得來。我為了平息風波，先把傭人打發到平台暫避。

這些年，我自覺「同理心」豐富，很能明白家母心情，本想逗她說出心緒，但很快怒火湧上心頭，開口就罵：「你點解唔聽醫生講！」下刪一百字……母親不是善男信女，「你咁惡，咁你不如捷死我啦……」五分鐘，「無名火」爆發後，自己也被嚇怕了。剛才究竟發生咗乜嘢事！我咆哮，喉頭沙啞。最吃驚的是，嘴唇貼住一彎已經乾涸的小血塊，馬上到洗手間一看，鏡裏的自己，滿口是血。剛才咬牙切齒，咬破口腔皮肉，血流如注，竟不自知。

五分鐘的失控，詮釋之一：阿媽唔聽話，激到我嘔血。詮釋之二：我借題發揮，含血噴親人。事後十分後悔，有兩三天不好意思見母親。照顧她老人家的事，由女兒、妻子頂上。情緒平復之後，我很快回復正常，很能體諒母親的心情。她外表強悍，背後是無助又無奈，她一生照顧兒女，自我價值，就是自理助人。退休後，一直不求人，活動能力甚高。但如今站起來、上廁所、吃飯，也要人照顧，身體不如前，覺得失去尊嚴。自己跌倒，負累家人，充滿自責。而我們細心去看那個石膏套，手工真的做得很差，封邊尖利，有如小刀，母親動一動拇指，都覺得刺痛，把怒氣發洩在石膏套，一心想打爛它，也是可以理解的。過了兩天，與母親和好如初，但我不解的是，為什麼我當日目露凶光，兇似一頭猛虎？

隔了幾天，晚飯後，和女兒在河邊散步，就坦白說出那天的失控，以及事後的不安。

感受內心
用字詞表達感覺

Focusing的練習，很重視用準確的言語，去描寫內心的情緒。Focusing的創始人E. Gendlin，本身是個語言哲學家。他說，準確的描述，就好像一個門把，我們手握門柄，對了頭，一扭，門就可以打開。

二　港殤疫潮

我們嘗試回到案發現場，細緻描述那半個小時，我的心情究竟是如何變化。靜心細看，接近那一把無名火，才漸漸明白，「女皇唔聽話」、「佢唔應該拆石膏」，這樣的藉口，並不是憤怒的焦點。爆發之前，我們一家人，其實擔心另一件事。母親不喜歡被人照顧，對女傭阿花有敵意，覺得阿花阻頭阻勢，打小報告，立心不良。正因此，大家都想盡辦法「保護」傭人。如果佢頂唔順，突然劈炮唔撈，大家都會好頭痕。

我們一班同學仔，練習Focusing，經常有如此經驗：內心世界，有時感覺模糊，連自己也不清楚。臨在當下，細心感受那未知之境，模糊變清晰，若心頭冒出來一些準確的字眼，能充分表達內心的經驗，當事人會有頓悟之感。

女兒善於觀察別人的眉頭眼額，邊想邊說：「嫲嫲一世人，打晒骰、話開事，啲家老咗，有人聽佢支笛。阿花係佢個生活圈子裏面，最弱勢嗰個，任佢砌！」當下一聽，「弱勢」、「任佢砌」，就好似兩個keyword，講中晒我心裏面隱而不現的感覺——弱勢、無得反抗、任人打、任人砌、屈辱、憤怒、意難平……當我能夠捉住呢個門把，門打開了。

我跟女兒說，這幾年，與你們的矛盾化解了，也跟自己的過去和解了，是我最快樂的時光。近來只有一個情緒大困擾，就是看見警察暴力對待市民。在警察面前，平民百姓，受屈受辱。公民矮化，變成弱勢社群；任由魚肉，無處申訴。那次怒罵母親，無名火起，完全不成比例，火頭源於此。為弱勢傭人出頭，只是借題發揮。

其實，我在早幾篇文說過，亂局當前，自處的其中一個方法，就是避看激心的新聞片段，尤其是現場感強烈的直播。過幾日，過過冷河，事後再看文字信息，情緒波動較少。但，對不起，面對如此惡劣的警察暴力，逃避唔work喎。我發現近月，眼尾看到警察打人的影像，即時心跳加速，馬上滑走畫面，逃避憤怒，因為難以承受。去年底，仍在爭取獨立調查，真相水落石出，仍有一絲希望。如今這些事情化作日常，獨立調查遙遙無期，內心焦灼不安。

本以為，我的溫和性格，可以hold得住。但事實係，憤怒避無可避，置之不理或擱在一旁，它還是千方百計冒出水面。我骨子裏是個和理非、大愛左膠，經常同自己講，唔好戀棧同溫層的圍爐取暖，要努力理解對立的觀點，但警察撞記者、噴椒霧、打路人、恐嚇街坊。我的和理非腦袋，管束不了滿腔義怒。

香港本是法治之都，但有一個高官站出來約制警察，特首竟然說，警員是文明執法。抗爭者堵路、破壞、打人，你可以拉、可以鎖、可以嚴治，但不可以粗暴對待遊行、悼念、示威、抗議的合法活動。市民路過，或表示不滿，警察兜口兜面噴胡椒噴霧，噴完就走，這種惡意襲擊，竟然出自執法者之手！打人、傷人、侮辱人，然後一律斥為暴徒，抹黑誤導、諉過於人，這叫做含血噴人。

本文不是另一篇指摘警察的政評。我只想有血有肉的指出，一個正常人，看見七個警察，圍住一個沒有反抗能力的市民，粗言相向，連環恐嚇，陀住手槍，強迫人道歉，這種以強凌弱的氣焰，稍有是非良知，任誰都會義憤填胸。[1] 警方口裏說，重視新聞自由，現場卻多番傷害記者。就算你話「暴徒」扮記者，但無證無據，不可以盲拳亂打。特首說，不會包庇任何公僕，反叫市民包容罪證如山的警察。「包庇」兩個字，正是病態管治的寫真！

抒發憤怒

無論抗爭者的暴力，抑或執勤警察的暴力，都會引起不同陣營市民的反感與憤怒。黑衣人「裝修」美心、優品360、吉野家，無論訴求有多高尚，也不可能掩蓋刑毀責任。但掌權的、陀槍的、管有強大武力的防暴警察，竟變成施暴者，向弱勢的一方，不成比例的施以暴力，所引發的憤怒，也是不成比例的強烈，不會消失於無形，日積月累，深入香港人的骨與血。若沒有獨立調查，若真相不明，公義不彰，港殤仍然會在各種各樣的缺口爆發出來。

正如上一篇介紹Fred Rogers的名句：If feelings are mentionable, they are manageable。不必逃避香港街頭暴力所引起的憤怒，描述它，訴諸文字、宣之於口，就較能控制它、轉變它。擲汽油彈、破壞商店、襲擊不同政見的市民，都是扭曲情緒、加深仇恨的宣洩方法。《頭條新聞》、尊子漫畫、中肯評論、民調、各種民間報告，是民憤的活門，可通風透氣。用不同途徑（文字、圖像、創作），把憤怒書寫、表述、演繹，當我們能夠冷靜又準確地描述警員執法時的違規行為，就愈能夠把「無名火」變得「有名有姓」，更有力量地呈現在世人眼前。

1 二〇二〇年三月八日，大批市民在將軍澳悼念周梓樂。網媒《Flash Media》拍得七名警員圍着一名市民搜身，期間多次辱罵，並被要求向警方逐一道歉。後來有傳媒向警方查詢，回覆指「會訓斥人員須注意個人言行」。

避疫在家，其實毒居一個更開心？

二〇二〇　三月二十九日

二〇二〇年初，世界各大城市，大量市民避疫在家，生活方式被迫改變，心理衝擊慢慢浮現。*New Yorker*刊了一篇How Lonliness From Coronavirus Isolation Take Its Own Toll；*The Guardian*也刊了書評，一本談solitude，另一本談loneliness。隔離、避疫，引起孤立心理。加上香港居住環境壓迫，一家幾口被困屋內，能否包容是莫大挑戰。

正如*Guardian*書評作者Terry Eagleton所說，「獨處」與「孤單」，性質不相同。孤單的人想找友伴，避靜的人卻嚮往獨自一人。David Vincent專著*A History of Solitude*，對「孤單」有精簡定義，就是「失敗的獨處」(failed solitude)。孤單情緒來自獨處時的不知所措。反過來，愜意的獨處，滿足、自在。歷史中，修士、僧侶、先知、智者、詩人，獨處生智慧、感悟與力量。

獨居是現代社會的新事物，十九世紀英國人口之中，只有百分之一獨居；二〇一一年的調查是百分之三十一。我印象中，英國政府高調把「孤單情緒」，列為健康風險指標之一，也是近年的事。*New Yorker*的Robin Wright也指，疫潮突如其來，社會停擺，正正遇上獨居人口高企的今天。二〇一九年美國有百分之二十八是一人家庭，而最厲害的例子，是瑞典首都斯德哥爾摩，一人獨居家庭佔百分之六十。當然，獨居不一定孤單，懂得自處，自由自在，遠勝家嘈屋閉的大家庭。但疫症下，強加於民眾的社交距離，可能會加深獨居者的孤立感，令本已疏離的人際關係，更趨薄弱。

獨處時探索內心

香港的獨居者多年來有所上升，二〇一六年，「單人住戶」為百分之十八點三。但因樓價高昂，情況不同於歐美，更多的港人，無可選擇地，與家人同住。若親情疏離，回家也是宅毒而居，小房間，就是自己的世界。正常的日子，港人出外工作、用膳、聚會、消遣，時間比例頗高；大家以商業空間、公共空間、職場空間，補償家居空間的不足。然而這兩個月，長時間避疫在家，心理壓力比歐美城市為高，孤立、被困、壓抑的情緒也相對較大。

疫症下，家庭生活兩極化。一方面，忙碌的人更忙，子女停課，教仔教女，要做代課老師；在家吃飯，煮飯婆、煮飯公，日煮夜煮；老人日託服務暫停後，照顧者百上加斤……另一方面，家累較輕的大忙人，日程本來填得滿滿，如今一下子，多了獨處的時間。少了機會外出，在家工作，社交活動大幅減少，困在家中，焦躁、孤單，不習慣solitude，焗住「放空」，打開生活的時間表，卻沒有活動可以填補，當然會有納悶之感。

對於上述第一種忙得透不過氣的朋友，我明白你的勞累，我也是照顧者，知道在疫情之下，帶老人出入醫院，是怎樣的勞心勞力。正正在繁忙的生活節奏，需要找出獨處的時間，安靜下來，令自己重新得力。獨處時，再次明白到，照顧老弱，負擔雖重，但作為兒子，陪伴母親安渡晚年，對於她、對於我都有重大意義。

疫症來襲，不少朋友（尤其freelancers），收入大受影響，交租、供樓、吃飯，預算響起警號。但在瘟疫的陣痛之中，社會慢下來，給繁忙的香港人，有機會面對一下自己。在功利的商業世界，我哋「操fit晒」，收到錢，跑到數，攞到彩，職業、收入、學歷，見得吓人，生活多姿多采，行街睇戲，落老蘭飲返杯，這一切，成就我們的存在感。

但人之所以為人，遠超物質滿足，你

和我，都需要安全感，希望被諒解、被明白、被愛護。反過來，無論你今天是校長、高官、牧師、老師、醫生、護士、律師，無論你的公共角色有多體面，作為一個人，內心都有個小孩子，當被拒絕、被否定、被冷待，都會受傷害。所謂「長大成人」的過程，就是容忍得下傷痛，不輕易表達感情，遇到挫折，處之泰然，愛與被愛的渴求，掌握在社會角色的控制範圍之內，這叫成長、成熟、識做人。

社教化過程中，脆弱的自我，躲藏在社會容許的盔甲之下。獨處，讓我們重新接觸那赤子之身，聯繫別人，聯繫自然，聯繫人的善良本性。在社會打滾，我們學會大方得體，做好角色，卻遺忘那個愛恨分明的小孩子。獨處是誠實地、坦白地接納自己。個人的存在感，不單單是滿足社會的期望，而是在自我與社會角色之間，找到平衡。疫潮肆虐，無論你獨居，或者是家累纏身，都需要尋找獨處的鑰匙。

避疫期間，若你獨處的時間多了，自如自在，不覺孤單，恭喜你，可以at ease with yourself in solitude。但若果你避疫在家，覺得孤立不安，也許這是契機，重新審視你的過去。在漫長的成長路上，回到感受深刻的場景，無論是學業的挫敗、感情的傷害、志向未籌的失落、不容於家庭的悲傷、同學朋友的欺凌。在獨處時，回想那個受傷害的時刻，充分感受一下，就算是自己不能接受的自己，也試試讓各種感受浮現出來。社會半停頓，是個好機會，讓我們啟動探索內心的旅程。

當你與自己和解，好好尊重內心的感受，曉得如何獨處，那麼你與家人的相處，也會有轉機。香港是一個可愛的城市，地方狹小，五臟俱全，打邊爐、唱K、飲茶，享樂五花八門。家人相處的問題，移形換影，可以隱藏在笑鬧之中。疫情下，家人面對面，朝夕共對，性格衝突白熱化。難怪在武漢解封之日，不少惡男怨女，衝到政府機關要離婚。我從朋友的網絡得悉，抗疫期間，一家人困在一起，適應問題頗為尖銳。無論是夫妻、父子、兄弟，日日在家，毒舌囂張，挑戰你我容忍的底線。單單是如何照顧雙親，午餐吃什麼，子女做家課、玩電腦的先後安排，家人都有不同意見，困獸鬥，衝突可大可小。

建立有意義的連結

寫到這裏，我們可以把獨處(solitude)、孤單（loneliness）、連結（connectedness）三者，放在避疫的處境一併考量。*A Biography of Loneliness*的作者Fay Alberti說得準確，當你停止與別人有意思地交往，孤單感受便油然而生（To be lonely is to cease to exist in a meaningful way with other people.）。情緒，好的壞的，一正一反，可以是破壞性的，也可以是建設性的。危險生驚恐，是逃生的防衛機制；孤立令人感到孤單，身體發出信號，提醒我們reach out，與家人、朋友、社會，建立有意義的連結；而自我的存在感與意義感，正正就蘊含於這些連結之中。

孤單是現代人的心理困擾。大量研究指出，若孤單惡化，會引發各種情緒失調。也許，生病就吃藥，藥到病除，乾手淨腳，但更理想的良方，是慢慢重建人與自己、人與人、人與社會的關係。Eagleton說：One answer to loneliness is solitude. Enjoying being on one's own, or at least being able to tolerate it, is part of being grown up。小孩成長的時候，要感到有信任的人在身旁，才能慢慢學習獨處而安心。Solitude，trust，companionship，三者是相關的。懂得自處的人，那安穩之感，是信任與陪伴的基礎。Alberti更指，急功近利的個人主義、商業化的社會制度，促成現代人的孤單、不懂自處、人際疏離等問題。

從這個角度看，疫情逼出來一個革新的停頓，正如Mary Hendricks所說的Revolutionary Pause，若你一直相信效率、成果，重視外在的成就，今次大停頓，當然是大損失。成千上萬的人，承受病亡之痛，但若你開始領悟到，人生更大的價值，是自我、親情、朋友，是光明善良的社會。社會的步伐慢下來，正是一份沉厚的邀請，追問我們，生命何所求？美善何所指？家國何所為？庶民何所依？

文題取自古巨基一首流行曲的歌詞變出來的潮語，「其實自己一個更開心？」答案好簡單：親友連結更開心。疫潮高漲，各國政府單打獨鬥；蝸居的你和我，各有自救之道。然而，瘟疫告訴我們，人與人、國與國，命運相連，難以獨善其身。美好生活不在於孤立，而在於分享共存。

世紀瘟疫，並生為一

二〇二〇　四月五日

打開地圖，世紀瘟疫由武漢最先爆發，感染全球，染病人口急升，哀鴻遍野死傷枕藉，死亡數字每日疊加，背後一幕幕人道悲劇。香港毗鄰大陸，暫時倖免於災難大爆發。但每天確診數字高企不下，醫療系統接近爆煲邊緣，社會經歷前所未見的挑戰，太多不確定的變數，超乎個人與特區政府的掌控，全球綑綁，沒有城市能獨善其身，失控的焦慮，普及又深沉。也許我可以從共同的情緒說起。

疫情下的共同情緒

一、被感染的焦慮。香港暫時只出現社區小爆發，希望不會掉進大爆發的煉獄深淵。但從意大利、西班牙、美國的新聞得悉，新冠肺炎殘酷無情。港人當然害怕悲劇在本地上演，家有老弱嬰孩尤為擔心。家母九十六歲，年初昏倒骨折，疫情高峰期，出入醫院如臨大敵。女兒的男友外地返港，自我隔離十四天。昨天解禁後，我為他倆出院、「放監」，弄一頓豐富的晚餐。星期二開日下午，為買食材，到一田超市，竟然人頭湧湧，不到五分鐘便感窒息，顧客擦肩而過，收銀處大排長龍。

我讀到不少外地的感染故事。《紐約時報》一篇報道，鉅細無遺描寫三月初的小鎮喪禮，竟變成隱形炸彈，三星期內社區大爆發，六百多人染病，二十四人死亡，多少家庭，連環經歷生離死別……我在超市人群之內，逛了幾分鐘就離開了。一篇《紐時》的故事，連結到沙田超市的焦慮，global & local，情緒互相連結。

二、恐懼不安，看不透未來。容格學派認為人內在蘊含兩種能量，一種推動常規運作，另一種處理突變危機。前者在我們清醒時，維持日常生活的慣性；後者是潛在力量，在危機、厄困、大挫敗之時，死亡的破壞力、夾雜重生的復原力，鼓勵我們在破敗中掙扎求生。今天大家正在疫情的漩渦，看不見隧道的出口。也許，醫學科技突飛猛進，疫苗及特效藥遲早會面世。但今天的停擺，前所未見，服務業、航空業、生產線，會不會置於死地不復生？或是半生不死難復原？

我已退休，生活擔子輕，但想到受失業威脅的年輕人，以及家累最重的中年人，將有大比例的家庭生計不保。經濟大變，我們面對全新局面，集體焦灼不安，未來生活沒有定案。以前行之有效的規律，如今不可靠，全球一體，跨國危機難以逃避，隱然有末世的感傷，我們正需要容格所說的那種死亡／重生的復原力（death / rebirth resilience）。

三、民怨背後，新仇舊恨。疫症期間，志常老師發起，逢週二zoom meeting，本週也談到，社會憤怒情緒頗為普遍，主要是痛恨政府政策，例如卡拉OK七人確診之後，才亡羊補牢、急忙封閉。[1]此外，不少社區生活小節，也容易令人動氣。中招確診者，生活不檢點，染病唱K，染病抱嬰，染病美容，個人不負責的行為危及他人，可能搞出人命。受害人咬牙切齒，自不待言。

當下觸發的情緒反應，往往混雜了過去的情緒記憶。反修例大半年的舊恨未解，就算政府抗疫小錯，港人也會勃然大怒。政府封或禁，市民一概批評，一係話遲，一係話急，分流的防疫診所，本有實際需要，但市民都係會嬲。

個人在疫情中的反應，很大程度取決於你我的立場。若你親中反美，或不滿特朗普的美式民粹，對於其言其行，憤怒往往一觸即發。另一邊廂，本土青年不滿中共高壓干預香港，中港矛盾，積怨甚深，巴打絲打借今次疫情，宣洩過去積累的憤怨。

上文描述港人集體焦灼、恐懼、憤怒。外國重災區的哀痛情緒，仍未感染香港。但悲劇迫近眉睫，港人盯住每天的確診數字，內心忐忑不安。危難當前，同學Fanny介紹我看Thomas Hübl有關集體創傷的分析，有幾點可在此與讀者分享。

世紀瘟疫，global reset，戰後高速發展大半世紀，發展到一個地步，地球資源消耗過甚，快要到一個point of no return。疫情令全球停頓，不計其數的超級飛機，一排排停泊在機場。封城鎖國，隔離避疫，詭異的時刻，各自孤立，又感到命運相連。Thomas Hübl 最主要的倡議，在於充分「立足現在」（他名之為presencing）。尤其在今天，感受此時此刻，大家意會到the world of yesterday has gone。歷史走到臨界點，當下，誕生將來的關鍵時刻，用他的表述：Presence is the birthplace of the future。在個人靜默中，區分過去與現在，留意過去的情緒習慣，如何左右今天的我，他說，differentiating the past and the present，過去的，明白它的影響就好了，留意現在新的感受，並把感受描述出來。當下的心靈自覺，正是上文所說death / rebirth的能量資源，grounded in the present，更新重整，一步一步面對不可知的未來。

與他人連結
化解大家的壓力

這種看似玄秘的經驗，修習默想的朋友耳熟能詳。對於一般讀者，其實也不是難事，找個獨處的時刻，留意身心的感受，有碗話碗、有碟數碟，耐心地把心情描述出來。讓我具體說明一下。農曆新年後，疫情爆發之初，我的母親跌倒骨折，由救傷車到急症室再上病房，由下午搞到凌晨，在醫院大半天，急症室內幾十個醫護病人，大家都感受到病毒的無形威脅。老媽子十分頑固，又係緊張大師，我勞累之餘，畀佢搞到氣急敗壞。

週三，母親康復了，到醫院拆石膏。

同日，女兒的男友來我家吃晚飯。我忙了一整天，在晚飯前安靜獨處，借這個小小的經驗，給讀者解說presencing的練習——我在看Hübl的zoom recording，跟隨他留意自己的呼吸，把當下冒出來的感受，一一如實招來：看見自己的過去，是如何勉強自己，去照顧一個十分麻煩的老媽子。細心分辨出，孝順仔的重擔，有別於當下她拆石膏的喜悅。過去兩月，老媽右手不能動，吃飯不能自理，她自尊心強，不想在兒孫面前「出醜」，與傭人獨居，不肯見人。今天右手能活動了，情緒高漲，說「放監喇」，要來我家見孫女的男朋友。男朋友仔也是隔離了十四天後，第一次與女兒見面。瘟疫肆虐，焦慮不安，但當下感受到母親的大好心情，一家相聚，人與人之間，安穩、愉悅，是當下的新感受。之前的我，慣性地背負家累，奮力盡責照顧家人。在疫情中安靜，對麻煩老媽的感受，具體的轉變了；對女兒及她男朋友的拘謹，也放開了，寬慰釋然。

Thomas Hübl強調collective presencing，大家要投資一點時間，與朋友同事，分享苦樂。群組連結，有莫大的抗逆力。這方面Hübl說得很具體。例如在zoom meeting有醫護提問，因為裝備不足上戰場，士氣低落，焦慮莫名。他回應說，同事之間，花點時間，彼此描述當下好與壞的情緒，旁人只需要用心聆聽，不必外加任何意見與判斷，反而自己內心感受他者之痛，看看自己有沒有類近的記憶可作共鳴……分享共感，往往提高大家化解焦慮的能力。疫情之下，我們建立更多人與人的連結，也許疫情過後，世道人心可能會有另一番新景象。志常老師逢週二的zoom meeting，大家互相分享生活的難處與心得，確有如Hübl所言，發揮了連結於當下的力量。

月前女兒為客戶撰寫一個rebranding文案：「並生為一，Live as One。」語出莊子《齊物論》及John Lennon名曲Imagine：天地並生，萬物為一，the world will live as one。客戶覺得太深，否決了。我在此借用，二〇二〇，歷史停頓，立足當下，個人、至親、社會、天下，並生為一，we live as one。

1 鑑於新冠病毒肺炎，政府宣佈從二〇二〇年三月二十八日下午六時起，關閉遊戲機中心、浴室、健身中心、遊樂場所、公眾娛樂場所如戲院等十四日，不包括卡啦ＯＫ。直至三月三十一日，七人唱卡啦ＯＫ後，全部確診，政府宣佈再關閉卡拉ＯＫ、麻雀館和按摩院等六類處所十四日。

五月八日，遊戲機中心、浴室、健身中心、戲院等可以重開。而卡啦ＯＫ、麻雀館和按摩院等則在五月二十九日重開。

七月十五日，因着疫情擴大，政府再次宣佈戲院、卡啦ＯＫ、健身中心等暫時關閉。

被困的港人，看面子還是裏子

二〇二〇　四月二十六日

攝影師曾梓洋，相識十多年，巴打嚟嘅，唔算熟，但每次見面都有份安穩的信任。佢份人，平靜，表情不多，冷眼旁觀。上週他的作品Language of the Unheard，入選人文攝影博物館二〇二〇攝影大獎世界新聞圖片組別。我把他那十五幅照片重看一次：厚重的催淚煙擁抱金鐘商廈、示威者手機燈time lapse留影千百條銀線、悼念逝者的白花堆疊如一個無聲的噴泉、太空館像個巨型水晶球滿佈雷射熒光、深夜無人的街道水炮車噴射一場藍色暴雨……看着照片，大風暴只不過是半年前的事，我驚訝於苦大仇深的港殤竟然已經恍如隔世，但照片又再次召喚那六個月的瘋狂。

圖如其人，梓洋的作品平靜、迂迴，隱現於意識與潛意識的臨界。他在圖輯自述：自己掉進香港的命運，「在東與西、玻璃與草、陰影與折射、可聽與不可聽之間」。Language of the unheard，語出馬丁路德金，黑人被壓迫，多年呼喊無人理會，屈辱難以伸張，騷動是在言說失效之後被逼出來的肢體語言。

週二晚，梓洋、何藍、趙雲和我，在他的家，嘗試回到照片背後那些難以言說的地帶。對於一個攝影師來說，整整半年，在衝突的心臟，情緒漩渦以不同的方式，殘留體內，黑血纏身，浮光掠影常帶驚惶，現場的氣味，依附刺鼻的記憶。梓洋說，到了去年十月尾，行家們都情緒累透。但到了十一月，中大與理大烽火慘烈，腎上腺素又把他們推到戰場。

冷靜地拍攝激動的鏡頭

梓洋想起理大一役，陽光斜照，校門爆發激烈衝突，銳武裝甲車進場，車頂的疑似音波炮，發射刺耳的強音，耳膜應聲凹陷，他帶上耳塞，世界靜止，身體隔離在full gear之內，防彈背心下面，心在跳動；防護眼罩外視，有火有煙，血一樣的夕陽，彷彿無聲電影，安靜的自我，被騷動包圍，子彈橫飛，遍地磚頭彈罐。他繞過障礙物，身、心、五感，專注又抽離，冷靜地激動，用鏡頭捕捉那一抹彩虹。這是為什麼他的十五幅照片，給人迂迴的感受，沒有七情上面的表情、看不見張開的嘴巴，卻聽見了隱晦的言說、意識以外的聲音。

那夜理工外示威者強攻，催淚煙如夢幻泡影，實彈[1]，開殺戒，傳聞四起，美聯社說太危險了，要pull out。大風暴前夕黑雲壓頂。梓洋與行家，入夜後在理工圓塔天台，倚在欄杆累透了，人濕了又乾，四處拾煙頭再抽，廉價煙味濃烈，刺激渴睡的神經。射燈不時照過來，白光劃過黑夜，警察用強力揚聲器播放催降音樂，《那些年》、《少年無知》、《十面埋伏》，卻不知「如果命運能選擇……」是一首社運神曲。[2]

校內，成熟的抗爭者沉着應戰，密謀逃生出路。有些學生一時搞不清楚狀況，還擔心他，拉他一起逃跑。也有一些無助絕望的，抱住一大堆杯麪，瑟縮在隱蔽的角落。記者一直以為自己有免死金牌，但也感到大難將至。夜深了，他們在平台吃不知哪裏弄來的煎牛扒。外邊歌聲激昂，「如果活着能坦白……」，校園外圍烽煙四起，天橋的火球如核爆的蘑菇。我問梓洋，你看過哥普拉（Francis Ford Coppola）的《現代啟示錄》（*Apocalypse Now*）沒有？他笑說，exactly！瘋狂的超現實場面。

他們大夥兒在圖書館半睡半醒，冷氣乍寒，濕氣微溫，清晨五時防暴警進攻A Core，大家從夢中驚醒，只見樓梯爆出熊熊烈火，彷彿這是一場最後的殲滅。不少人衝出去，企圖突圍逃走，有人在分派汽油彈，身體嚇得僵硬，手掌機械地握住玻璃樽，只有flight的無奈，沒有fight的餘地，連點火的意識也沒有。第一波，衝出去，被強大的火力打殘；第二波再衝，喪敗而回。有年輕的行家都哭了，傷悲孩子們的絕望驚惶。梓洋說，他沒哭，為了安撫兄弟而強忍眼淚。第三波再衝，剩下丁點兒的意志都潰敗下來。很多示威者亦在哭泣。

運動疲累 強忍淚水

梓洋在運動現場沒有哭過，雖然心力疲累，但他最大的驅動力，是渴望拍攝有重量的影像、捕捉有深意的瞬間。相約見面前，我請他記下夢境。他說冇乜，記唔起，但只不過是三四天，他已記下十分eventful的夢。夢裏他在郊野村屋，與孖生兄弟同住（現實中他是獨子）。打開門，就是交易廣場的平台，銅牛穩站不動，到處是煙火，有人跳樓死亡，人群互相仇殺，他舉機攝下現場騷動，心急獵取最出色的畫面，卻被群眾發現，並有人追上來捕殺他。他拔足而逃，卻逃不出險境。突然有警車駛到，卻不是來解救他。殺身之禍迫近眉睫無法逃生……

一直以來，他覺得夢境是無關痛癢的gibberish。見面前，他又說，今晚要討論自己的夢，「好大鑊，太personal了！」但我們覺得上述的夢不太personal；何藍說，她也有逃跑而力不從心的夢，但每次都有隻充滿力量的手，救她離險境。趙雲也有暴走的夢，但目的地可望不可及……夢裏有很多普及的motif，例如走呀走，getting nowhere。這種「走不出困局」的夢，夢者各有不同的生存處境，都有不同的意義。何藍遇險而有依靠，趙雲暴走而不達，無奈於理想的不能達到。

我問梓洋，那個夢，最主要的情緒是什麼？他在攝影生涯中，十多年來，一直追求難得一見的畫面。他的這個夢，跳樓殺人乜都有，身邊都是吸引眼球的景物。

但他說，最強的感受是無助。阿藍的夢總會有個好幫手；但梓洋前有火海、後有追兵，孤立無援……

這個夢，為梓洋提出了什麼問題？他靜下來想，有點迷惘，一時答不出來，孖仔是誰？為什麼如此無助？他喝一口威士忌，又歎道，我半世人，醒嘅時候拍嘢，發夢都係拍嘢，好X sad！回想起來，其實他不是沒有夢，他知道，噩夢多着呢！大部分的夢，都有一個強力「摩打」，驅動他努力尋找與別不同的畫面，渴望與同行競爭的時候有自己的位置。

習慣視探索
內心感受為危險

他說自己沒夢，但身邊的何藍說，他睡中經常磨牙、口嗡嗡，發噩夢。工作回來，在揀相的時候，常苦惱是否要追主流，還是堅持自己的偏好。行內都知，一些直接衝擊視覺、有明顯文宣功能的照片，較容易在網絡瘋傳。梓洋的有點不一樣，迂迴的視覺語言，較難在手機小屏幕爆紅。在香港重大的歷史現場，梓洋個人的專業、他的存在、手按快門而誕生出來的定格，化成他對自我身分的追求，那種existential depth（or death）是我們局外人未必能夠充分掌握的。這是他追求卓越的專業，也是「生命何所求」的大哉問。

梓洋對這些內心的感受、對存在意義的追問，都以「好大鑊」去形容，令我頗感奇怪。他又談到另一個「好大鑊」的經歷。幾年前參與藝術展，與父親用宜家傢俬的物料，製造一部元祖相機，並用它來攝下父親的日常。憶述之時，他又加了幾錢肉緊說，「好大鑊」！父親寡言，在火炭工場共處一天，在走廊一起吃豆腐火腩飯，為的是做好一部木製相機。他父親是裝修師傅，藝術呢家嘢，識條鐵！但刨木掾釘他很在行，兩父子運用各自的本領，創作了一件探索父子日常的作品。梓洋說「好大鑊」（凸眼表情），其實是在描述難得的父子關係。只不過梓洋慣於把內心感情的探索視為危險。

趙雲真心把社會學帶進自己的生命，她真情自白：梓洋，我和你一樣，中產家庭，獨生子女，在世俗的標準上算有所成。工作有正路的追求，下班飲杯咖啡，品嘗醇厚的威士忌，安全得體、波平如鏡，活在這種情緒消毒的淨化生活，予人不受威脅的安全感。然而，若觸及人生為何的追問、感情親情的渴望，一律視為控制不來的大鑊嘢。這樣一來，表面上很平靜，但卻壓抑了很多人性基本的需要。

我和趙雲倒覺得，情理二分，內外失調，其實仲大鑊。看梓洋的作品，他有敏銳的心。在他專業的生涯，祝願他堅持自己的風格而卓有所成。我們內心深處，都有一串串 unheard language，在回應你我身處的艱難時刻，無論是個人的，抑或是社會的。外在的成就之外，內心還有珍貴的弦外之音。

---

1 根據警務處的數字顯示，警方曾在二〇一九年十一月十七日發射了四發實彈。

2 警方包圍理工大學時，曾在理大範圍外以揚聲器播放多首流行曲，並呼籲示威者投降。

拒絕聆聽，如何再出發

二〇二〇　五月十日

「香港再出發」大聯盟成立，網羅城中翹楚。[1]董建華稱，局勢嚴峻，以港為家的人都心痛。外國勢力、反對派、暴力抗爭者、被利用的年輕人、黃色經濟圈，這一個牢牢設定的「反動鏈」，反反復復出自政權之口。由中央政權，到其代理人，到警權一把手，這一條「止暴連線」，與「黑暴反動鏈」，敵我分明。鄧炳強更說，有生之年，都會用盡方法剷除黑暴。

然而，這條政治操作的敵我界線，遠遠脫離現實。大部分抗爭者，都以港為家，深愛香港；公眾同情抗爭者，人數眾多，並非一小撮。從日常觀察、公民社會的報告、學術調查，都可見廣泛民憤，為什麼救港聯盟可以視而不見？香港年輕人，整整一兩代人，由中學生到中青代，心中悲憤都寫在臉上；但建制中人拒絕聆聽身心受創的年輕人。時代鬱結，躁動不安，怎能簡化為上述那一條想像出來的反動鏈？拒絕聆聽，試問香港如何再出發？

左腦主宰生命　情理分割

近讀neuroscience的文獻，一步一步從footnotes追尋，認識到英國臨牀心理學家Iain McGilchrist。他有文學、哲學背景，早年任教牛津，中途出家，研習心理與腦科學，及後執業多年，出版了*The Master and His Emissary: The Divided Brain and the Making of the Western World*，網上有大量他的訪問。他的書出版十年，沒有被淡忘，反而漸漸為人認識，直到疫情嚴峻的今天，他的訪問仍沒有間斷，因為他的觀點，應用層面廣泛，涉及民粹政治的互不相讓、現代社會的精神健康、人類共生與環保、世紀瘟疫的啟示等議題，難怪人們對他的學說，興趣長年不減。這裏借用他的論點，集中談一談香港的「失聰」問題。

Iain歸納大量的醫學報告：左腦受創者，明顯失去語言及行動能力；右腦受創者，左腦仍能說話，看似如常生活，但感知世界的能力大減，只能明白字面意思，不能把握笑話、詩歌、比喻、面部表情等弦外之音，也較難感受別人的愛、恨、悲、喜。

長久以來，人類左右腦並用。右腦感知全局，左腦解決具體問題。雀鳥也有左右腦，啄食小蟲，會用左腦聚焦「捉蟲」，右腦則「一眼關七」，察看四周有沒有猛禽惡獸。左右腦相輔相成，任缺其一，也不可能荒野求存。左右腦體的中間，是corpus callosum，只有腦袋的百分之二神經細胞，但是一道重要橋樑，讓左右腦獨立運作又能交換資訊，兼顧整體與局部，令生存更立體。

基於上述精神科學的基礎，Iain推論，現代資本社會側重左腦發展，行動主導，強調成果，左腦把右腦大量的信息分門別類，簡化為方案與程式，讓人可以有效率地解決問題。右腦presence（臨在當下），左腦re-present（按藍圖行事）。Iain認為，現代社會發展至今，左腦發達，右腦被壓抑，是情緒問題日益嚴重的文化背景。

書名*The Master and his Emmisory*，正正就是他的理論撮要：右腦本來是主人，mastering the whole；而左腦本身是使者，代表主人處理事務。然而，當特使愈嚟愈「把炮」，自把自為，甚至誤以為自己就是主人，把手中的藍圖（representation）視為現實本身。科技上天入地，靠佢食糊。反而人性反復，靠唔住。後果是，豐富的生命被簡化為程式，靈性薄弱，情理分割，功利先行，同理心欠奉。而湊巧的是，左腦抑制能力特強，善於抑制右腦的豐富感受，以免拖慢工作效率。因此，今天工具理性推動社會，尤其壓抑人類天賦的同理感受。

Iain不是前線研究者，他論述現代文明的缺陷，已經不是純粹的腦科學，而是超越科學所能驗證的靈性領域，也因此引起腦科學家零星的批評。但他的觀點，很能解釋今天的生態失衡、人心積弊。

無視社會警號 劃分港人

回到香港的「失聰」問題。暴力衝突遺留下來心理創傷，民憤普及又深刻，年輕新生代敵視政權、市民不信任政府、藍黃撕裂，這些互相糾纏的問題，從千瘡百孔的社會肌理，不停發放出大量警號，真係警鐘齊鳴。然而，有些人對上述種種警號視而不見，或在政治壓力下聽而不聞，乖乖的按照那條牢牢設定的「反動鏈」去劃分敵我，把有血有肉的香港人，強行編收在止暴制亂的藍圖。

不下多次，聽到社會精英慷慨陳詞：「愛香港」、「心痛」、「愛惜年輕人」。若真的如此有心，請袞袞諸公，稍為放下左腦的簡化方案，花一點時間，開放感知，動一動天賦的同理心，靜心聽聽年輕人激動言詞背後，有多少失落、失望、屈辱、驚惶……我們一般市民，在日常生活，在朋友圈中，悲情處處，「合埋隻眼」都輕易感受得到。

Iain提到不少右腦中風者，只靠左腦生活，會出現以下的奇怪現像：病人去到醫院，明明因為右腦失效，左手不能動彈（右腦控制左身），醫生問：「還好嗎？」「十分好！」「能動左手嗎？」「可以！」「你提一提起左手看看？」「提起了……」左手卻原封不動。醫生捉住病人左手，提到他眼前，說：「你剛剛沒有動過左手……」「噢，你握住的這隻手，不是我的，是旁邊那個病人的……」

左腦主導，按既定的藍圖行事，否認一切藍圖以外的事實，尤其不肯相信不符自己意識形態的counter evidence。否認現實，可以去到不承認手是自己的。右腦受創者，並非神志不清認唔到隻左手，而是左腦已經清楚指示左手，只不過右腦真係感應唔到自己嘅缺陷。但我們正常人，若左腦坐大，自把自為，也會有類似傾向：偏聽、否認異例、選擇性接收資訊、自圓其說、無感於框框以外的鮮活世界……

過去一年，港人經歷大創傷，大家都很清楚，大聯盟的救港方案：「打黑暴」、「保年輕人就業」，不能醫治創傷，化解不了民怨。港殤不解，一意堅持打黑止暴，又不面對警察暴力以及政制死結，當社會動盪不減，打壓行動升級，很可能做成令人心痛的悲劇。

黃藍偏見
靠同理心修補撕裂

左腦主導，定見偏見，一步一步偏離事實。這種傾向，同樣發生於深藍與深黃群組。抗爭者條件反射，咒罵對家、以暴抗暴，種種強化偏見的陰謀論，都會令香港更傷。我真心覺得，強調同理心，兼顧他者之痛，對自身偏見的警覺，不是和稀泥的中間派，不是左搖右擺的牆頭草，更不是放棄良知的政治中立。若更多的港人安靜一下，多一點同理心，運用右腦的global awareness，提高自覺，感受當下身處的香港，試試different ways of knowing & feeling，也許撕裂的香港，有較多的迴旋空間。

最後我想強調，年輕抗爭者，是沒有權力的政治弱勢。他們「條件反射」的激動言行，是高壓之下逼出來的。城中精英，資源多、權力大，你們有較大的空間，去鬆動當今的鐵腕管治。請你們睜開眼睛，用心感受，聆聽年輕人的聲音，四方八面湧現的社會情緒，你不會聽不到、看不見的。聆聽對話，香港才不至走進死角，才有機會復原，才能站起來再次出發。

1 「香港再出發大聯盟」是由前行政長官、現任全國政協副主席董建華、梁振英擔任總召集人，在二〇二〇年五月宣佈成立。官方網站指大聯盟的宗旨是：堅持「一國兩制」，推動香港戰勝艱難，重新出發，再創輝煌。

香港集體創傷與情緒短路

二〇二〇 五月十七日

疫情緩和，社會衝突再起。母親節的康乃馨，葬送在暴戾的污泥之下。過去大半年，社會創傷深入骨血，傷口無法癒合，瘀血含膿，一碰即痛，埋藏的情緒湧上來，這兩週已經出現集體創傷的後遺跡象。在舊傷口之上，割開了新的血肉。受傷的不單是街頭民眾，目擊者、看到新聞影像的你和我，不分政見，也在承受集體創傷的殺傷力。新出爐的監警會報告，被特區政府定調為香港的真相[1]，創傷的真相被粗暴掩藏，腐爛的傷口更難療癒。

去年底，哈佛醫學院舉辦了一場講座，談集體創傷，邀請對此素有研究的Thomas Hübl主講，演說完畢後，Q&A環節的第一個問題，就有人問到香港現在進行式的創傷，Hübl直接回應：愈早面對、處理、表述，愈能減輕後遺症的嚴重性。我在網上重溫講座，看到這裏，就馬上想到，香港政府不承認也不處理社會創傷，民間能否自行尋找療癒之途？也許我們可以從了解「港傷」入手。

半世紀的安定遇上突如其來的衝擊

集體創傷泛指各種天災人禍，心理上的傷害，正面衝擊整個社群。無論直接受傷，或見證苦難，都挑動複雜情緒，並會改變社會現有的文化及行為模式。著名例子如納粹屠殺、美國黑奴、廣島核爆、印尼海嘯等。香港的創傷，不是一次過的災難，而是持續一年的困局，傷害暫不見盡頭。當今世界，到處有更嚴重的集體創傷，敍利亞、緬甸、巴勒斯坦……派系、種族、宗教衝突，死傷枕藉，曠日持久。然而，香港經歷了半世紀的安定繁榮，一下子護港的圍牆倒下，暴力升級，法治崩壞，對港人的心理衝擊甚大。

過去兩週，港人重新面對未癒的傷口，去年遺下的情緒似曾相識，今天加添了疲倦及仇恨。就在你目睹衝突的幾秒間，理智不能分辨的情緒，已經湧上心頭，一時間太過overwhelming，難以承受，難以消化，令人不想面對，馬上觸發心理防衛機制，選擇逃避，隔離暴力畫面，壓抑隨之而生的不安，甚至讓創傷經驗沉入潛意識，在往後的日子，以錯亂的形式重新湧現。

讓我們集中於暴力事件本身，一步一步去理解今天的創傷。去年六月十二日警方強力鎮壓金鐘示威開始，及後警民暴力不斷升級。黑衣人擲磚、拋汽油彈、破壞港鐵及藍店；警察武力不成比例，打頭跪頸、攻擊記者，眾目睽睽之下違反警例，警權亦無有效制衡。警民雙方，罪責不明，真相不白，調查遙遙無期，監警報告挑起更多的猜疑與憤怒……

暴力的惡性循環，所造成的創傷是廣泛的。影響所及，不是單一社群，而是覆蓋社會各個層面。一、和平示威或同情抗爭的市民，以至前線合法執勤的記者、社工，在街頭遇到警察刁難、恐嚇、噴椒、棍打、槍傷。二、暴力衝擊的勇武派及抗爭者，被捕前後遇到不合比例的身心傷害。三、反暴力的市民，在街頭被抗爭者指罵，他們對暴力行為感到驚恐，對香港受破壞感到憤怒，對和理非民主派的不割席感到困惑和厭惡。四、一般市民，看見警察使用過分暴力，感到悲憤、痛心、屈辱，覺得市民有冤無路訴，面對無法約制的警察，無奈及絕望之情油然而生。五、警察也捲進集體創傷的漩渦，在衝突現場，自覺身陷險境，四面受敵，八方指摘，被市民破口大罵而心有不甘，對暴力抗爭施以更大的暴力鎮壓，內心觸發的仇恨與自辯，情緒扭曲變形；警員的心理狀態大有文章。

創傷往往令腦袋負荷太重而出現情緒「短路」，short咗。簡單來說，腦袋可分為三部分：第一是包括腦幹的reptilian brain，負責心跳、肌肉等基本身體運作。第二是感應恐懼及愉悅的邊緣系統（limbic system），包含發出警號的杏仁核（amygdala），及存放情緒記憶的海馬體（hippocampus）。第三是大腦（Neo Cortex），左腦負責邏輯、策略；右腦負責想像、感知。

當遇到突發事件，反應最快的杏仁核馬上發出警號，從海馬體提取情緒記憶，包括過去遇險所產生的恐懼及對策，並刺激腦幹，鼓動全身——戰鬥（fight），逃走（flight），或瞠目結舌（freeze）。

大腦分析需時、反應較慢，在危機時刻，為了求生，limbic system唔經大腦，就作出即時反應。杏仁核就是警犬，海馬體就是秘書，reptilian brain裏有個保安員，危急關頭，警犬、秘書、保安，三合一，不必驚動大腦總經理，秘書自行從資料櫃中取出檔案，彈出來情緒及對策，指示保安員作出freeze、flight或fight的行動。

創傷過程是怎樣的呢？突然身陷險境，警犬狂吠，警鐘齊鳴，秘書手忙腳亂，檔案pop up，腎上腺素飆升，如果撳着freeze button，全身僵晒，切斷當下痛感，為了保命，就算被暴虐而不作反抗，事後也記不起細節，口供前後矛盾。如果跌入fight mode，也會壓抑痛感，聚焦抗敵，奮力戰鬥。如果選擇flight mode，焦慮爆標，開行turbo逃離現場。

警號——記憶——反應
一次比一次深植身體

當創傷太慘烈，事後情緒未能消散，深深淤塞於身體深處，以後有何風吹草動，警鐘隨時失控，誤鳴亂響，秘書狂翻檔案，身體頂硬上，作出激烈反應……今次香港集體創傷是持續的，好比家暴，警號——記憶——反應，一次又一次短路，一次比一次深植身體。僵硬了的短路，妨礙大腦審時度勢，難以接收新感知，不能按照新形勢而修正對策。

回到香港實況，直接承受暴力的示威者，有部分受害人會shut down痛苦記憶，卻在噩夢及日常生活湧出來（例如聽到開汽水的聲音，會作出逃避子彈的反應）。部分會把憤怒與屈辱，投射到整個警隊、政權及政見對立的群組。大腦難以轉軚，就算看見一個善意的政敵，也不能反應過來。

衝擊警察防線的勇武派，fight mode化為「自動波」，但警方在武力上始終有壓倒性優勢，fight之餘，示威者恐懼、無助，更好像手風琴被強壓，扭曲的情緒，摺疊在混亂的記憶之中。

不要忘記，警察也在經歷集體創傷，被公民社會咬住痛腳，民間對警暴的指控，形聲俱備，警隊形象一落千丈。在暴力現場，警察腦袋裏的警鐘大鳴大放。他們有槍有棍，若非落單，不必flight or freeze，只會變本加厲的fight。過去的暴動歷史案例中，警察良心發現而自殺，或抑鬱酗酒，甚至施暴成癮，家暴妻兒，都是常見的創傷後遺。越戰退伍軍人、北愛爾蘭的阿爾斯特警察、近年法國處理黃背心示威的警員，都有PTSD的報告。

一般市民及和平示威者，沒有直接受傷，但目擊或從媒體得悉警察不停、毫無約制——義憤、無助、悲傷，哀香港之衰敗，歎良心之泯滅，每次看見相關畫面，情緒都難以排解。這種創傷是集體的，香港有超過六成以上的人同情示威者，面對警方及政權的文攻武嚇，密集的情緒創傷，會引起一連串的社會文化轉變。一、對政府不信任，政府做任何事，都會聯想到警暴死結而有疑心。二、逃避再次經歷創傷，害怕暴力影像，負面情緒「困籠」，造成生活上的沮喪與困擾。三、在日常生活中，每次看見警察，都會條件反射而產生厭惡、仇恨。四、遇到建制派，或者任何為警權與政權說好話的人，會觸發「警號—記憶—反應」的循環，削弱同理心，壓抑理性分析，憤怒很容易spill over。

市民當中，也有兩至三成強烈不滿暴力示威者。這些市民愛好和諧，珍惜香港繁榮，但暴力畫面不斷衝擊他們珍而重之的感受與信念。若放下定見，在示威現場你會發現，不少勇武派是殺氣騰騰的，對不順眼的路人也會惡言相向。在不滿示威者的市民眼中，擲磚擲汽油彈，威脅市民安危。所以，他們看見黑衣人理直氣壯的堵路擲磚，看見民主派「縱容」暴力，憤怒也愈積愈深。

香港的情況特殊，公民社會強大，市民反警暴的人數眾多，而且集中在開明社群及年輕一代。所以在民間，同情警察的言論，往往會被嘲笑指摘，更令愛好和諧、支持政府的市民，對黑衣人深惡痛絕，但在朋儕間不易表達好惡，只能躲在同溫層裏才能暢所欲言；反之亦然，抗爭青年與長輩亦傾唔埋欄，因而造成兩個扭曲的怪圈。

支持政府的市民，配合官媒，有強大的官方論述支持，佔人口的兩至三成，他們所受的感情創傷，主要來自於目睹暴力破壞而引起不安，以及受壓於強大的反警暴輿論，覺得黃絲家人及朋友大聲夾惡，語帶歧視，例如聽到「人一藍，腦變殘」的嘲諷，會有被侮辱之感。他們的理解與詮釋，符合強大的建制論述。在政局中，他們站在強勢的一方，只在公民社會之中自感弱勢，所以其承受的傷害，遠遠不及被打壓的示威者。這是第一個怪圈。

第二個怪圈，反而是政治創傷的典型：市民受暴力所害，卻被官方論述扭曲，創傷被消失在官僚語言之中。受害人在政治現實中是弱勢，在暴力衝突中也是弱勢，但在人口比例中卻過半數以上。強權鎮壓公民，對立不解，政權不讓，集體創傷的故事，難以在公共領域自由闡述，創傷難以療癒，只會愈壓愈深。

回到文首，Thomas Hübl被問到香港問題，他的答案是，愈早面對，就愈能避免情緒短路。但政府不作為，甚至漠視市民的傷痛，那麼公民社會如何自救，民間如何尋找療癒港傷之途？

1 二〇二〇年五月，監警會就反修例期間的大型公眾活動及相關的警方行動，發表了逾一千頁的報告，涵蓋日期從去年六月九日至今年三月初。監警會主席梁定邦指，監警會工作範圍並非譴責或調查任何警員，也不會處理警隊有否失職的問題。這份報告只是提供「大場面」，以及提供改善建議，報告亦未有提及或評論警方對示威者使用的武力是否構成警暴，引起坊間爭議。同日，行政長官林鄭月娥召開記者會，以「香港的真相」為題，回應監警會的報告。

香港創傷，民間自救

二〇二〇　五月二十四日

上一篇提到，去年底，哈佛醫學院舉辦講座，Thomas Hübl主講完畢，問答環節第一問，就是香港的集體創傷，傷口今天仍在淌血。Hübl直接回應：一、愈早處理，愈能減輕後遺症的殺傷力。二、促進溝通，表述創傷，建立一個互相扶持的社群。三、執善固執，持守信念，從自身的信仰鞏固精神力量。

Hübl是個mystic，不時用neuroscience的科學語言，但他的學說頗玄，很難驗證，例如他認為，我們都誕生於集體創傷之中，看世情、見世身，早已有創傷的視角。德國的後生仔，沒有經歷納粹罪行，也可以出現創傷後的壓力徵狀。Hübl講到似層層，我不想走進玄學的迷陣，但他回應「港傷」的三點，我希望用較為傳統的社會心理學作出解釋。香港公民社會活躍，應可儘早回應「港傷」，防止創傷僵化而成病態。

上週旺角衝突，警察要求眾多記者跪下。[1] 記者毫無反抗之力，警員卻狂噴胡椒水。在現場的朋友，合法採訪，規行距步，竟要跪下被直噴面部，還要忍痛忍罵，氣頂大半小時之久。他被放行後，在街頭兜圈慢行，口中念念有詞，卻忘記了當時為什麼失常兜圈，事後還發了幾晚噩夢。

民間肩負療癒的責任

這個記者同工，可在同事之間分擔創

傷後的壓力，也可在社交媒體分享感受而得到共鳴。然而，在公共空間，我們所面對的，是另一個語言暴力的戰場。政權陳述的故事，與受暴者的經驗截然不同。警察明明違反守則，還自圓其說，其實是在創傷之上，加上一層死死實實的鹽巴，讓痛上加恨。而比起有人被實彈射中，有很多人嚴重受傷，這個小插曲，只是集體創傷的一個很小的傷口。

「港傷」的殺傷力普及而廣泛，世界上案例甚多，愛爾蘭、巴勒斯坦、東帝汶等，都有遠比香港慘烈的傷亡及巨大的社會變化。今天香港重傷，在你眼前一天一天展現，大家幾乎可以感受傷口如何漸漸深入社會肌理，並目擊受害群體的身心變化，由激動、沮喪、無助、疲累，最後滑進情緒病態之中。此時此刻，了解、掌握和討論什麼是創傷，了解其性質與後果，知道得愈早愈好。多討論，多分享，可快一點建立一個Trauma-informed 的民間社會。既然政府不承認、不面對，粗暴地以片面的「真相」掩藏港傷，那麼民間也可以做。翻查世界上其他案例，往往就是當下的政權製造創傷，然後否認創傷。慘痛的故事，就要靠民間迂迴曲折的方法，療癒、表述、一代傳一代，銘記歷史教訓。

事態發展至今，港人必須面對一個殘酷現實：當警監會報告出爐，梁定邦話：「唔信警方信邊個！」林鄭宣告這是「香港真相」，作為官方定調，明確表示不會獨立調查。除了拒真相於千里之外，也就是，政府不會有什麼相對應的政策。公共醫療系統不會調配資源處理創傷，主流教育及社福機構亦忌諱不談。在此困局，如何建立一個創傷自覺的民間社會？

第一步是普及的創傷認知（Trauma-informed awareness）。集體創傷動搖社會價值的根基，身心受創、人命傷亡之外，亦引起身分危機，改變集體記憶，衝擊既有的社群界線，翻天覆地，一再追問：我們是誰？社會如何走下去？倖存者如何生活下去？

從文獻所見，施暴社群面對嚴峻的道德危機，不離以下幾種對策：否認創傷，掩藏真相，淡化罪行。當事件告一段落之後，用盡方法改變集體記憶。當事件已成隔代歷史，施暴社群會企圖切斷歷史的連繫，讓這些施暴者被凍結於檔案。

歷史中亦有成功「解結」的例子，如南非、南韓、愛爾蘭，重現真相，施暴者承擔責任，公開道歉後得到特赦。南非的曼德拉，不站在施暴與受暴的任何一方，而是為整個南非的將來努力斡旋。在社會飽經苦難的多年之後，成功得來不易。香港呢？今天的苦難只是開始，我們須面對有些真相不解的漫長煎熬。

第一件可做的事：在官方版本以外，建立民間門路，彼此表述創傷故事、分擔沉積不散的痛傷。民間的表述空間十分重要。當創傷愈沉愈深，深到一個程度而麻木無感，absence of emotion，洶湧的情緒消失了，或錯亂了，以扭曲的方式爆出來。風吹草動，馬上反應，但反應往往是錯亂的：遷怒於人，小小刺激大動干戈；或無端愁眉不展，心悸手震有如驚弓之鳥。早一點有個安全的環境，把創傷經歷描述、複述、修正，可以舒緩情緒淤塞的病態發展。

我們不能單靠正統的臨床心理輔導及精神病治療，除了費用昂貴之外，受害者對社會建制亦失去信任。民間可以動手自救：媒體的深度訪談、社區的分享會、各種沙龍群組，在工作及朋儕圈子、在日常生活，也可以更敏感體察有創傷跡象的朋友。這也是文首Thomas Hübl的建議，創造互相表述的社群空間。如果我們用social representation的角度去理解，就會明白「說故事」的重要性。香港集體創傷裏面，警察與市民，權力、暴力、武力不對等，創傷之中，強權犯下罪惡較多。有罪惡感就有強烈的動機去掩藏，而掩藏必須靠有利於自己的representation。所以記憶、表述、故事，都是一場有血有淚的角力。民間若能創造空間，讓受創、受虐者抒發他們的故事，能夠減輕創傷「病變」的嚴重性。

我所體驗這個spiritual turn，目的是深度連繫自己內心的感受，寬

二　港殤疫潮

本來是個功利社會，一下子變成創傷社會。功利社會需要效率與回報；創傷社會需要心靈觸覺與同理心。各種靜觀、默想、靈修、藝術治療、生死教育，都是回應集體創傷的有效方法。這些不是坊間所說的心靈雞湯。

容接納自己，接納苦難，一步一步走下去。

本書寫過不少生命自覺的案例。當愈來愈多人訓練自己的心靈觸覺，對社會整體創傷會有穩定作用。Hübl經常在創傷社會（如巴勒斯坦）舉辦分享會，三、四十人的小組裏，一半是受創者，另一半是有靜觀經驗的「修行者」。當大家分享暴力故事，傷痛的激烈情緒，會被安定的聆聽者吸收、消化，變得平靜下來。反過來，如果受傷者互相「放負」，受創社群也會激化一種"competitive victimhood"，彼此競爭對創傷的詮釋，並且不認同對方提倡的求生對策，社群分裂之後再分裂，認同碎片化，削弱共同的安全網。在一些案例中，集體控訴會僵化而成post-traumatic worldview——高度警覺、強迫性的危機感、仇恨概括化、漠視敵對社群的任何善意，對方任何批評，均視為惡意挑釁。

所以，活於香港今天這個創傷社會，多一點靜觀、多一點自覺、多一點同理心，香港就多一份復原的力量；一方面減輕激進、排他的「後創傷世界觀」，另一方面也可以把創傷轉化為精神力量。以色列社會心理學家Gilad Hirschberger，長年研究社群如何在創傷之後，創造新的共同信念與身分價值。他指出多層面的意義創造：一、巨大威脅激發社群生存下去的意志及新規範；二、創傷觸發創作，新的文化象徵系統慢慢形成；三、新冒起的「集體我」（亦即Benedict Anderson所說的想像共同體）跨代承傳；四、苦難令社群孕育一種強烈的時代意義，拒絕忘記集體記憶；身分之所繫，來自於創傷的源頭；五、經過時代的洗禮，創傷成為社群認同的核心事件，改變了社群中人如何理解自身與社會環境。

香港面對大苦難，也開始經歷上述這些文化重構的過程。翻開歷史，大苦難都是人性大觀園。你會看見自私、自保、出賣、驕妄、暴虐、欺壓、赤裸的暴力與謊言。你也會親身經歷人性的磨練、正義的堅持、無私的關愛、平凡生活裏不平凡的善良。在創傷之中，你會目擊香港人的蛻變，一天一天，一年一年，承受苦難，捱過了，將會磨練一群超越功利、心靈敏銳、連理通達的新香港人。

1 二〇二〇年五月十日晚上，警方在山東街截查多人，包括記者。警方曾向被包圍的人群施放胡椒噴霧，多名記者被噴中，之後更被要求跪下等候搜查，期間不得接受清洗。

七情上面——苦難時代的情緒自覺

作者　馬傑偉
策劃編輯　史曉晴
書籍設計　CoDesign × Eddie The Studios

出版發行　突破出版社
香港沙田亞公角山路三三號突破青年村
電話：二六三二—〇〇〇〇
傳真：二六三二—〇三八八
電郵：breakthrough@breakthrough.org.hk
網址：http://www.breakthrough.org.hk
http://www.btproduct.com

承印　利高印刷有限公司

二〇二〇年九月初版一刷

國際標準書號　九七八—九八八—八五六二—二六—八

誠邀閣下就突破出版社的書籍發表意見
歡迎加入突破書籍 Facebook page — http://www.facebook.com/btbooks.page

本書採用環保油墨印刷

RESILIENCE: CLEARING A SPACE IN DIFFICULT TIMES
by MA KIT-WAI ERIC

First Printing, First Edition, September 2020

Printed in Hong Kong
ISBN 978-988-8562-26-8

險惡之年，有微風領航

二〇二〇　七月五日

七一醒來，香港變天。經歷詭異的一個星期，相信很多朋友都感到若隱若現的憤怒和恐懼，時而洶湧，時而隱晦，彷彿平靜，內心卻有陣陣不安，明明太陽還是如常升起，城門河畔，市民如常散步慢跑，白鷺無聲掠過水面，但心總是虛懸的。在銅鑼灣走一圈，那就確確實實知道，香港改變了，防暴警察把維園一帶團團圍住，拉起紫旗，高聲警告市民不要觸犯《國安法》、破壞社會安寧。

防暴警手握胡椒噴劑，猛力搖動瓶身，chok兩下，作勢進擊，給市民噴射辛辣的顏色。一個老伯情緒失控，破口大罵，一股腦兒衝向警察，被身邊的市民拉回來。空氣中瀰漫着濃得化不開的惶惑焦躁。偶然有一個沒有警察的街角，泛起《榮光》那犯禁的旋律，歌聲滿滿是淚光。激昂的口號，埋藏深沉的戒備，那可以是十年八載的刑期。香港真的不一樣了，我們走進了新時代，走進了一九八四式的幽閉王朝。

時勢惡劣，需要更多內心平靜的同行者。而內心的力量，不是說有就有的，需要持續的修習。我邀請讀者們，尋找一種適合自己的修習方法，這不僅是為了在威權時代生活得堅強，也是互相扶持的民間自救。當你能夠安靜自處，單單是你個人的臨在，足以幫助身邊忐忑不安的朋友穩定下來。

時勢惡劣，學習安靜安下來

在這裏介紹兩種方法，Julia Cameron的「晨間隨筆」（Morning Pages）及Eugene Gendlin的Clearing a Space。Julia Cameron 是馬田史高西斯（Martin Scorsese）的第二任妻子，他們結婚一年就離婚了，後來她酗酒濫藥，直到不能繼續從事編劇寫作，走到了人生絕境，痛而尋求康復之路，最後寫了本長年暢銷書 *The Artist's Way: A Spiritual Path to Higher Creativity*。這本書閒話家常，談及創作及靈修守則，guide book寫法，不太適合我的口胃，但她推介一種獨特方法——「晨間隨筆」，我發覺甚有功效。

「晨間隨筆」，每天起來，騰出十五分鐘，在三頁白紙上，想到什麼寫什麼，完全不理文法是否正確、文句是否通順，甚至你在頁上塗鴉亦可，只要是由內心流露，寫什麼也可以。就這樣簡單的活動，持之以恆，不敷衍、不偷懶，每天用心寫，一週兩週，已見功效。這本書之所以長年受歡迎，持續有新讀者，我認為，主因可能是「晨間隨筆」真能發揮療癒之效。

第二個方法是Gendlin的Clearing a Space。這是Focusing其中一個步驟，可以獨立每天修習。在台灣，Focusing譯作「澄心」，我覺得很能形容Clearing a Space的狀態。澄心與靜觀互通：在任何一個你可以安靜的時段，臨在當下，可以留意自己的呼吸，又可以感受整個身體的存在，亦可以留意身處環境中的景象與聲音。這部分與靜觀相同，重點是，不陷溺於過去的過失，也不憂慮將來的規劃。澄心比靜觀再進一步：當有任何心念浮現，就試試去感受它。無論是憤怒、恐懼，對某人某事的情結，試試去感受它，描述它，並放在一個你覺得舒服的距離。心念可能一個接一個，你可以一一感受、描述、確認，放在一旁。你也可以想像自己內心有一個寬闊的籃子，或是一個平靜的池塘，讓你安頓內心紊亂的思緒。這個簡單的修習過程，你會自覺到一個自存的「你」，與心念相連相繫，但不會被心念完全佔據。這是一種內在的自由。

我修習靜觀自覺一段時間，最近開始寫「晨間隨筆」，發現可以與靜觀結合，身體的感受，大腦的感知，化為文字，手寫紙上。那潦草字體，好像一面鏡子，也好像一個忠實的聆聽者，令我每天一早很快能感受到「澄心」的寬容，有內在的力量，去活好每一天。讓我具體說明。這個星期晨間寫下來的「澄心隨筆」，給我整理出一點對時局的領悟。

我與惡的距離

「港安法」在六月擾攘多時最終立法，我早上起來閉上眼睛，內心就有莫名的奇怪感受，「有啲唔妥」，但模糊不清，「頂住晒，好唔舒服」。在「澄心」的過程，慢慢浮現出不同的影像與情結，由模糊漸變為清晰，清楚感受到強權的意志延伸到香港……「港安法」的問題，大家十分明白，不贅。意難平的是，那種強大的權力，大筆一揮，赤裸地違反文明常理，令我心生厭惡之情。

這些畫面與情緒，慢慢清楚浮現；那一連串的「惡」，我充分細味感受，然後嘗試用語言描述，並在筆記本上寫下來。Clearing a space 就是這個意思：騰出空間，讓相對自主的「我」，與「惡」有一個可以適應的距離。

有了空間，有了自覺，能引發感悟：世上有人「擇惡固執」，每一個人都要為自己的人生負責。我不是上帝，也不是佛祖，沒有能力去預料他們有何「報應」、有何「下場」、種下什麼的業。係唔係會有「等天收」呢樣嘢？抑或係「惡人當道，天冇眼」？這都無關宏旨，亦不是我們可以控制的。求權得利，求仁得仁。最重要的是，你和我都有人性劣根，要對自己有所警惕，明辨是非。

我很清楚自己所選擇的人生：我相信，無論在好時勢壞時勢，擇善固執，才是人生意義之所在。種種惡行，為香港帶來苦果，我們都在承受苦難。七一現場，看見路人與警察怒目相視，湧起了憤怒；警察用槍指向我的時候，感到了恐懼。這些閃念，由它罷，很快就放在一個安全的距離。晨間澄心隨筆而來的感悟，整天在陪伴我，有充裕的心靈空間，更能實踐我認為正確的人生。

保持平靜，才有力扶持他人

這大半年來，街頭衝突一直困擾着我。我相信和平，相信暴力催生更多的暴力與仇恨。電影《孤城淚》（*Les Misérables*）描述法國黑人青年，長期受暴警針對，最後警民跌入仇恨暴力的深淵。在香港，政治暴力引發的悲劇不斷發生：青年為救人，刺傷警員肩膀後，在機場被捕；另一鐵騎士衝向前線，被警察拉下被捕；他倆頃刻之憤，換來的可能是將要面對殘酷的「招呼」與漫長的鐵窗生涯。七一當日，記者被水炮直射彈開倒地。國安入罪者眾，被捕市民將面對嚴峻的考驗……令人悲憤惋惜的悲劇，每天在發生。是怎樣的苛政，激化如此糾纏不清的仇恨與衝突，令一個自由又充滿活力的城市，斷崖式下沉？

我在晨間靜思之中，慢慢捉摸到內心那種深刻的惋惜，無數示威者的青春歲月掉進泥沼，滿目冤案，充滿不忿、痛心、憂戚。我把這些情緒一一數算，收進那個寬大的籃子，與悲劇相隔一個距離，擔子放下，有所領悟：苦難連結港人，我們喊「香港人」的時候，都似乎有一個形象、一種共識、一個命運共同體，「香港人」在我們心中活着，有力的活着。但每個人的人生、每個人的性命，都有各自的因緣際會。這幾年，與身心困擾的朋友同行，別人的苦與樂，我可以分擔分享，但我不能為別人打算，也不必把別人的擔子背在自己肩頭上。警民之間的暴力，出於仇恨，仇恨背後有糾纏的債，冤有頭、債有主，源頭在於盤根錯節的政治鬥爭。各人的選擇，各有成因與後果，我們可以做到的，是各盡所能，分擔、體諒，為香港打氣，但必須與悲劇保持一個自主的距離。看見各種衝突，以至令人揪心的悲劇，當然會受到情緒牽引，但明白到每個人，有自己的命運，要走自己的窄路，外人毋庸置喙。最重要是自己保持平靜，反而更有力量，去扶持有需要的人。

上週畫了一幅速寫，小船在明亮的晴天啟航。今早晨間隨筆，這個畫面讓我聯想翩翩：海水滑過船邊，那暢快的水聲，細碎輕柔。白茫茫的前路，微風領航，自由之鄉在何方？外邊世界崩裂，有風有火，末世似的地動山搖。香港進入險惡之年，但願你我的內心，都有一個澄明的港灣。